JN411624

결합가 이론과 격 이론 개론

Einführung in die

결합가 이론과 격 이론 개론

Valenz- und

이점출 · 이성수 역

Kasustheorie

Klaus M. Welke 저

한국문화사

결합가 이론과 격 이론 개론

저자와의
협의하에
인지생략

인쇄 · 2006년 8월 30일
발행 · 2006년 9월 5일

저 자 · Klaus M. Welke
역 자 · 이점출 · 이성수
펴낸이 · 김 진 수
편 집 · 문 소 진
펴낸곳 · **한국문화사**
주소 · 서울특별시 성동구 성수1가2동 656-1683번지 두앤캔B/D 502호
전화 · (02)464-7708 / 3409-4488
팩시밀리 · (02)499-0846
등록번호 · 제2-1276호
등록일 · 1991년 11월 9일
홈페이지 · www.hankookmunhwasa.co.kr
이메일 · hkm77@korea.com
가격 · 15,000원

ISBN 89-5726-407-8 93700

Einführung in die Valenz- und Kasustheorie

Klaus M. Welke

역자 서문

이 책은 결합가 이론의 대가 가운데 한 사람인 독일 베를린 훔볼트 대학 명예교수 클라우스 벨케(Klaus Welke)의 저서를 번역한 것이다. 원제목은 Einführung in die Valenz- und Kasustheorie(VEB Bibliographisches Institut, Leipzig 1988)이다.

이미 잘 알려져 있듯이, 결합가(Valenz)라는 용어는 화학의 원자 결합에서 유래한다. 프랑스의 언어학자 루시앙 떼니에르(Lucien Tesnière)는 이를 원용한 언어의 결합가 이론(Valenztheorie)의 창시자로서 알려져 있다. 그는 1937년 일반 언어학을 강의하며 '구조 통사론 강의(Cours de syntaxe structurale 1938)'라는 강의노트를 작성하였는데, 이것이 후일 그의 사후 저서 '구조 통사론 원리'(Éléments de syntaxe structurale 1959)의 모태가 되었다. Tesnière는 1953년 그 강의노트를 간추려 '구조 통사론 개요'(Esqisse d'une syntaxe structurale)라는 제목으로 출간하였는데, 긍정적인 평가와 더불어 부정적인 비판도 함께 받았다고 한다. 1954년 그가 세상을 떠난 후, 그의 부인과 제자들이 그를 추모하여 1959년 '구조 통사론 원리'(Éléments de syntaxe structurale)을 출간하였다. 이로써 결합가 이론이 공식적으로 발표되었다.

그러나 결합가 이론의 기본 사상(Idee)은 비인의 철학자이자, 언어이론가인 칼 뷜러(Karl Bühler)에 의해 이보다 앞서 1934년 그의 저서 '언어이론'(Sprachtheorie)에 언급되었다: "모든 언어에는 친화력(Wahlverwandtschaft)이 있는데, 부사는 그것의 동사를 찾고, 이와 비슷하게 다른 품사도 그러하다. 이것은 이렇게 표현할 수도 있다: 특정 품사의 단어는 그 주위에 다른 특정 품사의 단어로 채워져야 하는 하나 또는 여러 빈자리(Leerstelle)를 열어두고 있다."

Tesnière는 문장에서 동사에 종속하는 구성성분을 그 기능에 따라 주연어(actants; 보족어 Aktanten)와 조연어(circontansts; 상황어 Umstände)로 구분한다. 여기서 주연어란 사건(Ereignis) 구성의 관점에서 그것의 핵(Nuclei)으로서 동사가 열어 둔 빈자리라 할 수 있는 반면, 조연어는 동사에 직접 종속되어 있지만 사건 구성적이지 않다. 이에 따라 Tesnière는 일정 수의 주연어를 지배하는 동사의 힘을 결합가라 했다. Tesnière는 목적어와 부사 규정어 사이의 통사적 차이를 두는 전통 문장성분론을 따른다. 그리하여 그는 요구되는 (결합가 필수적) 부사 규정어를 보족어로 간주하지 않는다. 한편 주어는 다른 목적어와 비교되는 특수 지위를 상실하고, 동사의 한 보족어로서의 위상밖에 얻지 못한다. 그러나 이것은 아주 중요하고도 새로운 관찰방법의 출현으로 볼 수 있다.

Tesnière의 결합가 개념이 독일로 수용되면서 결합가 이론은 문장모형의 형성과 정동사(verbum finitum)를 문장의 구심점(Angelpunkt)으로 보는 Glinz의 가정과 맥을 같이하며 발전해 갔다.

Helbig가 결합가 개념에 관심을 갖게 된 것도 바로 결합가와 문장모형의 결합이었다. Helbig의 출발점은 외국어 수업과 외국어 수업에 구조주의 문법의 결과를 적용하는 것이었다. 외국어 수업을 위한 구조주의 문법에서는 특히 문장모형의 문제가 중요한 역할을 한다. 그는 결합가에 대한 첫 논문(1965)에서 이 관계를 주제로 삼고 있으며, 이것을 기초로 하여 후일 "독일어 동사의 결합가와 분포에 관한 사전"(Wörterbuch zur Valenz und Distribution deutscher Verben)이 출간되었다.

Welke 결합가 모형의 특징은 큰 틀에서 보면 두 가지로 집약할 수 있다. 첫째, 본래 결합가 이론의 구상인 단어의 보충 필요성(Ergänzungsbedürftigkeit)을 보충 가능성(Ergänzbarkeit)으로의 확대이다. 결합가 이론의 주요 가정은 결합가를 갖는 단어 또는 단어 의미가 단어들 사이의 결합 가능성(Kombinierbarkeit)에 대한 전제가 된다는 것이다. 다시 말하면, 결합가는 단어(단어 의미)의 특성으로서 규정되며, 결합가 관계는 통사 층위나 의미 층위에서 구조 형성의 관계이다. 따라서 단어 또는 단어 의미는 문장 기술의 기본 단위이다. 보충 필요성으로서 규정되는 결합가는 Welke의 의미에서 '협의의 수의적 보족어'를 보족어가 아니라, 첨가어로서 분류할 것이다(의무성 기준에 의해). 또한 의무성 기준에 따르면 의사소통 상황에서 꼭 실현되어야 하는 첨가어는 임의 첨가어가 아닌, 보족어가 될 것이다. 이러한 모순을 지양하기 위한 Welke의 출발점은 통사와 의미 사이의 관계였다. 그는 화법 조동사의 예에서 의미에 기초한 통사 분석을 시도하는데, 이를 위해 의미에 기초한 결합가 개념(종속 개념 Abhängigkeitsbegriff)을 사용한다. 여기서 그는 불충분한 보충 필요성의 기준을 한정성(Determination) 기준을 통해 보완한다. 이 기준에 의하면 술어에 의해 **한정되는** 성분은 보족어이고, 술어를 **한정하는** 성분은 첨가어이다. 이렇게 한정성 기준에 의해 보족어와 첨가어가 변별되고, 그 다음 보충 필요성 기준에 따라 의무적 보충어와 수의적 보충어가 다시 변별된다.

보충 필요성으로서의 결합가 개념이 보충 가능성으로 확대됨으로써 외연적(denotativ) 결합가 구조 기술 또한 내포적(signifikativ) 기술로 지양된다. 외연적 결합가 구조 기술은 표현된 사태(Sachverhalt) 자체와 관계가 있다. 반면 내포적 결합가 구조 기술은 표현된 사태가 단어(특히, 동사)의 특정 용법에 기술되는, 그리하여 언어를 통해 파악할 수 있는 관점화(Perspektivierung)와 관계가 있다. 예를 들면 동사 fahren은

Helbig/Schenkel의 동사 결합가 사전을 보면 3가의 결합가 동사이다. 이 동사는 두 의무적 보족어와 한 수의적 보족어를 갖는다. 그러나 이 동사가 네 개의 수의적 보족어를 취한다고 볼 수도 있다: 예를 들면 Er fährt mit dem Zug von Athen über Ankara nach Delhi. 그러면 이 동사에서 도구 규정어 외에 논리적으로 가능한 세 방향 규정어(출처, 경로, 목적지 - Source, Path, Goal)가 의사전달 목적에 따라 각각 수의적으로 실현될 수 있다. 화용적 측면에서 이 정황은 4개의 수의적 보족어가 상이하게 관점화되어 있다고, 또는 상이한 강도로 전제된다고 표현할 수 있다. 또한 동사 fahren에서는 목표 규정어가 출처 규정어와 경로 규정어보다 더 강하게 전제된다고 할 수 있다. Welke는 이런 관점의 차이를 기술하는 한 가능성으로서 기본 결합가(Grundvalenz)를 설정하고, 기본 결합가의 변화(축소, 확대, 교체)를 가정한다. 기본 결합가는 통상적인 잠재 논항(관점화, 강한 전제)과 동사의 통상적인 내포 의미에 관한 청/화자의 지식을 표현한다. 기본 결합가 변화도 역시 화·청자의 지식에 속한다.

Welke 결합가 이론의 두 번째 특징은 결합가 이론과 기능 문법의 접목이다. 기능 문법은 언어 형식(문장 구조, 문법 수단)이 의사전달에 있어 사고 내용을 매개하는지, 또한 사고를 함에 있어 사고 내용을 어떻게 구조화하는지가 그 이론적 관심사다. 결합가 이론은 기본적인 기술 단위로서 단어 또는 단어 의미에 의한 문장 형성과 이해의 실제적 과정에서 출발한다. 그 과정에서 청/화자가 먼저 의미 구조를 생성하고, 여기에 통사 구조를 부가하거나 또는 그 역을 가정할 수 없다. 오히려 어떤 일반적인 사고의 의도가 있어서 그것이 의미 구조의 구성에서 구체화되는 동시에 통사 표현이 형성된다고 보아야 한다.

이렇게 특징지을 수 있는 Welke 구상의 출발점은 전달 받은 문장을 이해하는 청자의 활동이다. 이때 단어 의미와 문장 의미의 변별이 중요하다. 청자는 단어 의미와 달리 문장 의미를 그의 어휘부에 저장하고 있지 않다. 다시 말하면 그는 원칙적으로 단어 의미를 이미 알고 있지만, 문장 의미는 미리 알고 있지 않다. 그래서 청자는 그가 들은 문장 의미를 활동적이며 창조적인 과정을 통해 구성해야 한다. 예를 들면 어순은 그런 과정을 위한 지시이다. 화자는 *Emil, Paul* 그리고 *bewundern*과 같은 단어를 가지고 다음 문장을 청자에게 말할 수 있다.

Emil bewundert Paul.
Paul bewundert Emil.

위 문장에서 화자가 청자에게 상이한 문장 내용에 대한 지시를 준다고 볼 수 있다. 또한 전통 문법의 소위 문법적 수단은 어휘기재항(Lexikoneintragung)을 변경하라는 지시로 볼 수 있다. 어휘부(Lexikon)에서 동사는 어휘기재항에 추상・논리적 순서(abstrakt-logische Reihenfolge)로 기재되어 있는데, 이것은 능동형에 해당한다. 그러면 능동 문장은 청자로 하여금 추상・논리적 순서로 어휘부에 기재된 보충어들을 선택하라는 지시로 볼 수 있는 반면, 수동 문장은 추상・논리적 순서 및 동사의 의미(동사의 관점)를 바꾸라는 지시로 볼 수 있다.

그러나 문장 의미전달의 관점은 통사구조를 통해서 분명하게 지시되어 있지 않거나, 심지어 통사구조와 모순되기도 한다. 예를 들면 청자는 소위 왜곡된 부가어의 경우(예를 들면 *deutsche Literaturgeschichte*)에 통사적으로 지시된 관계에 반하는 의미 관계를 구성한다. 원래 통사적으로 지시된 것은 합성어의 기본어에 대한 관계이다. 또한 통사적으로 지시되지 않은 의미 관계, 즉 통사구조가 의미구조를 포함하지 못함으로 인한 모순 관계는 소위 소유의 여격에서 보게 된다: *Emil trug Anna den Koffer zum Bahnhof*. 통사적 지시에 의하면 *Anna*는 *trug*의 보족어이며, 여기에 *Emil*과 *Koffer*와 다른 의미역이 배당된다. 이와 더불어 청자는

*Anna*와 *Koffer* 사이에 통사적으로 지시되지 않은 의미 관계를 형성시킬 수 있다. *Anna*가 *Koffer*의 소유주이기 때문이다.

청자는 협의의 언어 지식을 보충하는 상식과 상황지식도 갖고 있다. 이것은 소위 백과사전적 지식 또는 세상 지식이라고도 한다. 이 지식은 청자로 하여금 의미 결합가를 너머 소위 추론을 가능하게 한다. 한 예는 서술적 부가어(prädikatives Attribut)이다.

Die Freunde trugen den Stein betrunken fort.
Die Freunde trugen den Mann betrunken fort.

통사적으로 지시된 것은 형용사의 동사에 대한 관계이다. 청자는 해당 의미 관계를 구성할 수 있다. 따라서 *tragen*의 방식이 그 어떤 식으로 특성화된다. 통사적으로 지시되지 않았지만, 필수적인 것을 청자가 형용사와 주어 또는 목적어 간의 의미적 결합을 추가로 형성시킨다. 두 번째 문장에서 술 취한 사람이 *tragen*되어야 한다는 청/화자의 지식은 백과사전적 지식에 속한다. 이 지식은 언어와 무관하게 내장된 것이다. 이것은 의례 의미 결합가 기술을 위해 예비된 자질의 묶음을 넘어선다.

이 책은 결합가의 기본 개념을 소개하는 것에서 시작해서, 결합가와 관계된 주요 현안들에 대한 논의와 구동독에서 발전된 여러 결합가 이론의 소개를 포함하고 있다. 더 나아가 저자 자신의 결합가 이론을 피력함으로써 결합가 이론을 공부하는 학도들에게 결합가 논의에 대한 지평을 열어줄 뿐 아니라, 결합가 현상에 관심을 갖는 연구자들(특히 국어학자들)에게도 큰 도움이 되리라 생각한다. 또한 6장에는 격 이론을 창시한 Fillmore의 기본 구상에 대한 상론에서 출발하여 격 이론의 발전 상황과 여러 학자들의 이론을 상세히 다루었다. 특히 한 절에서 원형 의미론이 소개된다. 여기서 저자는 '행위자'격에 대한 원형 이론적 분석을 한다. 이것은 원형 의미론과 결합가 이론의 접목 가능성을 예시한다.

마지막으로 이 책의 한국어 번역을 흔쾌히 허락해 주신 아 프랑케 출판사(A Franke Verlag)와 Klaus Welke 교수님께 감사드린다. 그리고 출판계의 어려운 여건에도 불구하고 이 책의 출판을 맡아주신 한국문화사 김진수 사장님과 편집부원 여러분께 감사드린다.

이 번역서가 관련 분야의 연구에 조그마한 보탬이 될 수 있다면 역자로서는 더 이상의 기쁨이 없을 것이다. 독일어에 익숙하지 못한 독자를 위해 예문과 설명에 사용된 어휘들을 한국어로 번역하여 독자들이 이해하는 데 도움을 주고자 했다. 일부 예문은 역자가 신 독일어 맞춤법 규칙에 따라 수정하였음을 밝혀둔다. 역자가 평소 관심을 가져온 분야라서 번역해 보았으나, 역시 미흡한 점이 많으리라고 본다. 잘못된 부분은 앞으로 수정 · 보완해 나갈 것이므로 독자 여러분의 아낌없는 조언과 충고를 바란다.

2006년 5월 역자 씀

차례

Einführung in die Valenz- und Kasustheorie

머리말

결합가 이론은 1960년대 구조문법의 일환으로 성립되었다. 구조주의 이전의 문법이 주로 개별 단어, 품사에 따른 단어의 부류화와 단어의 변화 가능성(굴절)에 대한 기술에 주력했던 반면, 결합가 이론은 문장에서 단어 사이의 관계(통사구조)를 체계적으로 기술하는데 주안점을 둔다. Bühler(1934), Kacnel'son(1948), Tesnière(1953, 1959)가 주요 선구자이자 개척자이다. 동독에서 결합가 이론은 특히 Helbig, Bondzio, Sommerfeldt 그리고 Flämig의 연구를 통해 각기 다르게 확장되었고, 지속적으로 적용되었다. 결합가 이론은 “Grundzüge einer deutschen Grammatik”(Heidolph/Flämig/Motsch 1981)에도 수용되었다. 이러한 연구 방향에서 동독의 언어학자들은 국제적인 문법 연구에 또한 영향을 미쳤다. 결합가 이론은 이미 20년 전부터 동독에 널리 알려진 문법 방향 가운데 하나이다. 결합가 이론은 독일어, 러시아어, 영어 등의 외국어 수업을 위한 응용 연구에도 길을 열었다. 결합가 이론의 기본 가정은 간접적으로 (결합가 이론과 관계없이 성립된 Fillmore의 격 이론을 수용함으로써) 인지 심리학과 전산 의미론(인공지능) 등의 분야와 관계가 있음이 입증되었다. 국제적인 문법 논의에서 또한 생성 문법에서도 결합가 이론이 추구하는 바와 유사한 입장이 그 기반을 구축해 가고 있다.

그러나 동독에서 지금까지 각 학파를 총괄한 결합가 이론의 개론서가 아직 없다. 본서는 이 과제를 담당한다. 본서는 기본 개념들을 소개하고, 발전 상황을 상술하며, 그 발전 가능성을 제시할 것이다. 본서는 전통 형태론과 통사론에 대한 기본 지식이 있음을 전제로 독어독문학과 학생들과 다른 언어학과 학생들을 대상으로 한다. 더 나아가 결합가 이론의 다른 프로필과 발전을 위한 제안으로서 동료 연구가들에게도 본서를 추천하고 싶다. 그러나 결합가 이론의 발전에 관한 세세한 보고가 본서의 목표는 아니다. 현재까지의 가장 상세한 기술은 Korhonen(1977)이다. 결합가 이론의 역사에 대해서는 Bräuer(1974)와 Meinhard(준비중)를 비교해 보라. 우리는 오히려 동독에서 이루어졌던 발전에 의거하여 여러 다른 개념적 구상을 통합하고, 이것을 경험적 연구를 위한 과제로 상정함으로써, 결합가 이론을 동독에서도 또한 국제적으로도 권위 있게 규정했던 Helbig의 연구와 연계할 것이다. Helbig의 연구는 동독에서 뿐 아니라, 국제적으로도 가장 잘 알려져 있다. 그의 연구는 논의를 위해 필요한 모든 요점을 구비하고 있다. 주요 개념과 변별은 Helbig에 의해 어느 정도 마련되었다. 그러나 우리는 결코 Helbig와 동독의 결합가 이론에만 머무르지 않을 것이다.

결합가 이론에 대한 개론서 집필의 의견을 개진한 H.-J. Meinhard에 감사한다. 원래 우리는 공동으로 이 개론서를 쓰려고 했다. 이것은 각기 다른 연구 과제로 인해 실현되지 못했다. 그러나 본서에 드러난 기본 입장은 공동으로 연구한 것이다(Welke/Meinhard 1974, 1980 비교).

학생들의 접근을 용이하게 하기 위해 대체로 귀납적인 기술을 선택했다. 1장은 결합가 개념에 해당하는 관점들을 대략 개관하는 것으로 시작한다. 2장에서는 계속해서 논의되는 결합가 이론의 기본 변별인 보족어와 첨가어 그리고 의무적 결합가와 수의적 결합가의 변별이 소개된다. 이어 3장에서는 결합가 기본 모형의 확대 가능성에 관해 논의한다. 여기서는 주로 동사 결합가가 문제가 된다. 이것은 1960년대 이후 결합가 연구의 중심에 놓였다. 비로소 4장에서 예를 들면 결합가 층위(Ebene) 문제와 같은 근본 문제가 언급된다. 그러한 문제를 심사숙고하는 것은 앞 장들을 토대로 하는 것이 더 알기 쉬울 것이다. 5장에서는 다른 품사의 결합가에 대한 문제제기 및 이에 대한 범례적인 답변이 주어진다. 6장은 의미격 또는 의미역으로 새로 시작한다. 소위 격 이론의 결과와 발전상의 문제점들이 기술되고, 결합가 이론에서 의미격이 어떤 위치를 점유하는지 제시된다. 7장은 6장 및 앞 장들의 결과들을 기능 문법의 의미로 확대한다.

1. 서 론

60년대 발전되었던 결합가 이론(Valenztheorie)의 출발점은 단어의 결합 가능성(Kombinierbarkgeit)의 특수 경우로서 동사의 보충 필요성(Ergänzungsbedürftigkeit)이다. 이 관찰은 특히 문장모형과 관계가 있음으로 인해, 특별한 관심을 끌게 되었다. 동사는 분명 그것의 보충 필요성을 통해 서로 구별된다. 오직 특정 보족어(Ergänzung)만 요구하며, 다른 동사에 의해 요구되는 특정 보족어를 배제하는 동사(절대적 동사)가 있다. 예를 들면:

Emil schläft. (에밀은 잠잔다)

그러나

*Emil schläft seinem Onkel das Bett. (*에밀은 삼촌에게 침대를 잠잔다)

이와 달리

Emil bringt seinem Onkel das Bett.
(에밀은 삼촌에게 침대를 가져다준다)

이런 의미에서 두 보족어를 요구하는 동사도 있다. 예를 들면:

Emil liest ein Buch. (에밀은 책을 읽는다)

그리고 세 보족어를 요구하는 동사도 있다:

Emil gibt Paul ein Buch. (에밀은 파울에게 책을 준다)

구조주의 이전의 전통문법에도 동사의 보충 필요성을 반영하는 개념들이 있었는데, 예를 들면 지배(Rektion)와 타동(Transivität) 개념이다. 그러나 이들은 오직 몇몇 특수한 통사적 관계를 선별할 뿐이며, 형태론(명사의 어형 변화)에 치우쳐 있다. Bühler와 Tesnière에 의해 형성되었던 바처럼 결합가 개념은 보다 포괄적이다. 결합가 개념은 대격 목적어, 여격 목적어, 속격 목적어 뿐 아니라, 전치사 목적어와 결합가 필수적(valenznotwendig) 부사 규정어 및 주어까지도 관계한다. Tesnière는 주연어(actants; 보족어 Aktanten)와 조연어(circontansts; 상황어 Umstände)를 구분한다. 일정 수의 주연어를 지배하는 동사의 힘을 그는 원자 결합가(Wertigkeit, Valenz)를 원용하여 결합가라 했다. 그는 필요로 되는 (결합가 필수적) 부사 규정어를 보족어로 간주하지 않는다.

Er legt das Buch *auf den Tisch*. (그는 책을 책상 위에 놓는다)

Tesnière는 목적어와 부사 규정어 사이에 근본적인 통사적 차이를 두는 전통적 문장성분론을 따른다. Tesnière에서 주어는 다른 목적어와 비교되는 특수 지위를 상실하고, 동사의 한 보족어로서의 위상 밖에 얻지 못한다. 그러나 이것은 매우 중요하고도, 원론적으로 새로운 관찰방법의 출현으로서 강조된다(예를 들면 Helbig/Schenkel 1982:26, 또한 4.1.1 비교).

두 관점(보충 필요성으로서 결합가와 문장구문안)은 이미 Erben(1960)을 통해 Tesniére의 결합가 개념에 통합되었다. Helbig(1965)와 Bondzio (1969, 1971)도 그들 관심사의 근거를 마련하기 위해 동일한 관점을 택했다. Erben은 문장구문안(Satzbauplan) 개념과 독일어에서 정형 동사(verbum finitum)를 문장의 "구심점"(Angelpunkt)으로 본 Glinz(1952)의 가정에서 출발한다. Erben은 동사적 기본구성의 형상이 세 가지 요소에 의해 좌우된다고 본다: 단어선택(Wortwahl), 구상(Ansatz) 그리고 억양(Intonation). 구상과 억양 두 요소는 의사소통의 문제와 관계가 있다. 여기서 Erben은 Drach(1937)와 Boost(1955)의 의사소통-문법적 구상에 연계한다. 단어선택의 요소는 Tesnière의 결합가 개념에서 중요한 역할을 한다: "단어 선택, 특히 동사의 선택은 독일어 문장에서 특징적인 서술의 핵을 형성한다. 어떤 보충 규정어가 그리고 몇 개의 보충 규정어가 동사의 전장과 후장에 나타나며, 이들이 문장도면(Satzschema)을 형성함은 전적으로 동사의 종류와 결합가에—이것을 바로 원자 결합가에 비견할 수 있는데—달려있다"(Erben 1960:165). Erben은 4개의 기본 모형을 제시한다.

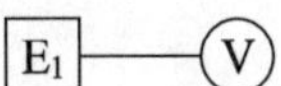

Vater schläft. (아버지가 주무신다)

Veränderung geschehen. (변화가 일어난다)

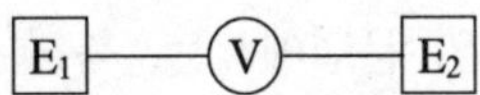

Groszvater ist Katholik/katholisch. (할아버지께서는 카톨릭 신자이다)
Katzen fangen Mäuse. (고양이가 쥐를 잡는다)
Mitschüler helfen Fritz. (동료학생이 프리츠를 돕는다)
Fritz geht drei Kilometer (Stunden)/geht seinen Gang.
(프리츠는 3킬로미터를 (세 시간을) 걷는다/ 그의 길을 간다)

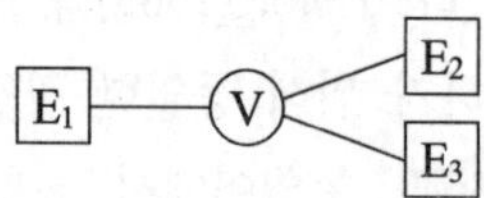

Fritz nennt Anton Onkel/faul.
(프리츠는 안톤을 아저씨라/게으르다고 한다)
Mutter lehrt Berta das Stricken.
(어머니는 베르타에게 뜨개질을 가르친다)
Gastwirte geben Stammgästen Freibier.
(주인이 단골손님에게 공짜맥주를 준다)
Mädchen stellen Blumen auf den Tisch.
(소녀들이 꽃을 책상에 놓는다)

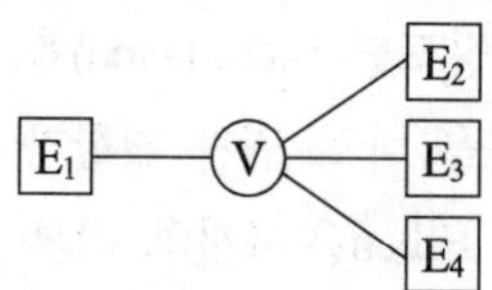

Er schleudert ihm den Handschuh ins Gesicht.
(그는 장갑을 그의 얼굴에 겨냥해 던진다)

Helbig로 하여금 결합가 개념에 흥미를 갖도록 한 것은 바로 결합가와 문장모형(Satzmodell)의 결합이었다. Helbig의 출발점은 외국어 수업과 외국어 수업에 구조문법(예를 들면 Fries 1952 버전)의 결과를 적용시키는 것이다. 외국어 수업을 지향하는 구조주의 문법에서는, 특히 Fries에게 있어 문장구성안(패턴)의 문제가 중요한 역할을 한다. Helbig는 결합가에 대한 그의 첫 저작(1965)에서 이 관계를 주제로 삼아, 후일 "독일어 동사의 결합가와 분포에 관한 사전"(Wörterbuch zur Valenz und Distribution deutscher Verben)의 초안을 구상한다.

그러나 결합가 이론은 국제적으로도 또한 동독에서 조차 통일된 이론이 아니다. 연구 상황은 여러 다른 결합가 이론의 구상이 서로 경쟁하고 있고, 그 구상들이 결합가 개념의 측면에서도, 또한 문법 이론의 측면에서도 차이가 있음을 알 수 있다. 동독에서 Helbig에 대해 여러 다른 각도에서 대안적인 결합가 구상(Welke(1965)에 의해 구축된)을 발전시킨 이는 Bondzio였다.

Welke(1965)의 출발점은 통사와 의미 사이의 관계였다. 화법 조동사의 예에서 의미에 기초한 통사 분석이 이루어졌다. 이를 위해 의미에 기초한 결합가 개념(종속 개념Abhängigkeitsbegriff)이 사용되었고, 이 결합가 개념은 형식 논리학(formale Logik, 관계 논리학 Relationslogik)과 논리 통사(logische Syntax; Ajdukiewicz, Bocheński)의 결과를 지향했다(4.1.2 비교). Bondzio는 관계 논리학에 따른 논리-의미적인 결합가 구상을 수용했다.

Helbig의 결합가 개념은 구조주의 문법의 영향 아래 순수 통사적(반의미적)인 반면, Welke와 Bondzio의 결합가 개념은 애초부터 의미적이었다. 두 구상(Helbig와 Welke)은 이미 Chomsky 문법의 Aspects-모형(1965)에 영향을 받았는데, 이것은 동독에서 결합가에 관한 최초의 연구가 이루어지던 시기에 제2 차 국제 심포지움 "언어의 기호와 체계"(Magdeburg 1964)의 자료와 더불어 "통사 이론에서 범주와 관계"란 명칭으로 발췌되어 출간되었다. Welke가 Chomsky를 통해 주로 생성 의미적 구상의 입장에 서게 된 반면(심층구조와 표층구조 개념의 재해석을 통해), Helbig는 예를 들면 Chomsky로부터 전수한 선택제약(Selektionsbeschränkung)

을 통사적인 선택제약으로 평가함으로써 Chomsky의 통사 본유적(inhärent) 해석의 구상을 이어간다. 동독에서 결합가 이론의 확대 초기에 이미 본유적 통사 대 의미에 기초한 통사라는 근거 논쟁이 예견되고 있었으며, 근거 논쟁은 오늘날까지 생성 문법(해석 의미론/생성 의미론) 내에서 또한 계속된다.

다음의 언어 현상은 동사 결합가 관점에서 파악되고 기술되며, 다른 품사로 전용된다.

1. 의미 필수적(sinnotwendig)이며, 동사에 의해 요구되는 보족어 수에 관한 언급.

   여기서 의무적 보족어(obligatiorische Ergänzung)와 수의적 보족어(fakultative Ergänzung)가 구별된다. 보족어는 자유 첨가어(freie Angabe)와 대비된다.

Ich	bringe	dir	das Buch	morgen
의무적		수의적	의무적	자유
보족어		보족어	보족어	첨가어

   여기서 분명하게 드러나는 모순을 제거하기 위해 우리는 의무적 보족어와 수의적 보족어 그리고 의무적 첨가어와 수의적 첨가어의 대비를 제안할 것이다(2.4.4).

2. 보족어의 형태론적 특성과 통사적 특성에 관한 언급.

   그 특징은 격, 전치사, 어순 및 보족어의 부문장, 부정형 구문 또는 명사화로의 실현 등이다. 문장성분 개념은 문헌에서 문법-형식적 실현형의 명칭으로 이용된다.

3. 동사와 보족어 사이의 양립성(의미적 양립성 semantische Verträglichkeit, 선택제약 Selektionsbeschränkung, 선택조건 Selektionsbedingung)에 관한 언급.

특정 동사는 형태-문법적으로는 보족어가 될 수 있어 보이는 임의의 단어들(구, 부분 문장)과 의미적으로 양립하지 않는다.

Ich lese das Buch morgen.
(나는 내일 책을 읽을 거야)
*Das Buch liest mich morgen.
(*책은 내일 나를 읽을 거야)
*Die Sonne liest aus Grimms Märchen vor.
(*태양은 그림의 동화에서 낭독한다)

따라서 *lesen*(여기서 가정할 수 있는 의미 변이형)은 의미자질(semantisches Merkmal) 'menschlich'('Hum')을 취하는 단어가 능동형 명사 보족어(주어)로 실현되어야 함을 전제한다(그 단어가 *lesen*의 첫 번째 빈자리를 차지한다). 따라서 동사의 잠재적 보족어의 의미자질에 대한 언급은 의미 결합가(semantische Valenz) 관계 분석에 속한다. 예를 들면:

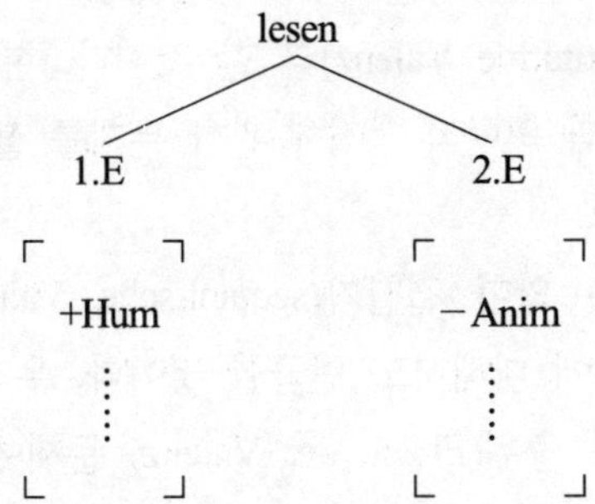

4. 동사의 본유적(동사 자체에 속하는) 의미자질에 관한 언급.
   이로부터 특히 결합가 관여적(valenzrelevant)과 결합가 비관여적 (valenzirrelevant) 자질의 구별이 비롯한다(4.2 비교).
5. 보족어의 의미역(semantische Rolle; 의미격 semantische Kasus, 격 역할 Kasusrolle)에 관한 언급.
   문장에 여러 보족어가 있으면, 그들에게 특정 역할이 배당된다. 비교:

Emil stellt Eduard Rudolf vor.
(에밀은 에두아트에게 루돌프를 소개한다)

문장을 이해하기 위해 청자는 문장에서 누가, 누구를, 누구에게 소개하는지 알아야 한다. 즉 이 경우에 어떤 보족어가 사건의 행위자, 피행위자 그리고 수신자인지 알아야 한다(6장 비교). 격 형태, 전치사 그리고 어순 등과 같은 문법 수단이 역할 표시를 담당한다. 그 밖에도 제1 논항, 제2 논항, 제3 논항으로서 보족어의 추상-논리적(시간적이 아닌) 순서 또는 위계가 이 역할 표시에 속함을 보일 것이다(7장).

보족어(빈자리) 수의 문제와 이에 따른 보족어와 첨가어 변별 문제 그리고 의무적 보족어와 수의적 보족어 변별 문제를 우리는 Helbig에 의거하여 **양적 결합가**(quantitative Valenz)라 할 것이다. 한편 보족어와 첨가어의 형태-통사적 성격과 의미적 성격에 관한 문제를 **질적 결합가**(qualitative Valenz)라 할 것이다.

더 나아가 우리는 의미 결합가(semantische Valenz)와 통사 결합가 (syntaktische Valenz)에 대해서도 언급할 것이다. 우리는 이때 많은 논란이 있는 소위 결합가 층위(Ebene der Valenz) 문제에 주목하지 않고(4.3

비교), (예를 들면, 동사의) 보충 필요성(Ergänzungsbedürfigkeit)과 보충 가능성(Ergänzbarkeit)으로서 결합가가 원칙적으로 의미에 제약되어 있다는 상황에 주목할 것이다. 의미 결합가는 보족어와 첨가어의 통사적(형태-문법적) 실현에서 의미 결합가의 통사적 표현을 찾게 되는데, 의미구조와 통사구조(의미 결합가와 통사 결합가) 사이의 원칙적인 일치가 있어야 하지만, 또한 수많은 불일치도 있다.

보족어는 여러 측면에서 동사에 종속되어 있다.

1. 동사 보충어(Verbkomplement)는 동사에 종속되어 결합가 필수적(의미 필수적), 결합가 가능적(의미 비필수적) 또는 결합가 불가능적(valenzunmöglich)일 수 있다. 비교:

Emil	bringt	seinem Onkel	das Buch
결합가		결합가	결합가
필수적		가능적	필수적
(의무적)		(수의적)	(의무적)

*Emil	schläft	seinem Onkel	das Buch
결합가		결합가	결합가
필수적		불가능적	불가능적

2. 보족어의 형태적 특성과 통사적 특성은 동사에 의해 좌우된다. 다시 말해서 동사는 오직 일정한 형태-통사적 형식의 보족어를 요구하거나 허용한다. 그래서 보족어는 동사 특징적(verbspezifisch; 하위범주 특징적 subklassenspezifisch, 하위범주적 subkategorisierend)이다. 비교:

Emil fragt den Lehrer.	– *Emil hilft den Lehrer.
(에밀은 선생님께 묻는다)	(*에밀은 선생님을 돕는다)
Emil hilft dem Lehrer.	– *Emil fragt dem Lehrer.
(에밀은 선생님을 돕는다)	(*에밀은 선생님께 묻는다)
Emil fragt, ob der Lehrer kommt.	– *Emil hilft, ob der Lehrer kommt.
(에밀은 선생님이 오실지 묻는다)	(*에밀은 선생님이 오실지 돕는다)

3. 동사는 보족어의 의미 특성을 제약한다. 보족어의 의미자질은 동사에 종속한다. 예를 들면 *lesen*의 주어로서 일반적으로 읽을 수 있는 존재, 즉 사람을 사상하는 보족어가 대상이 된다. 목적어로는 읽혀지는 것이 대상이 된다. 보족어의 의미 특성은 일반적으로 예를 들면 '±belebt'와 같은 범주자질 표시로 충분하며(Helbig/Schenkel 1982 비교), 예를 들면 '쓰기에/읽기에 정통한 schreib-/lesekundig' 또는 '인쇄된/씌어진 gedruckt/geschrieben이 보족어 자질로서 설정되지 않는다.

4. 보족어는 동사에 종속되어 특정 의미역을 배당받는다. 비교:

Emil gibt Paul das Buch.	(에밀은 파울에게 책을 준다)
Emil legt das Buch auf den Tisch.	(에밀은 책을 책상 위에 놓는다)

*geben*은 의미역이 '행위자', '피행위자', '수신자'인 세 보족어를 전제한다. *legen*은 의미역이 '행위자', '피행위자', '방향'('장소')인 세 보족어를 전제한다.

결합가 이론에서 활발하게 논의되는 부분적으로는 해결되었지만, 부분적으로는 오늘날에도 열려 있거나, 연구가 만족스럽지 못한 일련의 문제들

이 있다. 특히:

1. 보충 필요성 개념을 넘어선 결합가 개념의 중요한 변별도 존재한다. 보충 필요성으로서 결합가는 동사에 의해 요구되는 보족어 또는 빈자리 수(양적 결합가)의 측면에서 오직 양적으로 동사(문장구문안)의 변별을 함의한다. 이미 Helbig의 결합가에 관한 첫 논문(1965)에 다음이 나타난다.

   - 의무적 보족어와 수의적 보족어의 변별 (보족어와 첨가어 변별에 의해)
   - 보족어의 통사-형태론적 특성 (질적 결합가)
   - 선택조건 표시

이것은 Helbig/Schenkel(1982)이 후일 "독일어 동사의 결합가와 분포에 관한 사전"에 수록된 결합가 3단계이다. 예를 들면 *waschen*에 대한 결합가기재항(Valenzeintragung):

waschen

I. $\text{waschen}_{1+(1)=2}$ (양적 결합가: waschen은 두 보족어를 취한다. 한 의무적 보족어와 한 수의적 보족어)

II. waschen → $S_{n'}$ (S_a) (질적 결합가: 한 보족어는 주격, 다른 보족어는 대격)

III. S_n → Hum (Die Frau wäscht) (의미 선택조건)
S_a → 1. ±Anim (Die Mutter wäscht das Kind, den Hund, die Bluse)

2. Refl. (Die Mutter
wäscht sich)

그 사이에 Helbig(1983, 1983a 비교)는 결합가 기재항에 대한 기존의 3 단계 대신 6단계를 준비한다 — 약간 순서가 바뀌는데, 이것은 그가 받아들인 생성 의미적 구상에 해당한다.

I. 술어의 논리구조에 관한 언급. 기존의 의무적 보족어와 수의적 보족어의 구별없이 논항의 수만 언급. 이것은 6단계에 새로 선보인다.
II. 동사의 내재 의미자질에 관한 언급.
Helbig는 동사의 결합가 관여적 의미자질(기능어 Funktor) 및 결합가 비관여적 의미 자질(한정어 Modifikator)을 구별하는 Bondzio (1971)의 제안을 받아들인다.
III. 보족어의 의미격(의미역)에 관한 언급. 예) 행위자, 피행위자, 도구
VI. 보족어의 지시-의미적 특징. 이것은 기존의 단계 III. (선택조건)
V. 보족어의 질적 특징. 이것은 기존의 단계 II. 그러나 다음에 따라 변별된다.
a) 문장성분 가치 (주어, 목적어 등)
b) 통사-형태적 특징
VI. 보족어의 양적 특징. 기존의 단계 I의 재수용. 의무적 보족어와 수의적 보족어에 따른 특성의 측면에서

예 (Helbig 1983:142)

wohnen (Er wohnt in Leipzig/am Bahnhof.)

I. aRb 논리적 빈자리의 수: 2

II. a) 술어의 결합가 관여적 자질:

'+statisch', '+Relation', '−symmetrisch', '+äußerlich', '+Ort'

b) 술어의 결합가 비관여적 자질:

'−Position', '+Haus', '+ständig' ...

III. 의미격

a → 상태보유어(Zustandsträger)

b → 장소(Lokativ)

IV. 명사의 의미 자질:

a → '+Hum'

b → '+konkret', '−organish', '+fest'; 'Ort', 'Gebäude'

V. a) a → 주어

b → 부사어

b) a → Sn(대격 명사)

b → pS(전치사구)

VI. wohnen$_2$

중요한 개정은 의미역에 따른 보족어의 특성화이다. 이것은 Fillmore의 격 이론을 통해 이루어졌다.

2. 결합가는 일차적으로 동사에서 관찰되었다. 그러나 결합가가 다른 품사에도 존재하는지의 문제와, 그렇다면 어떤 품사가 결합가를 갖는지의 문제가 대두된다. 다른 품사의 결합가는 일반적으로 동사 결합가에 기초하여 기술된다. 그 밖에도 명사적 술어와 동사적 술어 안에 있는 조동사를 어떻게 다루어야 할지, 즉 조동사가 결합가를 갖는지 결정되어야 한다(5장).

3. 가장 많이 논의되는 한 문제는 보족어와 첨가어 관계 및 그 변별의 문제이다. 결합가를 보충 필요성으로 파악하는 것은 동사의 문장구문안에 계류된 필수적인 보족어와 별도로 자유롭게 부가될 수 있는 보족어(첨가어)의 변별을 전제한다. 변별 기준에 대한 문제는 결합

가 이론의 최대 관심사이다(2장).

4. 첨가어를 결합가 개념으로 이해하기 위해, 결합가 필수적 보족어와 동사에 결속되지 않은 자유로운 첨가어의 변별은 결합가 개념의 결합 관계적(syntagmatisch)인 확대 문제를 포함해야 한다. 이를 위해 일련의 해결책이 제안된다. 이 해결책은 결합가 개념을 다른 품사에 전용할 때와 마찬가지로 결합가 개념에 기초하여 가능한 완벽한 문장구조 기술을 목표로 한다.
5. 결합가 이론에서 지금까지 충분히 주목받지 못한 결합가(Valenz)와 결합 가능성(Kombinierbarkeit) 사이의 관계에 대한 문제는 결합가 개념의 확대에서 나타난다. Tesnière는 결합가라는 용어로써 보충 필요성 현상에 대한 직관적 관찰을 통해 은유적으로 (화학을 원용하여) 표현했다. 결합가 개념은 적용영역의 확대를 통해 결합 가능성 개념으로 전환된다.

   모든 통사 모형(문법들)이 단어들의 결합과 관계하고 있다. 결합가 개념이 확대되는 경우에 결합가 이론의 고유성은 어디에 존재해야 하는가? 엄밀히 말하면 이 의문은, Helbig의 어휘기재항(Lexikoneintragung)에 대한 첫 버전의 단계 2, 3에 있다. 형태론적 특성과 선택 조건의 표기는 단순히 보충 필요성을 넘어선, (결합가 필수적 보족어의) 결합 가능성 원칙을 포함한다.
6. 다음의 사실은 (생성 문법의 본래 구상과 달리) 결합가 이론의 특수한 원리로서 그리고 여러 다른 결합가 구상을 포괄하는 결합가 이론의 원리로서 간주할 수 있다: 문법 규칙(통사와 의미를 결합시키는 규칙)은 결합가 이론에서 다른 단어와 결합하기 위한 어떤 한 단어의 힘(잠재력)으로 기술된다. 따라서 이 개념에는 문장의 중요한 통사-의미적 구조 속성이 단어의 속성을 통해 이미 결정되어 있는 것으로 파악된다.

결합가 개념을 이렇게 파악하는 것은 결합가의 고유성을 유지하는 동시에, 보충 필요성으로서 결합가의 규정을 넘어서는 것이며, 일반적인 결합 가능성을 함께 고려하는 것이기도 하다. 이것은 또한 보충 필요성(Ergänzungsbedürftigkeit) 외에 보충 가능성(Ergänzbarkeit, 예를 들면 자유 첨가어)을 결합가 기술에 포함할 수 있음을 의미한다(이를테면 Abramow 1967; 1971의 능동 결합가 aktive Valenz, 수동 결합가 passive Valenz의 의미에서). 이렇게 볼 때 결합가는 한 단어의 다른 단어와의 결합 가능성에 관한, 그 단어 안에 있는 모든 정보를 집약한 개념이다. 예를 들면 최근까지의 생성 문법의 경우와 다른, 문법에서 어휘부의 위상이 여기서 비롯한다.

최근 생성 문법은 완전히 개정되었다. 더 이상 소위 통사구조에 있어 수동적 초석으로서 어휘 단위(단어)가 아닌, 구조적 정보의 전달체로서의 단어를 토대로 문법 규칙이 작용하며, 이를 통해 문법 이론에서 어휘부가 중심적 위치를 차지한다(Zimmermann 1984, Steinitz 1985 비교).

결합가 이론의 주요 결과가 외국어 수업에 실제 적용되는 결합가 사전이라는 사실은 우연이 아니다. 이에 비추어 볼 때 결합가 이론에서는 (전통) 생성 문법의 영향으로 인한 역설적인 오해에 관심을 두지 않았고, 지금까지 어휘부와 문법의 관계에 대한 이론적 해명에 큰 관심을 보이지 않았다(Welke/Meinhard 1980 비교). 이 상황은 특히 생성 문법과 비교할 때 결합가 개념의 이론적 개선의 수준이 낮은 것과 관계가 있다. 초기에는 비교적 독자적인 생성 의미적 구상에 따라 결합가 이론이 생성 문법의 정리(Theorem)와 개정을 여과없이 수용하여 발전해 왔다는 점은 앞의 사실과 관계가 있다. 이것은 또한 부분적으로 본래 결합가 이론의 이론적 구상과 상반된 방향을 추구하는 결과를 초래했다.

7. 결합가 이론에서 다루어지는 개념들의 심리적 실재에 대한 문제는 6의 문제와 관련이 있다. Fillmore와 매우 유사한 출발사고가 인지 심리학에서 큰 반향을 얻고 있음은 잘 알려져 있다. 결합가 이론이 외국어 수업에서 얻는 지속적인 반향이 결합가 이론적 구상의 심리적 실재와 어느 정도 관계가 있다는 추측은 정도를 벗어난 것이 아니다(Welke 1985 비교).
8. 결합가가 단어의 통사적 속성인지, 의미적 속성인지 이론적으로 매우 중요하다. 이것은 예를 들면 Helbig(특히 Schmidt와 Bondzio와의 논쟁에서)에 의해 결합가 개념이 자리 잡은 언어 층위에 관한 문제로서 계속해서 논의된다.
9. 이것은 각 결합가 이론의 구상이 어떤 문법 개념의 영향력 아래 있는지의 문제와 밀접한 관계가 있다. 생성 문법의 상이한 발전 단계가, 특히 생성 의미론이 결합가 이론에 상당한 영향을 미쳤다. 우리는 그 관계를 때때로 반영할 것이다. 그러나 우리는 또한 결합가 이론을 독자적으로 구성하고자 하며, 여기서 동독에서 특히 Schmidt에 의해 대표되는 기능 문법(funktionale Grammatik)에 그 책무가 주어진다고 생각한다(특히 7장 비교). 우리는 기능 개념이 세계적으로 다시 그 지지기반을 얻어가고 있다는 점도 지적할 것이다.
10. 결합가 보유어의 보족어에 대한 의미역(의미격) 표시가 결합가 기술에 속한다는 점에 광범위한 의견의 일치를 보이고 있다. 그러나 개별 의미역의 정의와 구별은 많은 논란의 여지가 있다.

2. 보족어와 첨가어, 의무적 결합가와 수의적 결합가

2.1 들어가는 말

필자의 생각에 보족어와 첨가어 관계는 결합가 연구에서 가장 많이 논의되는 문제이다. 이 직관적 변별의 근거와 증명을 위한 수많은 제안이 있었다. 이에 대한 판단은 그 문제가 궁극적으로 해결되었다는 언급 (Eroms 1981:50, Wotjak 1985:205f)에서 시작하여, 변별을 포기하자는 제안, 왜냐하면 그 구별이 실험을 통해 충분히 보장될 수 없기 때문에, 그리고 어느 정도 점진적으로(graduell) 그 차이를 인정하자는 제안(Vater 1978, Wegener 1985)에 이르기까지 다양하다. 이것은 보족어와 첨가어 변별에 대한 서로 다른 제안이 대치하고 있는 결합가 이론의 전형적인 현재 모습이다. 우리는 여기서 이런 번거로운 길을 가지 않고, Helbig의 견해에 기초하여 이를 개괄하는데 그치려 한다.

보족어와 첨가어 변별에 대한 본래 구상은 결합가 이론의 출발점에서 얻은 관찰, 즉 보충 필요성에서 직접 나타난다. 동사에 의해 어떤 식으로 요구되는 것처럼 보이는 동사 보족어(필수적 보족어)가 있으며, 동사에 의해 요구되지 않고 비교적 자유로이 부가될 수 있는 동사 보족어(자유 첨가어)가 있다. 무엇이이 필수적인 보족어이고, 첨가어인지에 대한 직관으로부터 한편으로 결합가 필수적 보족어와 자유 첨가어, 다른 한편으로 의무적 보족어와 수의적 보족어의 변별이 자연스럽게 이루어지는데, 이는 자연어에서 의미의 원형적 발전에 비견될 수 있다(6.4.7 비교). 그 결과는 부정확성과 모순이며, 이것은 부분적으로 오늘날까지도 제거될 수 없었다. 여기에 더하여 그 분류를 가로막는 현실 자체의 어려움도 있다. 개론서에서 전통 테마에 대한 급진적인 개정은 금물이다. 따라서 우리에게는 오직 다음과 같은 길만이 남는다. 우리는 우선 전통적으로 이루어져 온 변별과 Helbig(1965; 1966)에서 출발하여 결합가 이론에 상용되는 변별에 대해 상술할 것이다. 그러나 우리는 그 변별의 부정확성과 모순을 지적하지 않을 수 없다. 우리가 보게 될 것처럼 실험을 통해 얻어진 사실이 자체로 해결책을 제공하지는 못한다. 중요한 것은 그 실험이 어떤 내용적 기준과 관계가 있고, 무엇을 입증하려는지 분명히 하는 것이다. 따라서 우리는 이러한 맥락에서 과거의 기준보다 훨씬 명료한 그런 내용적 기준을 세워보려 한다. 더 나아가 결합가 연구에서 보일 수 있는 해결 방안과 생산적인 발전 가능성도 제시할 것이다.

용어(Terminologie)에 대하여:

결합가가 시작되는 동사 또는 단어는 결합가 보유어(Valenzträger)라 한다. 그것에 의해 요구되는 결합가 필수적 보족어는 여러 다른 용어로도 쓰인다. 이들은 Erängzung, Aktant, Mitspieler, Argument, Valenzpartner로 불린다. 우리는 이런 용어들 가운데 가장 중립적인 용어로서 'Ergänzung'을 선택한다. Ergänzung은 표준적인 용어로 정착되었다. 예를 들면 지금 논의되는 표제 "보족어와 첨가어"(Ergänzung und Angabe). Helbig는 보통 용어 'Aktant'를 사용한다. 요구되지 않는 (비필수적) 보족어는 첨가어 또는 흔히 특징적인 '자유'라는 말을 덧붙여 자유 첨가어라 한다. 보족어와 첨가어의 통합 개념으로서 보족어란 용어의 사용이 오해를 부를 수 있기에, 우리는 보족어와 첨가어의 상위개념으로 '동사 보충어'(Verbkomplement)라는 용어를 사용할 것이다.

보충 필요성을 논리학에 연계하면 다음과 같이 기술할 수 있다: 동사가 1에서 n까지의 빈자리(Leerstelle)를 개방하고 있다. 다시 말해서 동사는 자리배치안(Stellenplan)에 1에서 n까지의 빈자리를 마련하고 있으며, 이 빈자리는 구체적인 문장에서 (의무적으로 또는 수의적으로) 채워진다. 이에 따라 1가에서 n가까지의 동사가 구별될 수 있다. 논리학에서는 이것을 1항에서 n항까지의 술어라 한다. 때로 통사 층위(통사 결합가에서 Wertigkeit로) 또는 논리-의미 층위(의미 결합가에서 Stelligkeit로)를 지시하기 위해 용어상 구별해서 쓰기도 한다. 이와 유사하게 흔히(예를 들면 Helbig의 경우) 'Aktant'는 통사 층위를 그리고 'Argument'는 논리-의미 층위를 지시한다. (결합가와 논리학의 관계 또한 결합가의 소위 층위 문제에 관하여는 4장을 비교).

2.2 의무적 보족어와 수의적 보족어

보충 필요성(Ergänzungsbedürftigkeit) 기준과 이로부터 파생되는 내용적 기준들(2.4 비교)을 보장하기 위해 실험 방법이 발전되었다. 본질적으로 표현의 통사적 변형 방법이 문제가 된다. 그래서 Helbig는 이를 통사-조작(syntaktisch-operationell) 실험이라 부른다(Helbig 1982:25).

보족어와 첨가어 변별을 위한 분명한 조작 기준은 삭제실험(Weglassprobe)이다. 문장이 문법적으로 정문이라는 조건하에 삭제될 수 없는 동사 보충어는 동사에 의해 요구되는 보족어일 것이다. 반면 삭제될 수 있는 동사 보충어는 자유 첨가어일 것이다. 실제로 그 방법을 썼고, 삭제 가능성을 기준으로 삼았다(예를 들면 Grebe 1959). 그러나 보충 필요성과 삭제 불가능의 긴밀한 상관관계가 올바로 유지될 것 같아 보이지 않는다. 어떤 동사 보충어는 동사에 의해 요구되는 것처럼 보이지만, 흔히 삭제될 수 있다. 그래서 Helbig는 결합가 문제에 관한 그의 첫 논문(1965)에서 삭제실험에 기초해 구조적으로 필수적인(결합가 필수적) 문장성분을 확인하기 위해 다음의 예를 제시한다.

(1) Er wohnt in Berlin. (그는 베를린에 산다)
*Er wohnt.

(2) Ich besuchte ihn. (나는 그를 방문했다)
*Ich besuche in Berlin.
*Ich besuche.

(3) Ich werfe ihm den Ball ins Wasser. (나는 그의 공을 물로 던진다)
Ich werfe ihm in das Wasser.
*Ich werfe ihm den Ball.

(4) Ich lege das Buch auf den Tisch. (나는 책을 책상에 놓는다)
*Ich lege das Buch.
*Ich lege auf den Tisch.
*Ich lege.

(5) Er sprach zu den Kindern über seine Reise.
(그는 아이들에게 그의 여행에 관해 말했다)
Er sprach.

Er sprach zu den Kindern.
Er sprach über seine Reise.

(1)에서 (4)까지의 예문에서 삭제실험은 용인할 수 있는(직관에 맞는) 결과를 보인다. 그러나 삭제실험에 의하면 *sprechen*은 1가 동사이고, 전치사 목적어는 자유 첨가어로 간주되어야 할 것이다. 예를 들면 (3)에서 다음의 문장이 형성될 수 있을지 의심이 들 것이다.

Ich werfe den Ball. (나는 공을 던진다)
Ich werfe. (나는 던진다)

보족어와 첨가어 변별을 위한 기준으로서 삭제실험은 *werfen*을 2가 동사, 심지어 1가 동사로 몰아갈 것이다.

또한 다음 문장에서 동사 보충어는 필수적인 보족어처럼 보이지만 삭제될 수 있다

Emil isst. (에밀은 먹는다)

먹을 무엇인가가 꼭 있어야 할 것 같다.

Emil isst ein Brötchen. (에밀은 브레첸 빵을 먹는다)

그러나 *essen*의 과정이 언급되면, 무엇을 먹는지 알리는 것이 항상 중요하고 필수적이지 않다.

Emil bat darum, nach Hause gehen zu dürfen.
(에밀은 집으로 돌아가도 되는지 물었다)

여기서는 누구에게 부탁하는지가 문맥(다른 문장들의 문맥 또는 상황 문맥)에서 분명하게 나타난다.

보충 필요성의 기준으로서 삭제실험은 직관상 필수적으로 보이는 여러 보족어를 자유 첨가어로 분류할 수도 있을 것이다. 따라서 Grebe (1959)는 이 실험의 대략적인 활용에 찬성한다. 그 구별은 직관적이며, 임의적이다. 직관을 객관화하려는 목표가 검증 방법을 통해 도달될 수 없다고 말한 Grebe에 Helbig가 이의를 제기함은 당연하다(Helbig 1965 비교).

필수적으로 보이는 보족어의 삭제 가능성에서 빚어진 어려움들은 Helbig로 하여금 이미 그의 결합가에 대한 첫 논문에서 의무적 결합가와 수의적 결합가의 변별을 제안하게끔 했다. 그 기준은 삭제 가능성이다. 몇 가지 예외가 있지만, 삭제할 수 없는 보족어는 의무적 보족어이다. 삭제할 수 있는 보족어는 수의적 보족어이다.

2.2.1 의무적 보족어

의무적 보족어는 문장이 문법적으로 바르게 되려면, 문장에 꼭 실현되어야 하는 삭제할 수 없는 보족어이다. 그러나 몇 가지 예외가 허용된다. 특정 조건하에서 의무적 보족어도 삭제할 수 있는데, 이런 경우는 계속 의무적 보족어라고 한다.

2.2.1.1 어휘화된 생략

Helbig(1966)는 우선 오직 한 예외만 허용했다. 그는 삭제될 수 있지만 (그리고 대개 삭제되는), "문맥과 관계없이 항상 함께 연상되는" 보족어를 의무적이라 한다(Helbig 1966:6, Helbig/Schenkel 1982:54 비교). 예를 들면:

Er gibt.	= Er gibt den Spielern die Karten. (그는 게임자들에게 카드를 돌린다)
Er benimmt sich.	= Er benimmt sich gut. (그는 행실이 바르다)
Die Henne legt.	= Die Henne legt Eier. (닭이 알을 낳는다)
Die Pilze riechen.	= Die Pilze riechen schlecht. (버섯에서는 좋지 않은 냄새가 난다)

여기서 문제가 되는 것은 필수적 보족어 자체가 삭제될 수 있다는 것인데, 해당 문장의 동사 문맥에서 그 보족어가 분명하게 추론될 수 있기 때문이다(예를 들면 주어 *Henne*와 *Pilze*에서). 축소 형태가 의례히 그리고 관례상 확장 형태와 의미가 동일한 것으로 이해된다. 우리는 이런 경우를 Heringer(1967)에 따라 어휘화된 생략(lexikalisierte Ellipse)이라 할 것이다. 우리는 이것을 문맥적 생략(kontextuelle Ellipse)과 구별하는데, 문맥적 생략에서는 텍스트에 있는 다른 문장들과 상황적 문맥이 삭제를 가능하게 한다. 문맥적 생략 조건하에 삭제될 수 있는 보족어를 Helbig는 수의적 보족어로 간주한다(생략의 문제와 결합가 연구에서 여러 다른 견해에 관하여 Korhonen 1977:183ff 비교).

어휘적 생략에 있어서는 주변적인 경우가 문제가 된다. 여기서는 그 변별이 그다지 어려움을 야기하지 않는다. 어려움이 있다면, 간혹 상이한 상황적 문맥이 고려될 수 있음으로 인해 문맥적 생략이라 할 수도 있다는 것이다. 비교:

Du gibst	– beim Skatspielen.	(카드게임에서 패를 돌리다)
	– beim Tischtennis.	(탁구게임에서 서브를 넣다)
	– beim Volleyball.	(배구게임에서 서브를 넣다)

Helbig(1966:6)는 어휘적 생략의 예로서 *Er sitzt*(= *Er sitzt im Gefängnis* 그는 투옥되어 있다)를 든다. 그러나 Helbig/Schenkel(1982:53ff)에는 그 예가 수록되어 있지 않은데, *sitzen*은 한 의무적 보족어(주어)와 한 수의적 보족어(장소 규정어)를 취하는 2가 동사로 규정된다. *Der Dieb sitzt* 및 *Der Anzug sitzt*와 같은 예는 수의적 보족어에 기초한 어휘화된 생략이 형성될 수 있음을 보여준다.

Pasch(1977:24, Steinitz 1969 비교)는 그 분류를 더욱 세분했다. 그녀는 의무적 보족어가 자체로 생략될 수 있는 두 조건을 더 제시한다. Helbig(1982:38ff)는 그 제안을 수용한다. 두 조건은 양태화(Modalisierung)와 대비(Kontrast)이다.

2.2.1.2 양태화

동사가 그 의미에서 실제적이 아닌, 잠재적 과정을 지시한다고 이해할 수 있는 경우에는 보족어가 생략될 수 있다. 예를 들면:

Er kann (gut) beobachten. (그는 관찰을 (잘)할 수 있다)
Er versteht es zu schenken. (그는 선물하는 법을 안다)

2.2.1.3 대비

해당 동사가 다른 동사와 대비되어 사용되면, 보족어가 생략될 수 있다. 예를 들면:

Er schenkt nicht, sondern empfängt.
(그는 선물한 것이 아니라, 선물을 받았다)
Er durchdenkt nicht, sondern handelt impulsiv.
(그는 숙고하지 않고, 충동적으로 행동한다)

Er wohnt nicht, sodnern er haust.
(그는 주택에 사는 것이 아니라, 저택에 산다)

우리는 Helbig(1982)와 Pasch(1977)에 따라서 어휘화된 생략, 양태화 그리고 대비 조건아래 생략될 수 있는 보족어를 **상대적인 의무적 보족어** (relativ obligarorische Ergänzungen)라 할 것이다.

절대적인 의무적 보족어(absolut obligatorische Ergänzungen)는 삭제될 수 없는 보족어다. 다음 문장에서 대격 목적어는 절대적인 의무적 보족어인데, 예를 들면 대비의 조건하에 삭제가 불가능하기 때문이다.

Er versieht seine Aufgaben.
(그는 그의 과제를 충실하게 한다)
*Er versieht nicht, sondern er befreit.
(*그는 충실히 하지 않고, 요리조리 빠져나간다)

2.2.2 수의적 보족어

어휘화된 생략, 양태화 또는 대비와 같은 조건 없이 보족어가 삭제될 수 있으면, 그 보족어는 수의적이다.

2.2.2.1 문맥적 생략

생략될 수 있는 보족어는 우선 수의적인데, 청자가 언어적 문맥(텍스트 맥락) 또는 상황적 문맥에서 그 보족어를 추측할 수 있기 때문이다. 예를 들면 여격 목적어는 흔히 수의적 보족어이다. 비교:

Als ich ihn das letzte Mal sah, erzählte er von dem neuen Buch.
(내가 그를 마지막으로 보았을 때, 그는 새 책에 관해 이야기했다)

Als ich ihn das letzte Mal sah, erzählte er mir von dem neuen Buch.
(내가 그를 마지막으로 보았을 때, 그는 나에게 새 책에 관해 이야기했다)

가능하지만, 충분치 못한 기준은 질문실험(Frageprobe)이다.

수의적 보족어:

Wirst du zum Wettkampf kommen?	– Ja, ich werde kommen.
(너 경기에 갈거니?)	
Wirst du am Wettkampf teilnehmen?	– Ja, ich werde teilnehmen.
(너 경기에 참가할거니?)	
Verzichtest du auf die Teilnahme?	– Ja, ich verzichte.
(너 참가를 거부할거니?)	

의무적 보족어:

Hast du ihm das Buch gegeben?	– Ja, ich habe *es* ihm gegeben.
(너 그에게 책을 주었니?)	(그래, 내가 그에게 책을 주었어)
Hast du him das Buch gebracht?	– Ja, ich habe *es* (ihm) gebracht.
(그에게 책을 보냈니?)	(그래, 내가 책을 보냈어)
Traust du ihm?	– Ja, ich traue *ihm*.
(그를 믿니?)	(그래, 난 그를 믿어)

2.2.2.2 협의의 수의적 보족어

문맥의 도움 없이 그리고 상대적인 의무적 보족어에 필요로 되는 어휘화된 생략, 양태화 그리고 대비의 조건이 없이도 삭제될 수 있는 보족어는 **협의의 수의적 보족어**(fakultative Ergänzungen im engeren Sinne)라 한다.

여기서 협의의 수의적 보족어의 특징이 자유 첨가어에도 적용됨을 미리 언급하고자 한다. 협의의 수의적 보족어처럼 자유 첨가어는 결여된 정보를 문맥에서 불러들여 오지 않고도 생략될 수 있다. 이것이 기존의 보족어와 첨가어 변별의 큰 결함이다(2.3과 2.4 비교).

협의의 수의적 보족어에 대한 예:

Er isst.	Er isst Kartoffeln. (그는 감자를 먹는다)
Er kauft.	Er kauft Fleisch. (그는 고기를 산다)
Er ruft.	Er ruft den Freund. (그는 친구를 부른다)
Er flucht.	Er flucht auf/über den Hasen. (그는 소심한 사람들을 욕한다)
Er läuft.	Er läuft zum Bäcker. (그는 베이커리로 달음질한다)
Er schwimmt.	Er schwimmt über den Fluss. (그는 강 너머로 수영해 간다)

결여된 보족어가 언어적 문맥 또는 상황적 문맥에서 추론될 필요는 없다. 예를 들면 Emil이 무엇을 먹는지, 마시는지 또는 그가 무엇을 사거나, 어디로 가는지 등은 완전히 열려 있다. Emil이 뛰는 것에 특정 목적지가 있을 필요는 없다(그가 원을 돌며 뛴다고 해도, 그가 뛴다는 것은 객관적으로 그를 항상 어디론가 보낸다). 그는 무엇을 향해 쏘지(목표물을 쏘지) 않고도, 총을 쏠 수 있다. 그러나 그는 어딘가를 향해 총을 쏜다. 그가 그 무엇을 먹고, 마시지 않고는 당연히 먹고, 마실 수 없다. 그러나 의사소통상 그가 무엇을 먹고 마시는지 관심이 없을 수 있고, 중요하지 않을 수도 있다. 오직 먹고, 마시는 자체의 과정(외견상 특징적인

움직임에서 관찰될 수 있는)만이 의사소통상 중요하므로 해당 문장은 의미가 통하며, 문법적으로도 올바르다.

보족어의 비생략적 삭제 가능성을 통제하는 의사소통 격률(Maxim)이 중요한 기준이 된다. 문장의 나머지 성분은 문맥정보 없이도 의미가 통하는 내용전달을 하게 되면, 보족어의 비생략적 삭제가 가능하다. 동사 의미가 일반적일수록 그리고 그 **의미 고유값**(semantischer Eigenwert)이 점점 더 적어질수록, 동사는 보다 덜 절대적이다. 그래서 동사는 주어를 제외하고, 보족어 없이 사용될 수 있다(Pasch 1977:19 비교).

*Er befindet sich.	(*그는 (처해)있다)
*Er wohnt.	(*그는 산다)
Er sitzt.	(그는 앉아 있다)
Er steht.	(그는 서있다)
Er versteckt sich.	(그는 숨어 있다)

협의의 수의적 보족어를 확인하기 위한 실험은 다음과 같은 질문이다: “Was tut er gerade? (그가 무엇을 방금 했나?)” 또는 “Was geschieht gerade mit him? (그에게 방금 무슨 일 일어났나?)”(Chafe 1976:101, Pasch 1977:23). 우리는 수의적 보족어를 빼고 답변할 수 있다.

Er isst.	(그는 먹는다)
Er schreibt.	(그는 쓴다)
Er liest.	(그는 읽는다)

누가 먹고, 쓰고 또는 읽는 등의 정보는 무엇을 그가 먹고, 쓰고 또는 읽는지 전달되지 않아도 그 자체로 중요하다.

2.2.3 의무성과 의미 필수성

Helbig(1966:6)는 다음 예에서 의무적 보족어와 수의적 보족어 변별을 위한 두 가지 가능성을 논의한다.

a) sich $benehmen_{2}$
Er benimmt sich (그는 행실이 바르다) = 어휘화된 생략

b) $bitten_{2(3)}$
Er bittet um Geduld (그는 인내를 청한다) = 문맥적 생략

c) $reden_{1(2)}$ 또는 $sprechen_{1(2)}$
Er spricht (그는 말한다) = 협의의 수의적 보족어

그는 가능한 두 관점을 다음과 같이 설명한다.

1. "사고, 즉 형식의 배면에 있는 언어 내용을 고려하면, 필자는 a), b)를 c)와 나누어야 한다. 왜냐하면 a), b)의 경우에 필자는 어떤 것을 함께 생각하기 때문이다(그것을 형식적으로 표현하지 않을 뿐이다). 반면 c)는 그 경우가 아니다. 따라서 나는 a), b)를 의무적 결합가, c)를 수의적 결합가로 본다.
2. 그러나 사고와 언어 내용을 덜 고려하고, 그 메카니즘을 언어 형식에 ... 두면, 나는 오직 a)만이 의무적 결합가이고, b), c)는 수의적 결합가로 본다. 이 결정은 1에 따른 결정 보다 문맥으로부터 더 자유로울 것이다."

관점 1에 의하면 협의의 수의적 보족어만이 수의적으로 간주될 것이고, 문맥적 생략에 기초하여 삭제될 수 있는 보족어는 의무적으로 간주될 것이다. 우리는 다음을 그 근거로 들 수 있다. 보족어가 언어적 문맥(즉

다른 문장 또는 문장 일부로)에 출현하거나, 언어 외적 상황에 어느 정도 나타나 있다는 조건하에 삭제될 수 있기 때문에, 생략 조건 하에 삭제될 수 있는 보족어는 의무적이라 할 수 있다. 협의의 수의적 보족어와 생략 조건 하에 삭제될 수 있는 보족어와의 변별에 문제가 없지 않지만, 어떤 면에서 이 구별이 더 간단하게 보일 수 있다. 이 구별은 중요한 차이를, 즉 의미 필수적 보족어와 의미 비필수적 보족어(협의의 수의적 보족어) 사이의 차이를 강조한 것이다. 삭제 가능성 기준에 의하면, 이 구별은 물론 Helbig의 분류를 넘어설 것이다. Helbig는 오늘날의 관점에서 더 이상 용인될 수 없는 가정이라는 점을 들어 자신이 언급한 그 대안을 포기한다(1966:7): "우리가 처음에는 1의 가능성을 지향했지만, 오늘날에는—적어도 외국어로서의 독일어에 있어서—2의 가능성이 더 유리해 보인다. 왜냐하면 이것이 형식적 구조에 제약되어 있고, 문맥적 관계를 배제하기 때문이다."

그러나 Helbig/Schenkel은 그들의 결합가 사전에서 개별 동사들을 실제 분석함에 있어 앞에 배제했던 구별 가능성으로부터 자유로울 수 없었다. 그렇지 않고서는 왜 저자들이 결합가 사전의 서문에 썼던 전제에 따라 수의적 결합가로 봐야할 수많은 경우를 의무적 결합가로 가정하는지 달리 이해할 수 없다.

몇 가지 예:[1)]

nachsehen$_2$ (V$_1$ = kontrollieren)

Er sah nach, wer geklingelt hatte.

(그는 누가 벨을 울렸는지 확인했다)

---

1) 괄호가 없는 숫자표기는 Helbig/Schenkel에서 의무적 보족어이고, 괄호에 쓴 것은 수의적 보족어이다. 등호 뒤에 다시 보족어의 전체 수를 쓴다. 예를 들면 hinaussehen1+(1)=2. Helbig/Schenkel에서 선택된 예문들.

그러나: Ist was? – Gut, ich sehe nach.
(무슨 일이야? 좋아, 내가 확인하지)

nachsehen$_3$ (V_3 = nachsichtig sein)
Die Mutter sah der Tochter viele Ungezogenheiten nach.
(어머니는 딸의 버릇없음을 용서했다)
그러나: Du siehst zu viel nach. (넌 너무나 관대해)

bewerten$_{2+(1)=3}$
Der Lehrer bewertet die Aufsätze sehr hoch.
(선생님은 그 논문들을 매우 높이 평가한다)
그러나: Dieser Lehrer bewertet sehr nachlässig.
(이 선생님은 너무 태만하게 채점한다)

messen$_2$ (V_1 = abmessen)
Die Vekäuferin misst den Stoff. (판매원이 천의 길이를 잰다)
그러나: Ich messe und du sägst. (예를 들면 상자를 만들 때)
(나는 재고, 너는 톱질하고)

beschuldigen$_3$
Er beschuldigt den Fahrer der Tat.
(그는 그 일을 운전자에게 뒤집어 씌운다)
그러나: Er hat mich (zu Unrecht) beschuldigt.
(그는 (부당하게도) 나에게 책임을 돌렸다)

setzen$_3$
Die Mutter setzt das Kind auf den Stuhl.
(어머니는 아이를 의자에 앉힌다)
Sie setzt sich an den Tisch.
(그녀는 책상 앞에 앉는다)

그러나: Setzen Sie sich! Er setzte sich.
(앉아라!) (그는 앉았다)

verstehen2 (V_1 = hören, begreifen)
Der Patient versteht den Arzt. (환자는 의사의 말을 이해한다)
그러나: Verstehen Sie? Ja, ich habe verstanden.
(아시겠어요?) (예, 알겠습니다)

sich sorgen2 (V_1 = unruhig sein, sich Sorge oder Kummer machen)
Die Mutter sorgt sich um die Kinder.
(어머니는 아이들을 보살핀다)
그러나: Sorge dich nicht! (걱정하지마!)

erben$_{2+(1)=3}$
Er erbt das Haus von seinem Vater.
(그는 아버지로부터 집을 상속받는다)
그러나: Er hat geerbt. (그가 상속받았다)

따라서 의무성에 대해 가능한 두 가지 정의, 즉 의미 필수성과 삭제 불가능성이 구별되어야 한다. 왜냐하면 의미 필수적 보족어도, 의미 비필수적 보족어도 삭제될 수 있기 때문이다. 따라서 삭제될 수 있는 보족어나 또는 의미 비필수적 보족어를 수의적 보족어로 간주해야 할 것이다.

의무적 보족어와 수의적 보족어의 가능한 변별 기준으로서 의미 필수성을 들었다고 해서, 이것이 삭제될 수 있는 보족어와 삭제될 수 없는 보족어의 구별 가능성을 부정하려는 것은 아니다. 삭제가 문맥적으로 보장되어 있는 경우에도 보족어가 삭제될 수 없는 현상은 특기할 만한 것이다.

삭제가 불가능한 이유는 다음과 같다:

1. 동사의 의미 고유값(semantisch Eigenwert)이 삭제 가능성에 중요한 역할을 할 수 있다. 동사가 추상적(abstrakt)일수록, 삭제 가능성은 더 제한된다. 비교:

*Er verwendet. – Er verwendet viele Gewürze.
(그는 여러 조미료를 사용한다)
*Er benutzt. – Er benutzt ein Kochbuch.
(그는 요리책을 이용한다)
*Ich beziehe mich. – Ich beziehe mich auf folgenden Vorgang.
(나는 다음 과정을 언급한다)

2. 다의성(Polysemie)도 중요한 역할을 한다. 동사의 의미 변이형은 상이한 의미 선택제약과 더불어 나타날 수 있다. 보족어가 삭제되는 경우에 의미 변이형 A의 해석만 가능하고, 의미 변이형 B(예를 들면 전성된 의미)에 있어서는 보족어가 의무적인데, 이것은 보족어에 기초하여 의미 변이형 B라는 점이 청자에게 분명해지기 때문이다.

(Helbig/Schenkel의 예):

verdienen$_{1+(2)=3}$ (V_1 = erwerben)

Der Arbeiter verdient. (그 노동자는 돈을 번다)

verdienen$_2$ (V_2 = etwas beanspruchen können)

Der Verbrecher verdient eine Strafe. (범죄자는 벌을 받는다)

bringen$_{2+(1)=3}$[2] (V_2 = führen, begleiten)

Der Freund bringt den Gast (zur Bahn).

(그 친구는 손님을 (기차로) 데려다 주었다)

bringen3 (V_3 = in eine Lage versetzen)

Der Freund bringt den Gast in Schwierigkeiten.

(그 친구는 손님을 곤란하게 한다)

annehmen1+(1)=2[3)] (V_1 = übernehmen, aufnehmen, entgegennehmen)

Der Lehrer nimmt (die Stelle) an.

(선생님은 (그 자리를) 수락한다)

annehmen2 (V_2 = aufnehmen)

Der Stoff nimmt die Farbe an.

(그 천은 염료를 빨아들인다)

3. 더 나아가 전철(Präfigierung)을 통해 해당 동사가 특정 보족어에 대해 의미적으로 강하게 관점화되어 있음을 표시하는 것도 한 요인으로 역할을 한다(3.3 비교). 그러면 의무성의 경향도 마찬가지로 더 커진다. 비교:

Er hat gestohlen (uns etwas). (그는 (우리에게서 무엇을) 훔쳤다)
Er hat jemanden bestohlen. (그는 누구에게서 훔쳤다)

Er schmiert (Farbe auf die Wand). (그는 (벽에 색을) 칠한다)
Er beschmiert die Wand. (그는 벽을 칠한다)

Er kämpft (mit uns um einen Preis). (그는 (우리와 함께 입상을) 다툰다)
Er erkämpft einen Preis. (그는 상을 받는다)

---

2) Helbig/Schenkel에서 bringen3 그러나: *Ich bringe dich noch.*

3) Helbig/Schenkel에서 annehmen2 그러나: *Ich nehme nicht an.*

Er dankt (ihm für etwas). (그는 (그에게 무엇에 대해) 감사한다)
Er verdankt (ihm) etwas. (그는 (그에게) 무엇을 신세지고 있다)

2.3 보족어와 첨가어 변별을 위한 실험

삭제실험(Weglassprobe)에 기초하여 직관에 따라 보족어와 첨가어 변별을 시도하면, 우리가 보았던 대로 삭제실험은 부적절한 것으로 입증된다. 삭제실험은 보충 필요성의 정도를 변별하는데 중요한 의미가 부여된다(절대적인 의무적 보족어, 상대적인 의무적 보족어, 수의적 보족어, 협의의 수의적 보족어 그리고 자유 첨가어). 따라서 보족어와 첨가어 변별을 객관화하기 위한 다른 실험(통사적 변형)을 찾으려 했다. Helbig는 이 실험에 큰 가치를 둔다. 다른 저자들은 실험이 분명한 통일적인 결과를 제공하지 못하거나(예를 들면 Vater 1978), 또는 내용적(의미적) 기준과의 관계가 분명하지 못하다는 주장으로써 그 가치를 폄하했다(예를 들면 Korhonen 1977).

보족어와 첨가어 변별이 특히 의심스러운 경우에 꼭 실험을 통해 그것이 해결되는 것 같아 보이지는 않는다. 삭제실험처럼 다른 실험들도 단지 의무성과 수의성만을 지시할 뿐이다. 더욱이 수의성은 협의의 수의적 보족어에도, 또한 첨가어에도 적용된다. 따라서 협의의 수의적 보족어도 또한 첨가어도 생략, 양태화 그리고 대비와 같은 조건 없이도 삭제될 수 있다.

실험을 보족어와 첨가어 변별의 기준으로서 해석하는 것이 필연적으로 보이지 않는다. 실험은 변별의 토대가 되는 내용적 기준을, 특히 의미필수성(Sinnotwendigkeit)과 하위범주화(Subkategorisierung)를 목표로 한다(개별 내용적 기준에 대해 2.4를 비교. 개별 실험의 상세한 기술은

Helbig 1982:25ff).

2.3.1 의미 필수성의 검증을 위한 실험

삭제 가능성의 의미 기반으로서 의미 필수성(Sinnotwendigkeit)을 검증하기 위한 보다 특별한 실험들이 고안되었다. 그 실험들은, 예를 들면 문장의 한 구성성분을 부문장 또는 제2의 주문장으로 변형함으로써 그것이 통사구조에서 분리될 수 있는지를 검증한다. 위 제안에 따라 첫 번째 문장이 문법적이라는 조건하에 변형될 수 있는 문장 구성성분은 첨가어로 해석된다. 왜냐하면 통사구조에서 이탈되는 문장 구성성분은 의미 비필수적이라고 가정할 수 있기 때문이다.

und zwar-실험

어떤 한 문장 구성성분의 통사구조로부터 이탈은 *und zwar*와의 연계를 가능하게 한다. *und zwar*의 부가는 결합가 비결속적 첨가어의 존재에 대한 지표(Indiz)로 그리고 이것을 부가할 수 없음은 결합가 결속적 보족어에 대한 지표로 간주되었다(Brinker 1972: 190.f., Emons 1974:99, Helbig 1982:29).

(1) Er zeltet an der Ostsee. Er zeltet, und zwar an der Ostsee.
(그는 동해 바닷가에 텐트를 친다)

(2) Er wohnt in Dresden. *Er wohnt, und zwar in Dresden.
(그는 드레스덴에 산다)

그러나 und zwar의 부가는 오히려 동사가 갖는 어떤 의미적 고유값에 주목하게 함으로써 해당 보족어가 없어도 (그리고 문맥으로부터 해당 지시가 없어도) 의사전달이 원만하게 되는 것처럼 보인다. 그러나 *Er* *wohnt*는 *Er zeltet*와 달리 자체로 타당한 (그래서 의미가 통하는) 의사전달이 아니다. *wohnen*은 의무적으로 두 번째 보족어를 요구하는 반면, *zelten*는 그렇지 않다. *zelten*에서 장소 규정어가 수의적 보족어인지 또는 첨가어인지 실험을 통해 알 수 없다. 이것은 보족어도 *und zwar*와 연결될 수 있다는 것으로 확인된다.

Ich schreibe, und zwar an ihm.
(그는 글을 쓴다. 다름 아닌 그에게)
Er wartet, und zwar auf seinen Freund.
(그는 기다린다. 다름 아닌 그의 친구를)
Er saß, und zwar unter dem Vordach.
(그는 앉아있다. 다름 아닌 처마 아래)
Ich esse jetzt, und zwar angebrannte Bouletten.
(그는 지금 먹는다. 다름 아닌 불에 그을린 미트볼을)
Ich spreche mit ihm, und zwar über sie.
(나는 그와 말하고 있다. 다름 아닌 그녀에 관하여)

Satz-실험

의미 비필수성을 보다 분명하게 지시하는 것은 통사 구조에서 한 문장 구성성분을 부문장 또는 제2 주문장으로의 변형을 통해 분리하는 것이다. 비교:

(1) Er zeltete an der Ostsee. – Er zeltete, als er an der Ostsee war.
(2) Er wohnte in Dresden. – *Er wohnte, als er in Dresden war.

개별 문장 구성성분이 환원되는 문장의 종류는 실험 자체와는 별개의 다른 요인들에 의해 좌우된다(Helbig 1982:28 비교). 예를 들면 다음 문장은 변형시킬 수 있다.

(3) Er studierte an der Humboldt-Universität Physik.
(그는 훔볼트 대학에서 물리학을 공부했다)
− Er strudierte Physik, als er an der Humboldt-Unverisität war.

그러나 다음 변형은 불가능하다.

(4) Er fand das Buch im Schrank.
(그는 그 책이 책장에 있음을 발견했다)
− *Er fand das Buch, als es im Schrank war.
(*그는 그 책을 발견했고, 그 때 책은 책장에 있었다)

오직 다음의 변형만 가능하다.

(5) Er fand das Buch im Schrank.
− Er fand das Buch. Es war im Schrank.
(그는 그 책을 발견했다. 그것은 책장에 있었다)

부사 규정어는 의미적으로 주어 또는 목적어와 부가적인 관계를 맺을 수 있다(Steinitz 1969). 변형은 이와 관련이 있다.

다른 예들은 다음과 같다(Helbig 1982, Helbig/Schenkel 1982 참조).

(6) Er schrie laut. (그는 크게 소리를 질렀다)
− Er schrie. Sein Schreien war laut.
(7) Er benimmt sich gut. (그는 행실이 바르다)
− *Er benimmt sich. Sein Benehmen war gut.

(8) Er arbeitet den ganzen Tag. (그는 온종일 일한다)

− Er arbeitet. Das war (geschah) den ganzen Tag.

(9) Er verbrachte den ganzen Tag in Dresden.

(그는 드레스덴에서 온종일을 보냈다)

− *Er verbrachte in Dresden. Das war (geschah) den ganzen Tag.

(10) Die Kinder spielten hinter dem Haus.

(그 아이들은 집 뒤에서 놀았다)

− Die Kinder spielten. Das Spielen geschah hinter dem Haus.

(11) Der Obstgarten liegt hinter dem Haus. (과수원은 집 뒤에 있다)

− *Der Obstgarten liegt. Das Liegen geschieht hinter dem Haus.

(12) Er wäscht seinem Vater das Auto.

(그는 아버지를 위해 자동차를 닦는다)

− Er wäscht das Auto. Das geschieht für seinen Vater.

(13) Er schenkt seinem Vater das Buch. (그는 아버지께 책을 선물한다)

− *Er schenkt das Buch. Das geschieht für seinen Vater.

이 예문에는 대개 너무 인위적인 구문이 제시된다. 다음 문장도 비교:

(14) Die Mutter wäscht dem Kind das Gesicht.

− Die Mutter wäscht das Gesicht.

Das Gesicht ist das Gesicht des Kindes.

이것은 실험의 가치를 떨어뜨린다. 왜냐하면 언어 감각이 아주 관대하게 적용되어야 하기 때문이다. 따라서 수의적 보족어가 분리될 수 있을지 결정하기가 어렵다. Korhonen(1977:134) 비교:

(15) Er wartet auf seinen Freund. (그는 그의 친구를 기다린다)

− Er wartet. Das Warten geschieht auf seinen Freund.

(16) Er bringt dem Hund das Fleisch. (그는 개에게 고기를 가져다준다)
 – Er bringt das Fleisch. Das ist (geschieht) für den Hund.

(17) Er saß unter dem Vordach. (그는 처마 밑에 앉았다)
 – Er saß. Das Sitzen war (geschah) unter dem Vordach.

이 변형들을 문법적으로 가능한 것으로 용인하면, 다시금 *und zwar* 실험과 마찬가지로 변형 가능성은 수의적인 문장성분의 존재를 지시하는 것이지, 수의적 보족어와 다른 (당연히 수의적인) 자유 첨가어의 존재를 지시하는 것이 아니라는 비판과 결부된다. 더 나아가 문장 (6), (8), (10), (12)의 변형은 문장 (7), (9), (11), (13)의 변형과는 달리 용인될 수 있다. 그 이유는 우선 다음의 축소형이 (9), (11)과 달리 문법적으로 완전히 정상적이기 때문이다.

(6) Er schrie. (8) Er arbeitet. (10) Die Kinder spielten.
(12) Er wäscht das Auto.

(9) *Er verbrachte in Dresden. (11) *Der Obstgarten liegt.

따라서 변형 가능성은 변형될 문장 구성성분의 수의성에 기인한다. 그것이 수의적 보족어이거나, 또는 (당연히 수의적인) 자유 첨가어인지 실험을 통해 알 수 없다. Helbig가 실험을 보족어와 첨가어 변별을 위한 기준으로 삼는다면, 그는 실험의 설명가치를 과대평가하는 것이다. 삭제실험 외에 결합가 필수적인 문장 구성성분(보족어)을 확인하기 위한 실험은 삭제실험과 마찬가지로 오직 수의적 보족어와 수의적 첨가어 대 의무적 보족어 변별만 가능하게 할 뿐이다.

2.3.2 하위범주화 실험

보족어는 첨가어와 달리 하위범주화하는데, 이들이 모든 동사에 임의로 부가될 수 없기 때문이다. 어떤 한 동사 보충어가 보족어인지, 또는 첨가어인지 알아보기 위한 실험은 다른 동사와의 결합 가능성을 검증해 보는 것이다. 해당 동사 보충어가 다른 동사와 비교적 임의로 결합할 수 있으면, 첨가어이다. 비교:

Er unterstüzt seinen Freund.	Er unterstützte gestern.
(그는 그의 친구를 돕는다)	(그는 어제 도왔다)
*Er hilft seinen Freund.	Er half gestern.
(*그는 그의 친구를 돕는다)	(그는 어제 도왔다)
*Er liegt seinen Freund.	Er lag gestern.
(*그는 그의 친구를 누워있다)	(그는 어제 누워 있었다)
*Er sitzt seinen Freund.	Er saß gestern.
(*그는 그의 친구를 누워있다)	(그는 어제 앉아 있었다)

이에 대한 이의(예를 들면 Vater 1978)에 대하여 Helbig(1982:30f)가 자유 첨가어의 경우에 또한 비교적 자유로운 부가 가능성만 있다고 답변하는 것은 당연하다. 왜냐하면 자유 첨가어와의 결합도 이차적인 양립성 제한(Kompatibilitäteinschränkung; 선택제약)이 있기 때문이다. 예를 들면:

*Er atmete gestern.
(*그는 어제 숨을 쉬었다)
*Er ähnelt seinem Bruder aus Dummheit.
(*그는 어리석음에 있어서 그의 형과 닮았다)

그러나 여기서 특수 선택규칙(Selektionsregel)만 위반한 것이지, 일반적인 하위범주화 규칙(Subkategorisierungsregel)을 위반한 것이 아닌데, 어휘소(Lexem)를 바꿔봄으로써 우리는 이것을 분명히 할 수 있다. 예를 들면:

Er atmete wieder. (또는: gestern wieder regelmäßig)
(그는 다시 숨을 쉬었다. 또는 어제 다시 규칙적으로)
Er ähnelt seinem Bruder aus vielerlei Gründen.
(그는 여러 가지 이유에서 그의 형을 닮았다)

그러나 바로 장소 규정어, 시간 규정어 그리고 양태 규정어와 같이 미심쩍은 경우에 하위범주화 실험도 별 도움이 되지 못하는데, 그 규정어들이 몇몇 동사에는 의미 필수적이지만, 그 밖의 다른 동사에 비교적 임의로 자유롭게 부가될 수 있기 때문이다.

Er wohnt in Berlin. (그는 베를린에 산다)
Er arbeitet in Berin. (그는 베를린에서 일한다)
Er studiert in Berlin. (그는 베를린에서 공부한다)
Er spielte in Berlin Fußball. (그는 베를린에서 축구를 했다)

하위범주화 실험(Subkategorisierungstest)에 의하면 주어도 원래 첨가어로 분류되어야 할 것이다. 모든 동사가 주어(주격)와 결합할 수 있기 때문이다. 그 제한성(Einschränkung)은 일반적인 하위범주화 조건이 아닌, 단지 선택조건에 기인한다.

Der Mann schläft. (그 남자는 잠잔다)
Die Ziege schläft. (그 염소가 잠잔다)

*Der Stein schläft. (*그 돌이 잠잔다)

2.4 보족어와 첨가어 변별을 위한 기준

보족어와 첨가어 변별의 문제는 동사의 보충 필요성 관찰로부터 나타난다. 특히 Helbig는 그 변별을 실험을 통해 객관화하려 했다. 그러나 여러 다른 연구(또한 Helbig)의 결점은 변별의 토대가 되는 내용적 기준을 충분히 규명하지 못한데 있다. 따라서 충분히 명시적이지 못한 기준을 중구난방으로 적용하는 상황에 봉착하게 된다. 다소간 의식적으로 적용된 기준은 다음과 같다.

의미 필수성(Sinnotwendigkeit)
하위범주화(Subkategorisierung)
한정성(Determiniertheit)

변별의 출발 기준은 의미 필수성이다. 이 기준은 보충 필요성(동사 보충어의 삭제 불가능성)에 나타난다. 이 기준은 다른 두 기준을 통해 보완되기는 하지만, 나머지 두 기준에 모순이 없지는 않다.

2.4.1 의미 필수성

보족어는 첨가어와 달리 의미 필수적이다. 즉 특정 동사를 토대로 형성되는 문장이 의미가 통하는 문장이 되려면, 보족어는 필수적이다. 예를 들면 의미가 통하는 문장이 되기 위해, *geben*과 같은 동사는 세 보족어를 전제(요구)해야 한다. 다음이 언급되어야 한다:

a) 주는 사람이 누구인지
b) 무엇이 주어지는지
c) 누구에게 무엇이 주어지는지

Ich habe ihm das Buch gegeben. (나는 그에게 책을 주었다)

이 동사에 가능한 다른 보족어는 의미 필수적이지 않다. 이것들이 동일 문장에 실현되더라도 그들은 자유 첨가어이다.

Ich habe ihm gestern im Seminar das Buch gegeben.
(나는 그에게 어제 세미나에서 책을 주었다)

의미 필수성의 직관적인 판단을 위한 다른 예:

Emil behauptet etwas Absurdes. (에밀은 황당무개한 주장을 한다)

*behaupten*은 다음을 전제한다.
a) 무엇을 주장하는 사람
b) 주장되는 무엇

전제되는(요구되는) 보족어가 사건(사태)일 수 있다:

Emil behauptet, dass er eingeladen worden ist.
(에밀은 그가 초대받았다고 우긴다)

Emil fährt nach Leningrad.
(에밀은 차로 레닌그라드를 향한다)

*fahren*은 적어도 다음을 전제한다.

a) 차를 타고 가는 사람

b) 그가 향하는 장소

Er wohnt in Berlin. (그는 베를린에 거주한다)

*wohnen*은 다음을 전제한다.

a) 거주하는 사람

b) 거주 장소

Emil benimmt sich ordentlich. (에밀은 절도있게 행동한다)

*sich benehmen*은 다음을 전제한다.

a) 어떤 식으로 행동하는 사람

b) 그가 행동하는 특성

Die Versammlung dauert lange. (회의가 오래 계속된다)

*dauern*은 다음을 전제한다.

a) 시간이 지속되는 무엇

b) 지속 연장의 특성화

다음의 동사 형태를 취하여 이것을 토대로 의미가 통하는 최소 문장들을 형성해보자.

schläft, baut, schenkt, kauft, schreibt, legt, dauert, begibt sich

대략 다음과 같은 그리 다채롭지 못한 문장이 형성될 것이다.

Emil schläft.	Emil schreibt mir einen Brief.
Emil baut ein Haus.	Emil legt das Buch auf den Tisch.
Emil schenkt mir ein Buch.	Die Versammlung dauert lange.
Emil kauft ein Buch.	Emil begibt sich nach draußen.

이 결정을 정당화하기 위해 다음과 같이 말할 수 있을 것이다. 무엇인가 전달되면, 즉 문장이 사태나 또는 과정에 관해 어떤 전달가치를 가지는 경우에만 의미 있는 문장이 된다(관여성 기준. 2.2.2 비교). 예를 들면:

Emil verbringt.

위의 문장은 그가 무엇을 하면서 또는 어디에서 보내는지 전달되지 않는 한, 별 의미가 없다(전달 내용이 없기 때문에).

Emil verbrachte seinen Urlaub in Teupitz.
(에밀은 토이피츠에서 그의 휴가를 보냈다)
Emil verbrachte seinen Urlaub mit Surfen.
(에밀은 그의 휴가를 서핑하면서 보냈다)

또는 다음 문장에서:

Emil wohnt.

거주한다는 것, 즉 비교적 확정된 주거지를 갖고 있다는 것은 우리에게 익숙한 문화권에서는 자명한 일이다(비록 여러 나라에 노숙자들이, 즉 이 자명한 인권을 부여받지 못한 사람들도 있지만).

Emil wohnt.

그런데 위 문장은 자체로 아무 것도 말해주지 못하고, 전달내용이 비어 있어, 의미가 통하지 않는다. 따라서 뭔가 더 부가되어야 한다. 예를 들면:

Emil wohnt in Berlin
Emil wohnt gut
Emil wohnt zusammen mit Anna

그러므로 의미 필수성을 검증하려면, 최소 의미전달에 적합한 문장이, 따라서 의미가 통하는 문장이 보족어를 전제하는지, 그렇다면 어떤 보족어를 전제하는지 자문해 보거나, 의미가 통하는 문장이 남게 된다는 조건아래 어떤 문장 구성성분이 삭제될 수 있는지 자문해 보아야 한다.

다음 문장성분들은 의미 필수성의 기준에 의해 보족어로 상정된다.

주어
목적어 (소위 자유 여격은 예외)
방향 규정어
장소 규정어, 시간 규정어, 양태 규정어, 그러나 오직 소수의 동사에서

그러나 의미 필수성 기준에 의한 보족어와 첨가어 변별의 문제점은 협의의 수의적 보족어가 빠져있어, 그것이 첨가어로 간주될 수 있는데 있을 것이다. 의미 필수성의 관점에서 청자가 결여된 보족어에 대해 문맥으로부터 유추할 수 있는 정보에 기초하여 해당 문장이 의미하는 바에 이르게 된다는 근거를 들어, 생략된 보족어는 보족어로 간주될 수 있다. 그러나 엄밀히 말해서 양태화와 대비의 경우에는 탈락된 보족어가 첨가어로 간주되어야 할 것이다.

왜냐하면 이런 경우에는 보족어가 문맥으로부터 유추되지 않아서, 분명 의미 필수적이지 않기 때문이다. 비교:

Er wohnt nicht, sondern er haust.
(그는 주택이 아니라, 저택에 거주한다)
Er gibt nicht gern, aber nimmt gern.
(그는 주기를 즐겨하는 것이 아니라, 받기를 즐겨한다)

동일한 동사 보충어가, 예를 들면 *in Berlin*은 문장의 구성방법에 따라 보족어로도 또한 첨가어로도 간주될 수 있을 것이다:

Er wohnt nicht in Berlin. (보족어)
Er wohnt nicht, sondern er haust in Berlin. (첨가어)

그래서 보족어와 첨가어 변별을 위한 다른 두 기준을 끌어오게 되었다. 그러나 두 기준도 역시 기존의 모순을 완전히 제거하지는 못한다.

2.4.2 하위범주화

첨가어는 비교적 임의로 부가될 수 있는 반면, 보족어는 오직 특정 동사(와 동사 그룹)에서만 가능하다. 다른 동사들에 그 보족어를 부가하면 의미가 통하지 않는 (그래서 비문법적인) 문장이 된다. 비교:

Emil schält Kartoffeln.	(에밀이 감자를 깎는다)
*Emil schläft Kartoffeln.	(*에밀이 감자를 잠잔다)
Emil liest ein Buch.	(에밀이 책을 읽는다)
*Emil schläft ein Buch.	(*에밀이 책을 잠잔다)

두 번째 기준은 하위범주화(Subkategorisierung)이다. 하위범주화 기준은 협의의 수의적 보족어를 보족어로 간주하게끔 한다(협의의 수의적 보족어가 의미 필수적이지 않지만). 왜냐하면 협의의 수의적 보족어는 하위부류 특징적(subklassenspezifisch)이기 때문이다. 비교:

Er isst Spinat. (그는 시금치를 먹는다)
*Er liegt Spinat (오직: im Spinat)
*Er hofft Spinat (오직: auf Spinat)

하위범주화가 의미하는 바는 동사가 대격 목적어, 여격 목적어 등과 더불어 출현할 수 있는지 또는 아닌지에 따라 보족어(첨가어와 달리)의 부가는 동사를 하위부류로 나눈다(=하위범주화 한다)는 것이다. 하위범주화 개념은 생성 문법에서 온 것이다(선택제약과는 다른 엄밀 하위범주화). Helbig(1982:24)는 하위범주화를 일차적인 기준으로서 강조한다.

'동사 특징적'(verbspezifisch) 또는 '하위부류 특징적'(subklassenspezifisch)이란 용어가 하위범주화의 동의어로 사용될 수 있다. 따라서 보족어는 동사 특징적이거나 하위부류 특징적이다.

동사가 보족어를 통해 하위범주화 된다는 정황으로부터 결합가와 자리배치안(Stellenplan) 사이의 관계가 비롯한다. 각 동사 그룹은 특징적인 보족어를 요구하며, 이런 식으로 변별되는 상호 배타적인 자리배치안을 설정하고, 이것이 첨가어를 통해 비교적 임의로 채워질 수 있다.

하위범주화 기준에 기초하여 다음 문장성분들이 보족어로서 나타난다.

목적어(상이한 형태의)
방향 규정어

그러나 장소 규정어, 시간 규정어, 양태 규정어는 보족어가 아니다. 왜냐하면 이들이 모든 동사에 임의로 부가될 수 있기 때문이다.

Er wohnt in Berlin
Er arbeitet in Berlin
Er heiratet in Berlin

또한 주어도 보족어가 아니다. 왜냐하면 주어(적어도 소위 문법적 주어의 형태)도 거의 모든 동사에 비교적 임의로 부가될 수 있기 때문이다.

2.4.3 한정성

결합가 보유어(Valenzträger 동사)와 보족어는 논리학에서 술어(Prädikat, 기능어 Funktor)와 주어(Subjekt, 논항 Argument)처럼 행동한다. 술어(기능어)와 주어(논항)는 사태기술(Sachverhaltsbeschreibung, 입언 Aussage)의 내부 구조를 기술하기 위한 논리학의 기본범주이다. 우리는 이들의 관계를 논리 통사(logische Syntax)에 의해 특성화할 수 있다(4.1.2 비교). 논항을 통해 지시된 것(Bezeichnetes)의 소질(素質 Beschaffenheit)과 관련하여 술어는 논항을 한정한다(determinieren). 소질은 속성(Eigenschaft)과 관계(Relation)의 통합 개념이다. 일항 술어는 속성과 관련하여 논항을 한정하고, 다항 술어는 관계와 관련하여 논항을 한정한다. 술어는 또한 다층위일 수 있다. 왜냐하면 술어는 소질과 관련하여 다른 술어나 사태기술을 한정할 수 있기 때문이다.

특징적인 예외 또는 미심쩍은 경우를 제외하면, 의미 필수성과 하위범주화 기준에 의해 걸러진 보족어는 방금 약술한 의미에서 별 문제없이 논항으로 해석될 수 있다.

또한 한정성 기준에 의해 협의의 수의적 보족어도 보족어로 확인될

수 있다. 왜냐하면 협의의 수의적 보족어가 한정되는 논항으로 간주될 수 있기 때문이다. 비교:

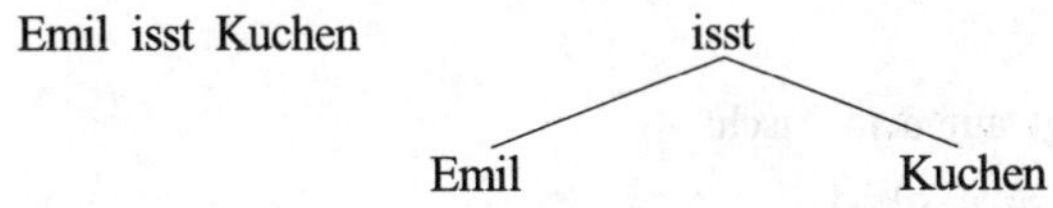

이와 달리 부사 규정어는 일반적으로 차상위 단계의 술어로 해석되어야 한다. 이것이 술어 또는 사태 기술을 한정하지만, 술어에 의해 한정되지는 않는다. 즉 이것은 술어의 논항이 아니다. 이런 해석은 또한 부사 규정어 또는 상황 규정어의 전통 문장성분 개념에 기반을 두고 있다. 부사 규정어는, 그 용어가 뜻하는 바처럼, 특정 상황과 관련하여 문장 또는 동사를 규정(한정)한다.

Tesnière는 문장성분론을 술어 논리적 구별과 직접 연계시킨다(1장 비교). 그는 결합가 필수적 문장성분으로서 주연 성분과 결합가 필수적이 아닌 문장성분으로서 조연 성분을 구분한다. Helbig는 후일 Tesnière에 대한 주요 비판들 가운데 하나로 Tesnière가 전통 문장성분론의 영향 하에 상황 규정어와 첨가어를 동일시한다는 점을 계속 들먹인다(예를 들면 Helbig/Schenkel 1982:13). Helbig는 의미 필수적 기준에 따라 상황 규정어가 보족어가 될 수 있으며, 자유 여격과 같은 목적어가 그 기준에 따라 첨가어로 분류될 수 있음을 제시한다(Helbig/Schenkel 1982:40ff).

한정성 기준에 의하면 의미 필수적 부사 규정어를 보족어로 분류하는 것이 문제가 있어 보인다. 그런 경우에 의미 필수성(보충 필요성)과 한정성의 평행성이 깨지는 것인지, 또는 의미 필수적 보족어인 부사 규정어가 한정하는 문장성분(술어)이 아니라, 한정되는 문장성분(논항)으로 간주되어야 하는지의 의미에서, 한편으로 상황 규정어, 다른 한편으로 주어/목적어라는 전통 문장성분의 구별이 수정되어야 하는 것인지 의문이

간다.

한정성의 관점에서 결합가 필수적 장소 규정어와 방향 규정어를 한정되는 문장성분(논항)으로 간주할 수 있을 것이다.

Das Buch liegt auf dem Tisch.
(책이 책상에 놓여 있다)
Emil legt das Buch auf den Tisch.
(에밀이 책을 책상에 놓는다)

여기서 문제가 되는 것은 *Buch*과 *Tisch* 사이의 '그 위에 놓여있는(Daraufliegen)' 관계, 또는 *Emil*과 *Buch* 그리고 *Tisch* 사이의 '그 위에 올려놓는(Darauflegen)' 관계라고 말할 수 있을지도 모른다. 그렇다면 당연히—구성성분 구조와 모순이 되지만—전치사를 동사의 구성부분으로 간주해야 할 것이다.

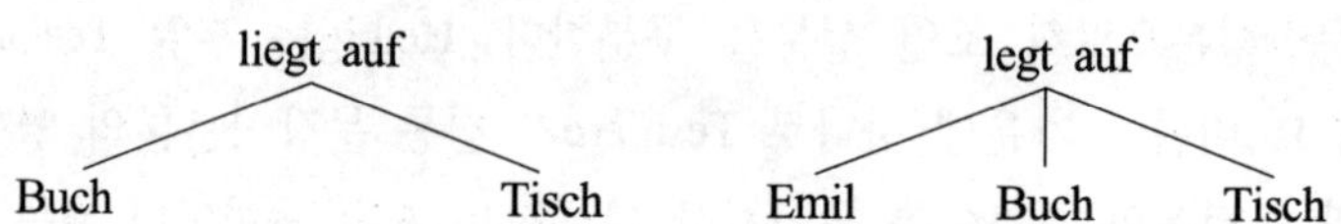

여기에는 장소 부사 규정어와 방향 규정어가 전치사구의 형태 뿐 아니라, 부사 형태로 실현될 수 있음이 고려되어 있지 않다.

Das Buch liegt hier.
Emil legt das Buch dorthin.

부사로의 축소 가능성을 기준으로 삼거나 또는 이를 결부시키고자 하는 경우에, 논항으로서의 해석을 견지하기 위해서는 논항으로서 사물(사람)

과 "장소" 사이의 관계가 문제가 되지, 논항으로서 사물과 다른 사물(예: Tisch)과의 관계가 문제가 되는 것이 아니라 할 수 있다. 예를 들면 Jackendoff(1978)가 그와 같은 제안을 한다. 그러나 일반적으로 소질은 사람과 사물(경우에 따라서는 재료, 기관 등과 같은 "사물과 관련된 단위들") 그리고 사람과 사태(Sachverhalt)에 의해 서술된다. 이런 정황이 용어 'Aktant', 'Mitspieler'에 침전되어 있다. 따라서 우리가 장소를 논항으로서 해석하고 그 관계를 견지하려면, 마찬가지로 장소를 보족어로서 간주해야 할 것이다.

시간 규정어와 양태 규정어의 경우에 논항으로서의 술어 논리적 해석은 더 심각하다.

Die Versammlung dauert lange.
Emil benimmt sich gut.

여기서는 과정(Prozess, 사태 Sachverhalt)과 시점 또는 시간영역 간의 관계 그리고 사람과 평가 또는 평가의 척도 사이의 관계라 말할 수 있을 것이다. 시간 규정어와 양태 규정어가 보다 간단명료하게 술어에 대한 술어(기능어)로서 해석될 수 있다. 그것들은 각기 술어(동사)를 더 상세하게 규정한다.

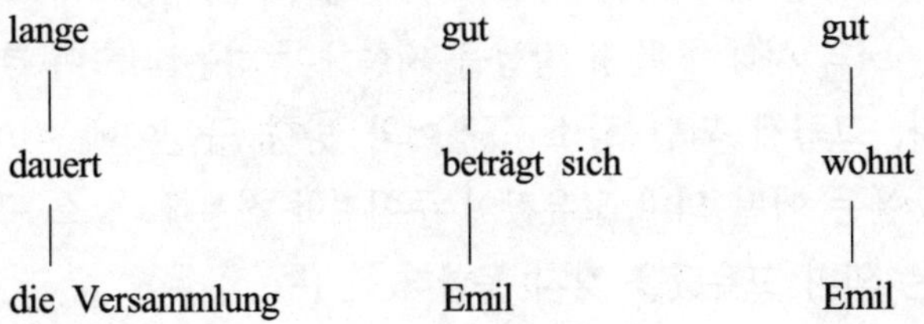

결합가 연구에서 장소 규정어와 양태 규정어와 관련하여 보족어와 논항

의 불일치가 간혹 언급된다(예를 들면 Flämig 1972:71).

자유 첨가어로서 장소 규정어는 상위 술어로서 기저 사태 기술과 관계한다. 비교:

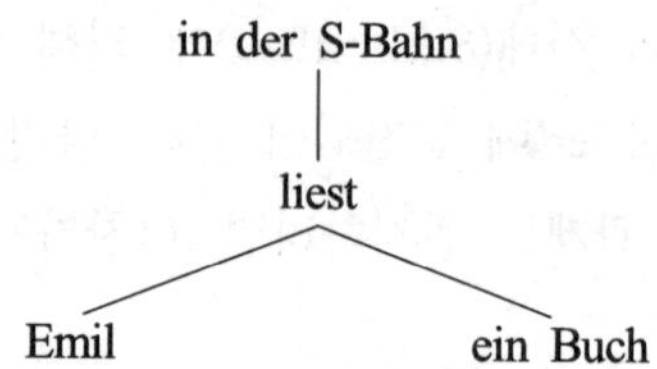

이것은 어떤 한 장소(S-Bahn 전철)에서 일어난 과정이다.

그러나 결합가 필수적 장소 규정어와 방향 규정어에 대해 이와 유사한 해석은 가능한 것처럼 보이지 않는다.

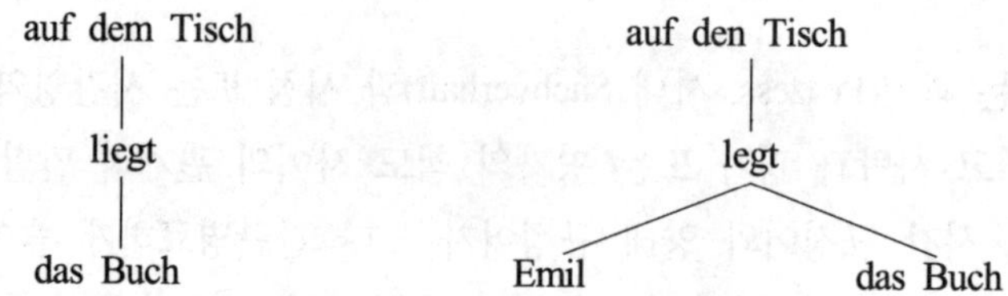

그런 구조를 가정하는 경우에는 *Das Buch liegt* 또는 *Emil legt das Buch*의 사태가 문제가 된다. 따라서 *Liegen*의 사태가 특정 장소에서 일어나거나 또는 *Legen*의 사태가 특정 방향을 지향해야 하는 서술이 추가되어야 할 것이다. 그렇게 되면 장소 규정어와 방향 규정어에 비해 동사 *liegen*과 *legen*에는 어떤 의미 고유값이 주어져야 하는데, 장소 규정어와 방향 규정어는 의미 고유값을 갖지 못한다.

그러나 장소 규정어와 방향 규정어를 사태의 사상(Abbildung)에 대한 술어(수의적인 장소 규정어처럼)가 아니라, 술어에 대한 술어(예를 들면 양태 규정어처럼)로 간주하면 이들을 결합가 필수적으로 해석하는 것이 가능하다.

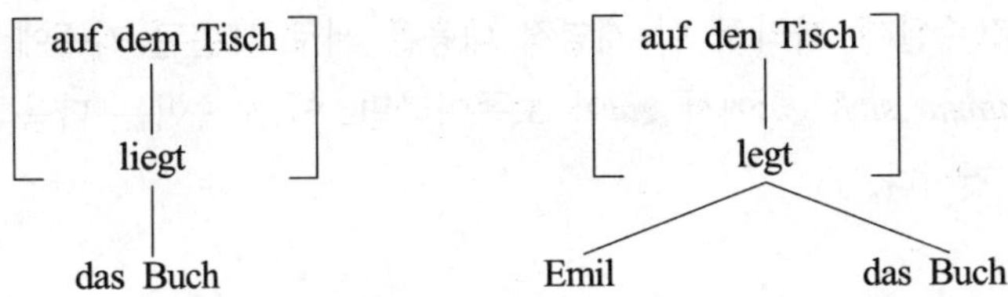

그러면 책상 위에 놓이는(auf dem Tisch Liegen)는 *Buch*의 속성이 서술되거나 또는 *Emil*과 *Buch* 사이의 책상 위에 올려 놓는(auf den Tisch Legen) 관계가 문제가 된다.

장소 규정어와 방향 규정어 외에 또한 도구 규정어도 문제점으로 남아있다. 여기서는 술어로서의 해석(2)도 가능하고 또한 논항으로서의 해석(1)도 가능하다. 비교:

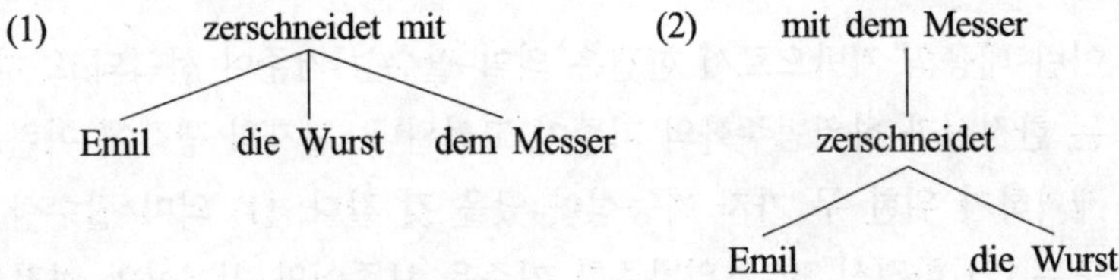

2.4.4 한정성 또는 의미 필수성?

보족어와 첨가어 변별은 보충 필요성(의미 필수성) 기준에서 시작한다. 결과의 성과를 더하기 위해 결합가 이론에 하위범주화(Subkategorisierung) 및 한정성(Determiniertheit) 기준을 가져왔다. 그러나 결과는 모순을 보인다. 한편으로 한정적이 아니며, 하위범주화 하지 않는 동사 보충어가,

예를 들면 결합가 필수적인 양태 규정어와 시간 규정어가 의미 필수성 기준에 의해 보족어로 간주된다. 다른 한편 의미 필수적이지 않은 동사 보충어인 협의의 수의적 보족어가 하위범주화와 한정성 기준에 의해 보족어로 간주된다. 따라서 이 개념적 대응은 서로 모순된 기준에 기인한다. *Er nimmt sich gut*에서 *gut*이 보족어라면, 이 보족어는 다음의 자질을 가질 것이다.

'+의미 필수적'
'−한정적', '−하위범주적'

그러나 Er isst Kuchen에서 Kuchen이 보족어라면, 이 보족어는 다음 자질을 가질 것이다.

'−의미 필수적'
'+한정적', '+하위범주적'

이런 대응의 기반으로서 한번은 의미 필수성 기준이 선택되고, 다음번에는 한정성과 하위범주화의 기준이 고려된다. 필자의 생각에 이런 모순을 제거하기 위한 두 가지 가능성이 있을 것 같다: (1) 의미 필수성 기준을 또는 (2) 한정성 및 하위범주화 기준을 보족어와 첨가어의 결정을 위한 일차적 기준으로 삼는 것이다.

(1)의 경우에는 협의의 수의적 보족어 그리고 양태화와 대비를 통해 얻어진 상대적인 의무적 보족어와 자유 첨가어는 첨가어로서 간주될 것이다.

(2)의 경우에는 한정하는 동사 보충어는 첨가어이고, 한정되는 동사 보충어는 보족어이다. 한 가지 단점은 장소 규정어, 방향 규정어 그리고 도구 규정어의 경우에 한정되는/한정하는의 변별에 어려움이 있다는 것

이다. 반면 장점은 '의무적/수의적'에 따른 변별이 두 번째 관점으로 부가될 수 있는데 있다. 그래서 우리는 각기 의무적/수의적 보족어 그리고 의무적/수의적 첨가어의 구분을 얻게 된다(Hesse 1978 비교). 우리는 이 해결 가능성을 선호한다.

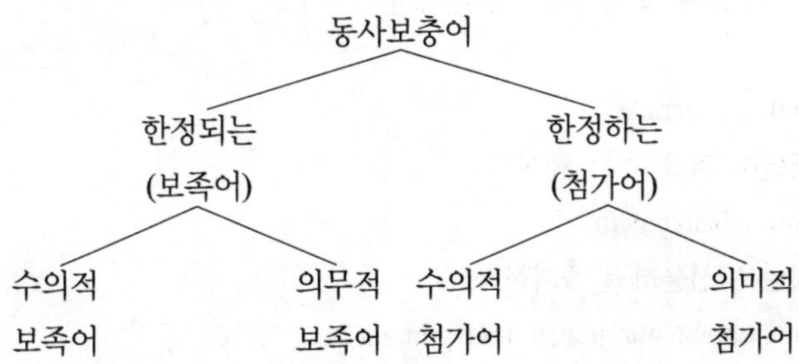

첨가어에 "자유"라는 말은 없어진다. 물론 전형적인(보통의) 대응은 그대로 남는다. 첨가어는 아주 드물게 의무적이다. 의무적 동사 보충어의 대부분은 보족어다. G. und B. Wotjak의 보족어화 모형(Aktantifizierungsmodell)은 이와 같은 분류를 전제한다.

분류에 나타나는 모순을 제거하기 위한 해결책이 의미 필수성 개념의 확대를 통해 가능한지 점검하려 한다. 우리는 기존의 의미 필수성을 **최소 의미 필수성**(minimale Sinnotwendigkeit)으로 이해한다.

> 문장에서 어떤 한 동사 보충어를 삭제할 경우 문장이 문맥의 도움 없이 중요한 의사전달이라는 의미에서 더 이상 의미가 통하지 않으면, 그 동사 보충어는 의미필수적이다

우리는 위의 정의가 **최대 의미 필수성**(maximale Notwendigkeit)의 방향을 지향하도록 할 수 있을 것이다.

> 어떤 한 동사 보충어에 의해 잠재적으로 지시된 것이 현실에 주어져 있는 것으로서 해석할 경우에 그것이 문장에 나타나지 않거나, 또는 문맥을 통해 주어지지 않아도 암묵적으로 전제될 수 있으면, 그 동사 보충어는 의미 필수적이다.

예를 들면 다음과 같은 의사전달에서

> Emil isst gerade.
> (에밀이 지금 먹는 중이다)
> Emil schenkt gern.
> (에밀은 선물하길 즐겨한다)
> Emil nimmt nur immer und gibt nicht.
> (에밀이 받기만하고, 주지 않는다)

누군가가 먹고, 선물을 하고, 받거나 또는 준다면, 그가 실제로 먹는, 선물하는, 받는 그리고 주는 무엇이 있어야 함을 암묵적으로 전제한다. 따라서 이와 같이 의미 필수성 개념의 정의는 수의적인 보족어를 포함하게 될 것이다. 그러나 또한 자유 첨가어도 포함하게 될 것이다! 왜냐하면 잠재적인 지시체가 동일한 의미에서 전제되기 때문이다. 먹거나, 선물하는 행동이 당연히 어떤 장소에, 어떤 시간에, 어떤 이유에서 일어날 행동을 전제한다. 따라서 의미 필수성 개념의 확대는 보족어와 첨가어 변별의 해결이 아니라, 역으로 구별의 포기를 초래할 것이다.

2.5 "Grundzüge einer deutschen Grammatik"에서 보족어와 첨가어 의무적 결합가와 수의적 결합가

"Grundzüge einer deutschen Grammatik"(Heidolph/Flämig/Motsch 1981)에

서 보족어와 첨가어의 변별 그리고 의무적 결합가와 수의적 결합가의 변별은 일차적으로 "통사단위의 결합을 조율하는 제약의 관점에서"(124쪽), 즉 하위범주화와 선택제약의 관점에서 다루어진다. 이로부터 좀 다른, 그러나 원칙적으로 유사한 분류가 나타난다.

1. 결합가 필수적 결합가 상대자(Valenzpartner)
   우리가 선택한 용어는 보족어(Ergänzungen, Aktanten)이다.
2. 결합가 상대자는 삭제될 수 있는 결합가 상대자와 삭제될 수 없는 결합가 상대자로 나뉜다. 이들은 의무적 보족어와 수의적 보족어이다.

이 구분 외에 다음의 분류도 시도된다.

3. 결합가 불가능 구성성분(valenzunmögliche Konstituenten)
   이것은 하위부류 특성 기준에서 배제된 보족어이다. 예를 들면:

   *Die Katze gähnt die Maus.

4. 결합가 비필수적 구성성분
   이것은 자유 첨가어와 협의의 수의적 보족어이다. 그러나 협의의 수의적 보족어는 그 문법서에 분류되어 있지 않다.
5. 결합가 비필수적 구성성분에서 선택제약의 정도에 따라서 결합가 비종속 구성성분과 결합가 가능 구성성분이 구분된다. 결합가 비종속 구성성분은 임의로 부가될 수 있다.
   결합가 가능 구성성분은 "보다 큰 선택제약"(126쪽)에 따른다. 예를 들면:

*Emil weiß das zu Hause.

가장 중요한 구분은 다음의 표에서 부사규정어의 예에서 분명해질 것이다(378쪽 비교).

	결합가 필수적	결합가 불가능	결합가 비필수적
방향 규정어	gehen, fahren, legen, werfen, führen, weisen	stehen, spielen denken, sagen	hallen, leuchten
장소 규정어	stehen, sitzen, wohnen, sich befinden	groß sein, wissen	gehen, spielen
양태 규정어	aussehen, wirken, sich benehmen, riechen		gehen, stehen spielen
도구 규정어	sägen, hämmern, fahren	wissen, husten, sich freuen, groß sein	verjagen, beobachten

2.6 결합가와 문장모형

2.6.1 통사적 문장모형

보족어의 하위부류 특성을 통해 상이한 문장모형이 동사 결합가 구조 유형 및 서술적 형용사 결합가 구조 유형으로 나타난다. Helbig/Buscha (1984:619ff)과 Tarvainen(1981:102ff)에 의하면 동사 결합가에 상응하여 다음의 동사문형이 구분될 수 있다.

1가 동사를 취하는 문장모형
2가 동사를 취하는 문장모형
3가 동사를 취하는 문장모형
4가 동사들 취하는 문장모형

여기에는 의무적 보족어와 수의적 보족어가 모두 고려되어 있다.

의무적 보족어와 수의적 보족어를 구분하면, 또 다른 분류가 나타난다.

1 obl. E 동사	Der Pflanze geht ein. Vater schläft. (그 식물이 시든다. 아빠가 주무신다)
2 obl. E 동사	Berlin liegt an der Spree. (베를린은 슈프레 강가에 있다)
1 obl. E와 1 fak. E 동사	Die Mutter bäckt den Kuchen. (엄마가 케익을 굽는다)
3 obl. E 동사	Emil gibt Egon das Buch. (에밀은 에곤에게 책을 준다)
2 obl. E와 1 fak. E 동사	Der Lehrer verteilt die Hefte an die Schüler. (선생님께서 노트를 학생들에게 나눠 주신다)
1 obl. E와 2 fak. E 동사	Der Lehrer dankt dem Schüler für die Hilfe. (선생님께서 그 학생의 도움에 감사한다)
2 obl. E와 2 fak. E 동사	Der Schüler entgegnet dem Lehrer auf dessen Frage, dass er fröhlich sei. (학생은 선생님의 질문에 그가 기쁘다고 선생님께 대답한다)
1 obl. E와 3 fak. E 동사	Der Schriftsteller übersetzt die Novelle aus dem Arabischen ins Deutsche. (그 작가는 아랍어로 된 그 소설을 독일어로 번역한다)

통사적 질적 결합가 측면에서 또 다른 분류의 예로서 다음의 모형 목록이 제시될 수 있는데, Helbig/Buscha(1984:629)가 세 의무적 보족어를 취하는 동사들에 대해 작성한 것이다.

Sn Sa Sap	Der Meister nannte die Frau eine gute Arbeiterin. (기능장은 그 여성을 모범 노동자라 불렀다)
Sn Sa Adjp	Der Lehrer nennt Schüler fleißig. (선생님께서 학생들이 부지런하다고 하셨다)
Sn Sa pAdjp	Der Lehrer bezeichnet den Schüler als fleißig. (선생님께서 그 학생을 부지런하다고 하신다)
Sn Sa pSp	Der Direktor bezeichnet den Mathematiker als guten Lehrer. (교장선생님께서 그 수학 선생님을 훌륭한 선생님이라 하신다)
Sn Sa Sd	Der Hund brachte dem Mann eine Verletzung bei. (개가 그 남자에게 부상을 입혔다)
Sn Sa Sg	Sie bezichtigt den Nachbarn der Lüge. (그녀는 그 거짓말을 이웃에게로 돌린다)
Sn Sa pSA	Der Lehrer legt das Buch auf den Tisch. (선생님께서 책을 책상에 놓는다)
Sn Sa NS	Die Mutter gewöhnt die Kinder daran, dass sie zeitig aufstehen. (엄마는 아이들이 시간에 맞춰 일어나는 일에 익숙케 한다)
Sn Sa Infzu	Die Mutter gewöhnt die Kinder daran, pünktlich aufzustehen. (엄마는 아이들이 정시에 일어나는 것에 익숙케 한다)
Sn Sa Inf	Die Mutter legt das Kind schlafen. (엄마는 아이가 잠자게 눕힌다)
Sn Sd Adj	Das Rauchen bekommt ihm schlecht. (흡연은 그의 건강에 나쁘다)
Sn Sd NS	Der Dozent bringt den Studenten bei, wie sie einen Text interpretieren soll. (그 강사는 학생들에게 텍스트를 어떻게 해석해야 하는지 가

	르친다)
Sn Sd Infzu	Der Dozent bringt den Studenten bei, einen Text komplex zu interpretieren. (그 강사는 학생들에게 복잡한 텍스트의 해석 기법을 가르친다)
Sn Adj Inf	Der Mann hat gut reden. (그 남자는 말 주변이 좋다)
Sn Sa pS	Der Polizist hindert den Einbrecher an der Flucht. (경찰관은 범죄자의 도주를 막는다)
Sn pAdjp NS	Die sozialistische Gesellschaft betrachtet es als notwendig, dass die Jugend viel lernt. (사회주의적 사회는 청소년이 열심히 공부하는 것을 필수적이라고 생각한다)
Sn pAdjp Infzu	Arbeiterkinder zu fördern, halten wir für nötig. (우리는 노동자 자녀들을 지원하는 것이 필요하다고 생각한다)
Sn pSp NS	Der sozialistische Staat betrachtet es als wichtige Aufgabe, dass der Sport gefödert wird. (사회주의 국가는 스포츠의 장려를 중요한 과제로 여긴다)
Sn pSp Infzu	Der sozialistische Staat betrachtet es als wichtige Aufgabe, den Sport zu fördern. (사회주의 국가는 스포츠의 장려를 중요한 과제로 여긴다)

핀란드어와 달리 독일어의 특수성은 특히 비인칭 *es*가 보족어로 기술된다는 것이다.

Es regnet. 핀란드어: sataa.

*es*는 의미적 관점이 아니라, 오직 형식-문법적 의미에서 보족어이다. 따

라서 *regnen, schneien*과 같은 기상동사를 0가 동사로 간주한다.

Helbig/Buscha는 그들의 문장모형에서 비인칭 *es*를 보족어로 치지 않는다. 그래서 거기서는 예를 들면 다음과 같다:

Es regnet. (비가 온다)	0가
Es gibt viele Sonnenblumen. (해바라기꽃이 많이 있다)	1가
Es gefällt ihr, beobachtet zu werden. (시선을 받는 것이 그녀 마음에 들었다)	2가

Tarvainen(1981:105ff)는 *es*를 취한 문장모형들을 따로 형식어 모형으로 다룬다.

(Es), Sa	Mich friert (es). (나는 춥다)
(Es), Sd	Mir graut (es). (나는 두렵다)
Es Sd pS	Es fehlt him nicht an Mut. (그에게 용기가 없다)
Es pS Adj	In diesem Sessel sitzt es sich bequem. (이 안락의자에 앉기가 편하다)
Sn es Adj	Ich habe es heute eilig. (나는 오늘 바쁘다)
Sn es pS Adj	Ich meine es gut mit dir. (나는 너에게 호의적이다)

2.6.2 의미적 문장모형

또한 의미 결합가(의미적 선택제약)와 관련하여 특정 모형들로 추상화하는 것도 가능하다. 예를 들면 *essen, trinken, fressen, verschlingen* ...과 같은 동사에 공통된 의미 기본구조를 가정할 수 있다(Sommerfeldt/Starke/Nerius 1985:106, Sommerfeldt 1986 비교).

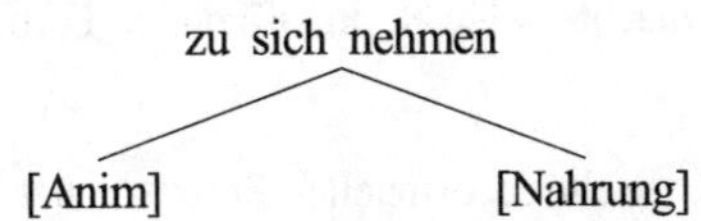

또한 G. and B. Wotjak의 원의소식(Archisemformel)은 의미 결합가 모형이다(3.1 비교).

Fortbewegung (X, Y, LOC_1, LOC_2, LOC_3)

이 원의소식은 예를 들면 다음 동사들에 대한 의미 문장모형을 표상한다: *sich begeben, fliegen, fahren, reisen, reiten,* ... (X= Agens 행위자, Y= Instrument 도구격).

특히 Bondzio(Bondzio/Gollmer 1976 비교)는 의미 결합가 모형을 다루었다. 그는 "의미적으로 유사한 어휘 단위가 문법-통사적으로 유사하게 다루어지며, 유사하게 구조화된다"(Bondzio/Gollmer 1976:699)는 가정을 세우고, 통사 결합가 모형과 의미 결합가 모형은 원칙적으로 동형(Isomorphie)이라는 가정에서 출발한다(동형 개념에 대해서는 4.3 비교). Geben 동사에 대해 Bondzio/Gollmer는 예를 들면 다음의 기본구조를 설정한다.

x macht; y hat z

개별 동사는 결합가를 결정하는 기능어(Funktor)에 부가되는 한정어(Modifikator)와 (이 개념들에 대해서는 4.2 비교) 보족어에 대한 선택제약을 통해 변별된다. 예를 들면:

aushändigen: X macht in offizierller Fom: Y hat Z
(macht= 기능어, in offizieller Form= 한정어)

überstellen: X macht in offizieller Form: Y hat Z
(Z에 대한 선택제약: '죄수')

2.7 요 약

보족어와 첨가어 변별은 결합가 이론에 있어 중요한 의미를 가진다. 기준으로서 세 가지 관점이 기본이 된다.

의미 필수성

보족어는 의미 필수적이다. 첨가어는 의미 필수적이 아니다. 의미 필수성은 보족어의 삭제 불가능성 또는 동사의 보충 필요성에서 표현된다.

하위범주화 (하위부류 특성)

보족어는 하위부류 특징적이다. 따라서 그들은 하위범주화 작용을 한다. 첨가어는 하위부류 특징적이지 않다.

한정성

보족어는 한정되는 동사 보충어이다. 첨가어는 한정하는 동사 보충어이다.

Helbig에 의하면 또한 결합가 이론에서는 의례 의무적 보족어와 수의적 보족어가 구별된다. 이에 따라 보족어도 삭제될 수 있다는 사실이 고려된다. 의무적 보족어는 삭제될 수 없다. 수의적 보족어는 삭제될 수 있다.

이 변별에는 삭제 가능성 조건이 중요하다. 어휘화된 생략의 경우에 계속 의무적 보족어라 한다. 대비와 양태화의 조건아래 삭제될 수 있는 보족어를 상대적인 의무적 보족어라고 한다. 수의적 보족어의 경우에 문맥적 생략에 기초한 수의적 보족어와 협의의 수의적 보족어의 구분을 추가로 도입했다.

협의의 수의적 보족어는 의미 필수적이지 않다. 그러나 이 보족어는 하위범주화 기준과 한정성 기준에 상응하여 — 이것은 하위부류 특징적이며 한정된다 — 첨가어가 아니라, 보족어로 분류된다. 한편 하위부류 특징적이지 않고, 한정하는 동사 보충어가 의미 필수적이면(동사에 의해 요구되면) 보족어로 간주된다.

이런 모순을 제거하기 위한 한 가능성은 의미 필수성 기준에서 시작하지 않고, 하위부류 특성과 한정성 기준에서 출발하는 것이다. 보족어는 하위부류 특징적이며, 한정되는 동사 보충어이다. 첨가어는 하위부류 특징적이지 아니며, 한정하는 동사 보충어이다. 의미 필수성(삭제 가능성) 기준에 의거하여 계속해서 의무적 보족어 대 수의적 보족어 그리고 의무적 첨가어 대 수의적 첨가어가 변별될 수 있다. 하위부류 특성 기준이 몇몇 경우에 적절하지 못하기 때문에, 결정적인 기준은 한정성 기준이다. 그러나 한정성에 의거해 결정을 내리기 어려운 경우도 있다. 문맥적으로 삭제될 수 있어서, Helbig에서 수의적 보족어로 간주되는 보족어는 여기서 그리고 앞으로도 의무적 보족어에 속한다.

3. 확대된 결합가 모형

2장에서는 보족어와 첨가어 그리고 의무적 결합가와 수의적 결합가를 변별함으로써 Helbig 결합가 모형의 중요한 특징을 기술하였다. 결합가 이론에는 기본 구상을 넘어서서 이제 동사 결합가 모형의 범위를 이런 저런 방법으로 확대하려는 시도가 있다.

3.1 Gerd und Babara Wotjak의 보족어화 모형

Helbig와 Helbig/Schenkel은 하위범주화와 한정성 기준을 고려하여, 논란이 되는 일련의 협의의 수의적 보족어를 보족어의 목록에 추가한다. 이것은 적절치 못하다. 따라서 G. und B. Wotjak의 구상에 입각하여 이것을 반박할 수 있을 것이다. 잠재 논항(잠재적으로 한정되는 보족어)이 결합가 사전에 등재되는지의 여부는 비교적 자의적인 것 같다. 그 이유는 보족어(빈자리)의 수를 제한하려는 의도이다.

한정되는 보족어 수(최대 의미 필수성에 관한 우리 구상의 의미에서, 2.4.4 비교)를 모두 조사하기 위해서는 특정 사건이 현실에 전제하는 참여 단위에 대해 알아보아야 것이다. 예를 들면 주는(Geben) 과정은 현실에서 주는 사람, 주어지는 물건 그리고 받는 사람을 필수적으로 전제한다.

그러나 타고 가는(Fahren) 과정은 방향 규정어 뿐 아니라, 다음의 세 규정어, 즉 목적지, 경로, 출발지를 전제한다.

Emil fährt von Berlin über Moskau nach Leningrad.
(에밀은 베를린에서 모스크바를 거쳐 레닌그리드로 간다)

Helbig/Schenkel은 오직 방향 규정어만 고려한다. 그 밖에도 *Fahren*의 과정은 참여 단위로서 차량을 전제한다.

Emil fährt mit dem Zug von Berlin über Moskau nach Leningrad.
(에밀은 기차로 베를린에서 모스크바를 거쳐 레닌그리드로 간다)

그래서 G. und B. Wotjak은 이동 동사에 대해 다섯 빈자리를 설정한다.

Helbig/Schenkel은 *fahren*의 경우 한 해석(사람의 이동)에서 도구 규정어를 수의적 보족어로 평가한다.

Er fährt mit dem Wagen nach Dresden.
(그는 자동차로 드레스덴에 간다)

그들은 다른 해석(수송)에는 이 가능성을 고려하지 않는다.

Die Firma fährt den Schutt auf den Müllplatz.
(그 회사는 쓰레기를 쓰레기 하치장으로 수송한다)

그러나 다음과 같이 말할 수도 있을 것이다.

Die Frima fährt den Schutt mit drei LKWs auf den Müllplatz.
(그 회사는 쓰레기를 쓰레기차 3대를 이용해 쓰레기 하치장으로 수송한다)

다른 예들:

kaufen

이 동사는 Helbig/Schenkel에서 2가로 판단된다.

Emil kauft ein Buch. (에밀은 책을 산다)

그러나 그 사건은 구매자와 구매되는 대상 외에 적어도 판매자(판매자로서 기관이나 상점)가 있음을 전제한다.

Emil kauft von Egon das Buch.
(에밀은 에곤에게서 그 책을 산다)
Emil kauft das Buch beim Internationalen Buch.
(에밀은 그 책을 국제서적에서 산다)

더 나아가 지불 수단으로서 돈이 전제된다.

Emil kauft von Egon ein Buch für 7,80 M.
(에밀은 에곤에게서 책을 7마르크 80에 산다)

bauen

이 동사는 Hebig/Schenkel에 의해 마찬가지로 2가로 판단된다.

Emil baut ein Haus.

그러나 이 사건은 야기자(Urheber)와 목표 외에 예를 들면 재료를 전제한다고 할 수 있다.

Emil baut ein Haus aus Fertigteilen.
(에밀은 조립식 집을 짓는다)

더 나아가 사건의 필수적 구성성분으로 비용과 수단을 지적할 수도 있을 것이다.

Emil baut für 50,000,- M mit einer Feierabendbrigade ein Haus aus Fertigteilen.
(에밀은 퇴근한 작업반원들과 함께 5만 마르크를 들여 조립식 집을 짓는다)

schreiben

이 동사는 Helbig/Schenkel에 의해 4가 동사(한 의무적 보족어와 세 수의적 보족어)로 분류된다.

Emil schreibt seinem Freund einen Brief über seine Reise.
(에밀은 그의 친구에게 그의 여행에 관하여 편지를 쓴다)

그러나 특히 재료와 도구도 이 사태에 속한다, 예를 들면:

Emil schreibt seiner Freundin auf rosa Briefpapier mit grüner Tinte einen Brief.
(에밀은 그의 여자친구에게 분홍색 편지지에 초록색 잉크로 편지를 쓴다)

Helbig/Schenkel은 그들의 결정을 통해 최소 의미 필수성과 최대 의미 필수성 사이의 타협점을 모색한다. 보족어의 수를 축소하려는 의도 외에도, 의례적인 보족어와 덜 의례적인 보족어 또는 관여적인 보족어와 덜 관여적인 보족어의 변별은 수의적 보족어를 결합가 사전에 등재하기 위한 기준으로 간주될 수 있다. 예를 들면 쓰는(Schreiben) 사태를 전달하는 경우에 일반적으로 누가 무엇에 대해 누구에게 쓰는지를 전달하는 것이 어떤 종이에 어떤 잉크로 쓰는지를 전달하는 것보다 더 중요한 것 같다.

G. und B. Wotjak은 그들의 보족어화 모형에서 외연적으로, 즉 지시된 사태에서 파생되는 최대 의미 필수성에서 출발한다. 그들은 동사의 최대 결합가 또는 자리수(최대한의 보족어 수)에 기초하며, 최대 결합가는 소위 원의소식(Archisemformel)에 대기 논항(Argumentenvorgabe) 또는 잠재 논항(Argumentenpotential)으로 내정되어 있다. 자유 첨가어와의 변별은 한정성 기준을 통해 보장된다. 이것은 다음의 언급에서 나타난다: "비논항 자리, 이를테면 술어 한정어(Prädikatsmodifikator; 예를 들면 *riechen*에서 *gut/schlecht* 등, 따라서 대개 부사)의 텍스트화를 보족어화로 보면 안 된다"(G. Wotjak 1985:200).

그러면 원의소식에 의한 개별 실현의 양식은 오직 잠재적으로 주어진 보족어의 소위 보족어화 또는 텍스트화로 기술될 수 있다. 이것은 층위 모형의 범위에서 이루어진다(4.3 비교). G. und B. Wotjak은 모든 동사장(Verbfeld)에 통용되는 결합가 구조를 일반 원의소식으로 일반화한다. 예를 들면 이동 동사는 다음 원의소식을 갖는다(G. Wotjak 1984:410f.; 1985:206f. 비교):

$$t_i \text{ (X ADESSE LOC}_1) \wedge \text{ (X OPER Y)} \wedge \text{ X CAUS } (t_{i+k} \text{ (X ADESSE LOC}_2) \wedge t_{i+l} \text{ (X ADESSE LOC}_3)$$

이것은 다음과 같이 해석될 수 있다: 시점t_i에 한 논항 X가 어떤 한 장소

LOC_1에 있고 (ADESSE), X는 Y를 취하여(OPER) X가 이후의 시점t_{i+k}에는 장소 LOC_2에 있도록 그리고 더 이후의 시점t_{i+l}에는 장소 LOC_3에 있도록 한다(CAUS).

이 원의소식에 의하면 이동 동사는 다섯 빈자리(보족어, 논항)를 취한다: X(행위자), Y(도구), LOC_1(출발지 LOC_{source}), LOC_2(경로 LOC_{pass}), LOC_3(방향 LOC_{goal}). 이 5항 구조는 의미성분 분석(4.2 비교)에 기초하여 연접된 여러 소명제로 해체된다. 해체구조를 간략화하면 다음의 구조를 얻는다.

FORTBEWEGUNG (X, Y, LOC_1, LOC_2, LOC_3)

G. und B. Wotjak은 문장에서 개별 논항의 보족어로의 실현을 층위 모형에서 논리-의미 구조의 논항과 통사구조의 보족어 사이의 대응 관계로 기술한다. 따라서 원의소식에 기초하여 어떤 논항이 어떤 조건하에 보족어가 될 수 있는지, 즉 문장에서 보족어로서 실현될 수 있는지 변별하여 기술된다. 예를 들면 G. Wotjak은 동사 *reisen*에 대해 12개의 가능한 실현형 목록과 4개의 불가능한 실현형 목록을 제시한다(1984:412).

1. Sn-Vf-Adv	Er reist gern/viel (추가 변이형?)
2. Sn-Vf-p_1S	Er reist mit dem Zug/per Schiff
3. Sn-Vf-p_2S	*Er reist aus/von Leipzig (그러나: abreisen)
4. Sn-Vf-p_3S	Er reist durch Spanien/über Gander
5. Sn-Vf-p_4S	Er reist nach Spanien/ in die USA
6. Sn-Vf-p_2S-p_4S	Er reist von Griechenland nach Zypern
7. Sn-Vf-p_2S-p_3S-p_4S	Er reist von Athen über Ankara nach Delhi
8. Sn-Vf-p_2S-p_3S	*Er reist von Athen über Ankara
9. Sn-Vf-p_3S-p_4S	Er reist über Moskau nach Jerewan
10. Sn-Vf-p_1S-p_2S-p_4S	Er reist mit dem Zug von Athen nach Kairo

11. Sn-Vf-p_1S-p_2S-p_3S-p_4S	Er reist mit dem Zug von Athen über Ankara nach Delhi
12. Sn-Vf-p_1S-p_3S-p_4S	Er reist mit dem Flugzeug über Moskau nach Jerewan
13. Sn-Vf-p_1S-p_2S	*Er reist mit dem Zug aus Leipzig
14. Sn-Vf-p_1S-p_3S	Er reist mit der Postkutsche durch Italien
15. Sn-Vf-p_1S-p_4S	Er reist mit dem Schiff nach Kuba
16. Sn-Vf-p_1S-p_2S-p_3S	*Er reist mit dem Zug von Portugal über Spanien(?)

보족어화 가능성에 있어 다음의 일반적인 차이점들이 G. und B. Wotjak에 의해 밝혀졌다.

1. 여러 논항들이 기술 가능한 특정 조건하에 보족어가 될 필요는 없다. 그러나 보족어가 될 논항(즉 의무적 보족어)의 최소치가 확인될 수 있다.
2. 한 사건이 현실에서 과정의 참여자로서 특정 단위를 취할 수 있지만, 이들이 특정 동사에서 보족어로 실현될 수 없다. G. Wotjak (1984:411)은 이를 차단 논항(blockiertes Argument) 또는 전제 논항 (Präsuppositionsargument 전제되지만, 보족어로 실현될 수 없는 논항)이라 한다. 또한 B. Wotjak(1982:106)은 이를 의무적 함의 논항 (implizite Argument)이라 한다. G. Wotjak은 예를 들면 *bummeln, defilieren, hetzen, rennen, schlendern*의 경우에 Y-논항(도구격)이 텍스트화될 수 없다고 생각한다 (그러나 *Er bummelte in seinen neuen Stiefeln im Kurpark auf und ab.* 그는 그의 새 장화를 신고 쿠어파크에서 이리저리 산책했다). 문헌에서 이미 빈번히 논의되는 보다 명백한 예는 *bestehlen* 대 *stehlen*이다. *bestehlen*이 현실적으로 무엇인가 도난됨을 전제하지만, 도난된 것이 보족어 형태로 문장에 실현되지 않는다. 비교:

Paul hat Emil den Kamm gestohlen. (파울은 에밀에게서 빗을 훔쳤다)
Paul hat Emil bestohlen. (파울은 에밀에게서 훔쳤다)

다른 예:

Arbeiter raümen mit Schneepflügen den Schnee von der Straße.
(노동자들이 길의 눈을 눈치우는 쟁기로 치운다)
Schneepflüge räumen den Schnee von der Straße.
(눈 치우는 쟁기로 길의 눈을 치운다)

(외연적인) 도구가 주어로 실현되면, 문장 *Schneepflüge räumten den Schnee von der Straße*에서 눈 치우는 쟁기를 도구로 사용하는 행위자가 전제되지만, 행위자가 보족어 형태를 취하지 못한다.

Schneepflüge, die von Arbeitern bedient wurden, räumten den Schnee von der Straße.
(노동자에 의해 사용된 눈 치우는 쟁기가 길의 눈을 치웠다)

3. 어떤 동사들에서는 논항이 그것의 논항 잠재성에 거의 "동결되어 (eingefroen)" 있다(G. Wotjak 1984:411). 이 논항은 독자적인 단어/구로서 명시적으로 실현되지 않고, 동사와 함께 주장되기 때문에 단언 논항(Assertationsargument G. Wotjak 1985:201)이지, 차단된 전제 논항이 아니다. (예를 들면, 특성 형용사를 통해) 명시되지 않는 한, 이 논항을 별도로 언급하는 것은 중복되기 때문에 차단된다. 다음을 비교해 보라:

Er zersägte das Brett.
(그는 널빤지를 톱질했다)

*Er zersägte das Brett mit der Säge.

(*그는 널빤지를 톱으로 톱질했다)

Er zersägte das Brett mit der frisch geschärften Säge.

(그는 널빤지를 금방 간 톱으로 톱질했다)

Er lief davon.

(그는 거기서 도주했다)

*Er lief mit seinen Füßen davon.

(*그는 거기서 자기 발로 도주했다)

Er lief mit schnellen Füßen davon.

(그는 거기서 빠른 발걸음으로 도주했다)

4. Helbig/Schenkel과의 주된 차이는 (수의적) 보족어의 수가 더 많다는 것이다. 그러나 G. und B. Wotjak의 관찰로부터 Helbig/Schenkel이 수의적 보족어의 수를 직관적으로 제한하려는 분명한 타당성을 얻을 수 있다. 예를 들면 서로 다른 두 방향 규정어(경로와 출발지)가 출현하는 경우에, 덜 긴밀한 방향 규정어가 부분적으로 더 긴밀한 방향 규정어와 더불어 나타난다. 그래서 출발지(LOC_{source})를 표시하는 방향 규정어는 보다 긴밀한 방향 규정어(LOC_{goal})가 없으면 차단된다(Wotjak의 보족어화 목록 비교).

또한 최대 의미 필수성에서 출발하는 다른 저자들도 있는데, 이들도 이런 경로를 밟아 유사한 결정을 내린다(Gerling/Orthen 1979, Eroms 1981, Wegener 1985).

3.2 기본 결합가와 기본 결합가의 축소 및 확대

G. Wotjak과 B. Wotjak의 보족어화 모형은 층위 모형에 기반을 둔다(4.3

비교). 먼저 논리-의미 층위에 가능한 최대한의 논항(한정되는 보족어) 수를 설정한다. 그 다음 어떤 보족어가 어떤 조건에서 통사구조의 층위에 실현되는(보족어화 되는) 지를 알아본다. 이 모형에서는 잠재적인 보족어가 논리-의미 층위에서 의미적으로 등가로서 전제되어야 한다. 그러나 다양한 보족어화 가능성은 의미의 차이를 반영하는 것으로 보아야 한다. 여기서 우리는 나중에 또 반복해서 다룰 한 문제점에, 즉 의미 관계의 **외연적(denontativ)** 견해 또는 **내포적(signifikativ)** 견해의 문제에 직면한다(특히 6.4.6 비교). 우리는 의미 관계를, 예를 들면 결합가 구조를 외연적으로도 또한 내포적으로도 규정할 수 있다. 외연적 규정은 표현된 사태 자체와 관련이 있다. 내포적 규정은 표현된 사태가 동사의 특정 용법에 기술되는(언어로 파악되는) 관점(Perspektive)과 관련된다.

우리가 언어를 사용한다고 하면, 우리는 발화(Äußerung)를 이용해 객관적인 현실의 사태를 형성하는 것이다. 사태(Sachverhalt)란 사물(사물의 부류) 간의 관계나 또는 사물(사물의 부류)의 속성이자, 또한 사태의 관계이거나 속성일 수도 있고, 관계 내지 속성의 관계이거나, 관계 내지 속성의 속성일 수 있다. 철학적으로는 모든 사물과 현상 상호 간의 원칙상 무한한 관계에서 출발해야 한다. 따라서 임의의 한 사태 표현은 이미 특정한 추상화이다. 우리가 어떤 한 사태를 표현한다면, 그것은 다름 아닌 복잡한 어떤 한 관계의 망으로부터 한 단면을 끌어냄으로써 전체 가운데 몇몇 관점을 특히 강조하는(주제화하는, 관점화하는) 것이다.

누군가가 *Emil kauft Kartoffeln*이라 말하면, 그는 구매 과정("구매 장면", Fillmore 1977, 또한 6장 비교)에서 구매자-대상(상품)의 관계를 주제화하는 것이다. 주제화(Thematisierung)는 어휘 단위(단어) *kaufen*에 관례적으로(konventionell, usuell) 그렇게 정해져 있다.

그러나 이 말이 (a) 관점이 축소될 수 없다는 것을 의미하는 것은 아니다.

Emil kauft gern.

여기서 *gern*은 양태(Modalisierung)에 영향을 미친다(2.2.1.2 비교). 이를 통해 결과(감자의 구매)와 관계없이 구매 과정 자체가 관점화된다. 이 문장이 의미하는 바는 문장 *Emil kauft gern Kartoffeln*과 달리 *Emil*이 어떤 개별 상품을 구매하는지와 관계없이 구매를 즐겨한다는 것이다.

다른 한편, (b) 관점이 다른 요인들에 따라 확대될 수 있는데, 현실의 사태로서 구매의 복합적인 사태는 구매자-상품이라는 요인 외에 다른 요인도 포함한다. 예를 들면:

Emil kauft von Egon ein Buch.
(에밀은 에곤에게서 책을 산다)
Emil kauft von Egon für 20,-M ein Buch.
(에밀은 에곤에게서 책을 20마르크에 산다)
Emil kauft für seinen Onkel von Egon für 20,-M ein Buch.
(에밀은 그의 삼촌을 위해 에곤에게서 20마르크에 책을 산다)

*kaufen*은 구매자와 상품을 관점화한다. 마찬가지로 외연적으로 구매 상황과 관계가 있는 다른 동사는 이 복합적인 상황의 다른 관점도 의미적으로 관점화한다.

verkaufen: Emil verkauft sein Auto.
(팔다: 에밀은 그의 차를 판다)

여기서는 판매자와 상품이 관점화되지만, 그렇다고 해서 관점이 현실적으로 다시 확대될 수 없음을 뜻하는 것이 아니다: *Emil verkauft sein Auto an Egon.* (에밀은 그의 차를 에곤에게 판다).

abkaufen: Egon kauft Emil das Auto ab.
(구입하다: 에곤은 에밀에게 차를 구입한다)

여기서는 구매자와 상품 외에 판매자가 관점화된다.

kosten: Das Auto kostet 10 000,-M.
(값이 나가다: 그의 차는 일만 마르크이다)

여기서는 상품과 가격이 관점화된다.

*kaufen, verkaufen, kosten*은 관례대로 관점이 구매 과정을 지향하고 있다. 의미 범위가 더 넓기는 하지만, 실질적으로 구매 과정과 관계있는 동사들을 더 추가하면 구매 과정에 또 다른 관점화 가능성이 나타난다.

bieten: Egon bietet 8500,-M.
(제시하다: 에곤은 8,500마르크를 제시한다)

관점: 판매자-가격

fordern: Emil fordert 10 000,-M.
(요구하다: 에밀은 10,000마르크를 요구한다)

관점: 판매자-가격

besorgen: Egon besorgt seinem Onkel ein Auto.
(주선하다: 에곤은 그의 삼촌에게 자동차를 주선한다)

관점: 구매자, 상품, 수혜자

G. und B. Wotjak은 *fahren* 또는 *reisen*과 같은 이동 동사에 대해 다섯 논항을 설정한다. 지시된 사태의 관점에서, 즉 순수 외연적이며 존재론적 관점에서 출발하면 의미 필수성의 의미적 등급은 없다. 모든 관계 단위는 공히 현실 사태의 필수적이며, 구성적인 부분이다. *fahren*은 목적지와 더불어 출발지와 경유지 외에 수단(차량)을 전제한다.

Emil fährt mit dem Auto von Berlin über Halle nach Wernigerode.
(에밀은 자동차로 베를린에서 할레를 거쳐서 베르니거로데로 간다)

그러나 모든 이동 동사가 잠재된 다섯 논항의 관점에서 모두 의미적으로 동일하게 설정되어 있지 않으며, 이들이 모두 동일하게 관점화되지도 않는다. 내포적 변별의 결과는 통사적 실현의 차이에서 확연히 들어난다. 따라서 필자의 생각에 Helbig/Schenkel(1982)이 여러 이동 동사의 방향 규정어로서 오직 목적지만 언급한 것은 우연이 아닌 것 같다. 예를 들면(Helbig/Schenkel의 예문들):

Er fährt nach Dresden. (그는 차로 드레스덴에 간다)
Er reist nach Süden. (그는 남쪽으로 여행한다)
Er wandert zu einer Jugendherherge. (그는 유스호스텔을 향해 유랑한다)

이 동사들에서 수의적 보족어로서 경유지와 출발지를 나타내는 보족어를 통해 이 동사들의 관점이 확대될 수 있다.

Er fährt von Berlin über Cottbus nach Dresden.
(그는 차로 베를린에서 코트부스를 거쳐 드레스덴에 간다)
Er reist von Berlin über Deresden nach Süden.
Er wandert von Berlin über Strausberg zu einer Jugendherherge.

대체 형식(Alternative)으로서 다음의 경유지를 나타내는 규정어가 가능하다.

Er fährt durch Berlin (그를 베를린을 지나간다)
Er reist durch die DDR (그는 DDR를 지나 여행한다)
Er wandert durch den Harz (그는 하르쯔를 지나 유랑한다)

그러나 이 경유지의 규정어가 세 동사 모두에서 동일하게 관례적인 관점화 가능성으로 간주될 수 없다. *fahren* 또는 *reisen*이라 하면 일반적으로 목적지에 주로 관심을 둔다. 이와 달리 *wandern*의 행위가 이들처럼 목표 지향적이지 않다.

일반적으로 대체 형식으로서 출발지를 나타내는 규정어는 차단되어 있다.

*Er fährt von Berlin.
*Er reist von Berlin.
*Er wandert von Berlin.

우리는 이 규정어들의 차단을 동사의 순수 통사적 현상으로서 뿐 아니라, 관례적인 의미적 관점의 통사적 반영으로서 평가한다.

반면 출발지를 관점화하는 이동 동사도 있다.

kommen: Er kommt aus Berlin.
(오다: 그는 베를린 출신이다)
holen: Ich hole die Leiter vom Boden.
(가져오다: 그는 사다리를 바닥에서 집어 가져온다)

목적지에 대한 관점화가 대체 형식으로 또는 추가적으로 가능하다 할지라도, 출발지에 대한

Er kommt aus Berlin nach Weimar.
(그는 베를린에서 바이마르로 온다)
Ich hole die Leiter vom Boden in die Wohnung.
(나는 사다리를 바닥에서 들어 집으로 들여온다)

관점은 그대로 유지된다. 이 동사들은 이동해 오는 방향이 아니라, 어느 지점으로 이동해 가는 방향을 관점화한다.

Er kommt nach Weimar.
Ich hole die Leiter in die Wohnung.

위 문장에서 출발지는 잠재적 관점으로서 그대로 유지된다.

우리는 또한 다음에서 그 차이점들을 기술할 수 있다: 각각의 이동 동사들이 적어도 언급한 다섯 논항을 전제한다. 그러나 이들 모두가 관점화되지는 않는다. 다시 말해서 일반적으로 주장되지는 않는다.

präsupponieren(전제하다)은 voraussetzen(전제하다)이라는 의미이며, assertieren(단언하다)는 behaupten(주장하다)이라는 의미이다. 우리가 어떤 맥락에서 *fahren*이라 하면, 필연적으로 *fahren*의 목적지, 출발지, 경유지, 수단 및 대상이 존재한다는 것을 전제한다. 그러나 의례히(또는 흔히) 우리는 *fahren*의 대상과 목적지만 주장한다(우리는 분명하게 그리고 명시적으로 이 둘만 거론한다). 또한 **강한 전제**(starke Präsupposition)와 **약한 전제**(schwache Präsuppositon)라고 한다. 관점화된 보족어(즉 관례적으로 단언된 보족어)는 강하게 전제되며, 그 외에 다른 보족어는 약하게 전제된다. 따라서 *fahren, reisen, wandern*은 이동의 목적지(이동 대상과

더불어)를 강하게 전제하고(재차 정도에 따라 단계가 나뉘어진다 하더라도), 다른 세 잠재적인 보족어는 약하게 전제한다. 이 동사들은 그 행위가 어떤 시점에 시작되어, 그 시점에 *fahren, reisen, wandern*의 대상이 다소간 그 어떤 다른 시점에 있게 된다는 사실을 전제한다. *kommen*과 *holen*은 출발지를 강하게 전제하고, 목적지를 약하게 전제한다. 즉, 이 동사들은 사건의 목표점인 사람이 있는 지점으로 동작이 진행한다는 점을 미리 주어진 것으로서 전제한다.

이동 동사의 관점(강한 전제)을 의문대명사 *wohin* 또는 *woher*가 앞에 올 수 있는 질문인지 확인해 봄으로써 조사할 수 있다.

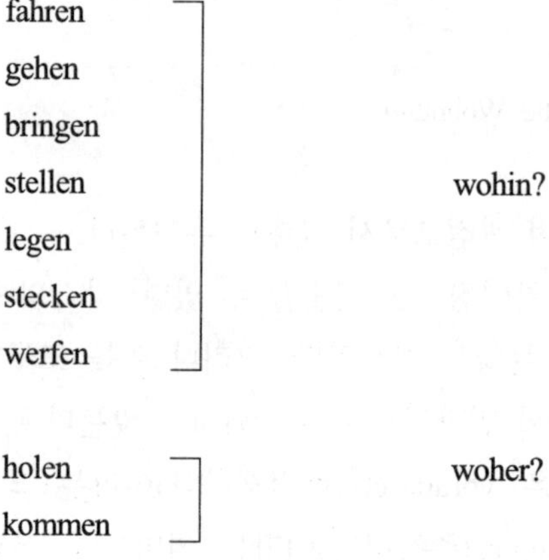

일반적으로 이동 동사 또는 움직임의 동사는 목적지를 관점화하는 것 같다. 그러나 우리는 조어(Wortbildung 동사 분리전철)의 도움을 받아 관점을 바꿀 수 있고, 그런 식으로 강한 전제를 출발지에 두는 동사들을 얻을 수 있다. 비교:

abfahren: Er fährt morgen von Berlin ab.

(그는 내일 베를린에서 출발한다)
abreisen: Er reist morgen von Berlin ab.
(그는 내일 베를린에서 여행을 떠난다)
abfliegen: Das Flugzeug fliegt 16[00] Uhr von Berlin ab.
(그 비행기는 16시에 베를린에서 출발한다)

물론 *kommen*에서와 같이 여기서도 출발지가 목표 규정어 또는 경로 규정어에 비해 더 강하게 전제되어 있다. 이런 동사들에 있어서는 과정 보유어를 제외하면, 시간 규정어가 가장 강하게 전제될 것이다. 비행장에서 가장 우선적인 질문은 아마도 *Wann fliegt die Maschine nach Kairo ab*?(비행기가 언제 카이로로 출발하는가?) 일 것이다. 여기에 화용 결합가(pragmatische Valenz)가 결부된다(3.4 비교).

ausgraben, herausreißen(파내다, 뽑아버리다)과 같은 분리전철 동사의 경우에는 목표 규정어들이 약하게 전제되거나, 차단되어 있다.

관점의 차이를 기술하는 한 가능성은 기본 결합가(Grundvalenz)에서 출발하여 기본 결합가의 변화(축소, 확대, 교체)를 가정하는 것이다. G. Wotjak(1984:403)도 또한 이 가능성을 이용한다: "의사소통상의 그 어떤 최소(Minimum)가 보족어화 과정에 개별 동사/동사 변이형에 대해 문맥과 무관한 구조 유형(자리배치안, 문장모형)으로서 내재되어 있음은 자명하지만, 그 가운데 한 변이형이 의사소통-상황적 요인(특히 사전언급, 강조)의 영향을 받아 상향으로 또는 하향으로(소위 상대적인 의무적 보족어의 경우에) 변화될 수 있다." 같은 방향의 취지를 이미 Grosse(1971:125f.)도 또한 밝힌 바 있다. 그는 동사의 자동사화가 "단지 한 형식적인 행동"에 지나는 것이 아님을 지적한다. 그는 사전목록(현대 독일어 사전)에 암시적으로 포함된 결합가에 관한 언급을 분석한다. 예를 들면 *bieten*은 대개 3가 동사로서 나타난다.

Er bot ihm eine Entschädigung. (그는 그에게 손해배상을 했다)

현대 독일어 사전에는 2가 변이형(*etwas zeigen, darbieten*)이 빠져 있다.

Er bot eine reife Leistung. (그는 완숙한 능력을 보여 주었다)

Grosse는 다음과 같이 주장한다: "일반적으로 빈도수가 많은 것이 주요 의미인데, 이 주요 의미가 상대적으로 높은 지수의 결합가를 취한다 할지라도, 의무적 결합가로 설정되어야 한다.... 결합가는 일종의 관계이므로, 이 관계에 참여된 값들이 상대를 제압할 때까지 서로 영향을 주고받으리라는 것을 예상할 수 있으며, 이것은 기술된 동사의 축소된 결합가에 가시화된다."

특히 핀란드의 결합가 연구자들이 기본 결합가와 기본 결합가의 축소 및 확대에 관하여 언급했다(Korhonen 1977, Tarvainen 1981, Seppänen 1981 비교).

Korhonen(1977:190ff.)은 수의적 보족어의 삭제 가능성을 결합가 축소로 간주한다. 그는 축소 과정이 적어도 의미적으로 동기화되어 있음을 제시하고 있다. 또한 그는 수동태를 능동태에 대한 결합가 축소로 간주한다.

Korhonen은 다음의 문장을 결합가 확대에 대한 예로서 제시하고 있다.

Ihr Gefühl entwickelte sich aus Mitleid zur Liebe.
(그녀의 감정은 동정심에서 사랑으로 발전했다)

따라서 그는 Helbig/Schenkel(1982:358)에서처럼 예를 들면 동사 *entwickeln*이 기본 결합가에 있어 2가에서 출발하여 *aus Mitleid*를 결합가 확대로 간주한다.

더 나아가 그는 기본 결합가가 비인칭 동사들(따라서 일반적으로 0가로 간주되는)을 결합가 확대의 예로서 제시하고 있다. 비교:

Es regnet – Die Wolke regnet.
(비가 온다 – 구름이 비를 내린다)
– Es regnet dicke Tropfen.
(굵은 빗줄기로 비가 내린다)
Es hagelt – Es hagelt Taubeneier.
(우박이 떨어진다 – 포도알같은 우박이 떨어진다)

또한 그는 소위 내적 목적어(innere Objekte)를 지적한다.

Er schläft den Schlaf des Gerechten. (그는 숙면을 한다)
Er tanzt einen Walzer. (그는 월츠를 춘다)
Er schwitzt Blut. (그는 비 오듯 땀을 흘리다)

Wegener(1985:136ff)도 또한 여격과 관련해 결합가 확대(결합가 증가) 개념을 전개한다. 자유 여격의 문법적 분류에 노력을 기울였다(3.2.6 비교). 물론 Wegenenr는 여격을 모든 3가 그리고 4가 동사들에서, 예를 들면 *geben*에서 여격을 결합가 확대로 평가한다. 그리하여 결합가 확대(결합가 증가) 개념이 필자의 생각에는 너무 형식적으로 다루어진다.

Ehnert(1974)의 영향을 받은 Korhonen(1977:193)과 Tarvainen(1981:34)에 의하면 기본 결합가는 가장 빈번히 출현하는 결합가 실현이다. 이런 방향에서 정의될 수 있는 기본 결합가가 존재한다면, 필자의 생각에 전체 결합가(Gesamtvalenz, Tarvainen 1981:34), 즉 최대 잠재 논항(G. Wotjak)에 비해 축소되어 있는 Helbig/Schenkel 결합가 사전에서 보족어의 수는 직관적으로 기본 결합가에 기초한다고 가정할 수 있을 것 같다. 이에 상응하여 우리는 기본 결합가란 그것이 개별적으로 어떻게 확인될 수 있는지와 무관하게 화자/청자의 어휘부에서 어휘기재항의 핵심을 형성한다고 가정하려 한다. 기본 결합가는 통상적인 잠재 논항(통상적인 관점화, 강한 전제)과 동사의 통상적인 내포적 의미에 관한 화자/청자의 지식을 표현한다. 기본 결합가로부터 변이 가능성이 존재하는데, 쉽게 입증되듯이 이것도 또한 화자/청자의 지식에 속한다.

따라서 결합가 축소와 확대는 결합가가 완전히 사라지거나, 또는 부가됨을 의미하는 것이 아니다. 오히려 실현될 결합가와 잠재적으로 남게 될 결합가 사이의 관계가 문제가 되는 것이다. 왜냐하면 보충 필요성 또는 보충 가능성으로서의 결합가는 일반적으로 잠재적인 것이기 때문이다. 따라서 동사가 어휘부에 기본 결합가로서 기재되어 있다고 가정한다면, 이것은 바로 동사가 어휘부에 통상적으로 실현되는 결합가(통상적인 관점화)로 어휘부에 기재되어 있다는 것을 의미한다. 동시에 결합가의 축소와 확대 그리고 대체에 관한 어떤 가능성이 있는지도 기재되어 있다. 예를 들면 *sprechen*의 경우에 수의적 보족어를 결합가 확대(*sprechen*을 3가로 가정하는 경우) 또는 축소로 간주하는지와 관계없이, 축소와 확대 가능성에 관한 지식은 동사 *sprechen*의 의미-통사적 결합 가능성에 관한 청자/화자의 지식에 속한다.

결합가 변화에 있어서 유추(Analogie)는 중요한 역할을 한다. 유추를 통한 결합가 변화는 화자에 의해 의미적으로 유사한(또는 예를 들면 은유를 통해 유사하게 만들어진) 단어들로 전이될 수 있는데, 그 단어들에는 경우에 따라서 지금까지의 가능한 결합가 변화가 구체적으로 기재되어 있지 않을 수도 있다. 비교:

Er warf den Ball ins Wasser. (그는 공을 물로 던져 보냈다)
Er trat den Ball ins Wasser. (그는 공을 물로 차 보냈다)
Er spielte den Ball ins Aus. (그는 공을 밖으로 내보냈다)

Er fummelte den Ball ins Aus.
(그는 공을 선 밖으로 어설프게 내보냈다)
Er schnitt den Ball ins rechte Eck.
(그는 오른쪽 모서리에 공을 잘라 넣었다)

통상적으로 실현되는 결합가로서 기본 결합가와 같은 것이 존재함은 분명해 보인다. 또 다른 문제는 기본 결합가를 어떻게 확인하는지이다. 그 빈도를 조사함으로써 통례성을 얻는다는 것은 심히 어려운 작업이다. 예를 들면 Helbig/Schenkel(1982)의 의무적 결합가와 Wotjak의 최대 잠재논항 중간쯤에 기본 결합가를 설정할 수도 있을 것이며, 협의의 수의적 보족어를 기본 결합가로 간주할 수도 있을 것이다. 우리는 여기서 이런 가능성을 선택하지 않고, 다른 제안을 하려 한다. 이 제안은 Korhonen과 Tarvainen의 기본 결합가 개념의 의도와 또한 통례적인 결합가 개념에 상응하는 것이며, 이미 얻어진 의무적 결합가와 수의적 결합가의 구분을 이용하는 것이기 하다. 중요한 점은 이 제안에 기초하여 협의의 수의적 보족어와 자유 첨가어를 통일적으로 다루는 것이 가능하다는 것이다.

3.2.1 결합가 축소

우리는 의무적 보족어가 소위 대체됨이 없이 축소되는 가능한 모든 경우를(예를 들면 양태화 및 대조에 기초한) 결합가 축소(Valenzreduktion)로 간주한다. 이런 경우에 잠재적 보족어의 삭제는 문맥적인 요인에 기반을 두고 있지 않다. 따라서 생략적인(ellipstisch) 보족어의 삭제를 우리는 기본 결합가의 변화로 간주하지 않는다.

결합가 축소는 관점 제약의 결과이다. 관점 제약은 동사의 초점화(Fokussierung)에 따른 결과이다. 초점화란 사건의 결과보다 과정에 더 주목한다는 뜻인데, 결과보다는 사건 그 자체가 더 큰 관심사이다(Grosse

1971:129, Bondzio 1971:98, Sommerfeldt 1973:97, Korhonen 1977:181, Nikula 1978:26ff., Tarvainen 1981:31f. 비교). 결합가 축소는 동사에 포함된 한정어(Modifikator, 이 개념에 대해서는 4.2 비교)가 초점화(관심의 중심부로 이동)됨으로써 일어난다. 비교:

Das Buch steht nicht, sondern liegt.
(그 책은 세워져 있지 않고 눕혀있다)
(= befindet sich nicht vertikaler, sondern in horizontaler Lage)
(수직적인 상태에 있지 않고 수평적인 상태에 있다)

동사 *liegen*과 *stehen*의 의미에서 한정어 '수직적 vertikal' 그리고 '수평적 horizontal'이 각각 강조된다(초점화된다).

3.2.2 결합가 확대

우리는 Helbig 모형에 Wotjak 모형을 추가하여, 협의의 수의적 보족어를 결합가 확대로 간주한다. 결합가 축소와 마찬가지로 여기서도 협의의 관점과 광의의 관점 간의 동일 관계가 중요하다.

Er isst.

위 문장은 과정 자체를 강조한다(초점화한다). 이와 달리 완료와 결과가 더 강조되면, 관점의 확대가 이와 결부되어 나타난다.

Er isst einen Apfel. (그는 사과를 먹는다)

그리하여 과정이 결과에 비해 상대적으로 덜 중요하게 된다.

Wo ist der Apfel? – Ich habe ihn gegessen.
(사과가 어디 있지? – 내가 그거 먹었어)

“Ich habe ihn weggeworfen 내가 그것을 버렸어” 그리고 “Ich habe ihn Paul gegeben 내가 그것을 파울에 주었어”과 같은 답변은 청자에게 거의 유사한 관계로 들릴 것이다. 그래서 청자는 그가 먹을 사과가 이제 없음을 알게 된다.

물론 우리는 동일한 과정을 또한 다르게 결합가 확대가 아니라, 결합가 축소로 생각할 수도 있을 것이다. 왜냐하면 동사 *essen*을 기본 결합가에 있어 1가가 아니라, 2가로 간주할 수 있기 때문이며, 이 경우에는 1가 용법이 관점의 제약으로서 간주되어야 할 것이다. 우리는 여기서 이것을 결합가 확대로 결정하였다. 따라서 우리는 *essen*을 1가 변이형으로 간주하는데, 이것이 우리에게 수동에서 *von*-목적어를 포함한 협의의 수의적 보족어와 자유 첨가어의 통일적인 설명을 위한 가능성을 제공해 주기 때문이다.

전제의 강도에 의거해 가능한 분류를 위해 다시 한번 다음의 예문들을 비교해 보자.

Er verzehrt eine Brötchen.	의무적 보족어, 강하게 전제됨
Er isst ein Brötchen.	수의적 보족어, 약하게 전제됨
Er kaut ein Brötchen.	수의적 보족어, 보다 약하게 전제됨

	결과 (내용)	수신자
Paul sagte.	etwas	zu mir
	의무적 보족어	수의적 보족어
	강하게 전제됨	약하게 전제됨

Paul redete. Paul sprach. Paul lallte. Paul klagte. Paul lamentierte. Paul betete. Paul sang. Paul telefonierte. Paul schwatzte. Paul flüsterte. Paul krächzte.	수의적 보족어로서 결과와 수신자의 실현은 상이하게 약하게 전제됨(결합가 확대)

sagen, reden, sprechen 등의 발화 동사에서 유추하여 일련의 다른 동사도 결합가 확대를 허용한다.

또한 완전 동사 옆에 오는 서술적 형용사(prädikative Adjektive)도 결합가 확대로 볼 수 있지 않을까 생각된다(5.1.6 비교).

Erna nennt Emil. (2가)
(에나는 에밀을 (이름) 부른다)
Erna nennt Emil faul. (3가)
(에나는 에밀이 게으르다고 한다)
Erna findet Emil. (2가)
(에나는 에밀을 발견한다)
Erna findet Emil faul. (3가)
(에나는 에밀이 게으르다고 여긴다)
Erna macht den Kuchen. (2가)
(에나는 케익을 만든다)
Erna macht den Kuchen fertig. (3가)
(에나는 케익이 완성되도록 한다)

형용사의 부가는 여기서 다소간 분명하게 동사의 의미 변화를 동반하므로, 이 형용사들은 의무적 보족어라 할 수 있으며, 따라서 어휘부에 등재된 상이한 동사 변이형이라 할 수 있다. 왜냐하면 형용사를 삭제할 경우 동사의 의미가 변화하기 때문이다.

그러나 수많은 다른 동사의 경우에는 또한 수의적인 확대도 가능하다. 즉 동사 의미에 그리 영향을 미치지 않는 확대이다. 따라서 이런 경우들도 결합가 확대라 할 수 있다.

Emil fährt das Auto kaputt.
(에밀이 차가 망가지도록 운전한다)
Erna pflegt Emil gesund.
(에나가 에밀이 건강해지도록 돌본다)
Emil hobelt das Brett glatt.
(에밀이 널빤지가 매끄럽도록 대패질 한다)

동시에 동사의 재귀화도 가능하다.

Emil schreit sich heiser.
(에밀은 목이 쉬도록 소리를 질러댄다)
Emil arbeitet sich müde.
(에밀은 피곤하도록 일한다)
Emil lacht sich krank.
(에밀은 병이 나도록 웃었다)

이러한 용법들에 공통되는 점은 사건의 결과가 표현된다는 것인데(Plank 1985 비교), 여기서 사건의 결과는 동사에 의해 한정되는 단위로서 부가된다. 또한 이 형용사들은 명사 그룹으로 대체될 수 있으며, 따라서 명사 그룹은 형용사를 대체하는 결합가 확대이다. 비교:

Er sägt das Brett in Stücke.
(그는 널빤지가 몇 조각나게 톱질한다)
Er fuhr das Auto zu Bruch.
(그는 자동차가 부서지도록 운전했다)
Er redet sich noch um Kopf und Kragen.
(그는 죽도록 말을 해댔다)

비교:

Erna nennt Emil einen Faulpelz.
(에나는 에밀을 게으름뱅이라 부른다)

이 통사구문은 서술적 형용사와 유사할 뿐 아니라, 또한 방향 규정어와 유사하며, 마찬가지로 결합가 확대이자, 사건의 결과를 표현한다.

장소 보족어는 지각동사의 경우에 형용사를 대체하는 결합가 확대로서 가능하다. 비교:

Er sah den Freund betrunken.
(그는 친구가 술에 취해 있는 것을 보았다)
Er sah den Freund auf dem Wagen.
(그는 친구가 차에 있는 것을 보았다)

3.2.3 결합가 교체

기본 결합가와 관련하여 결합가 축소와 확대 외에 결합가 교체도 관찰될 수 있다. Nikula(1978:39f.)는 이들을 대리 보족어(stellvertretende Ergänzung)라 한다. 어떤 동사에서 둘 또는 여러 보족어가 선택적으로

문법적 최소성분(문법적으로 올바른 최소 문장) 또는 의미가 통하는 최소 의사전달이 될 수 있다. 비교:

Er wohnt in Berlin.	– Er wohnt gut.
Die Stadt liegt am Fluss.	– Die Stadt liegt schön.
(그 도시는 강가에 있다)	(그 도시는 아름답다)

여기서는 한 빈자리의 점유 변이형이 문제가 되는 것이 아닌데, 이것을 *wohnen*에 대한 Helbig/Schenkel의 설명에서 추정할 수도 있을 것이다. 비교:

Er wohnt gut in Berlin.

*gut*과 *in Berlin*은 두 개의 평행한 동사 보충어이다. 따라서 이들은 상이하게 선택적으로 채워져야 하는 의무적인 두 빈자리와 관련되어야 한다.

geschenhen, sich ereignen, passieren 등과 같은 동사들은 임의의 사건을 아주 일반적으로 표현하기에 적합하여, 그러한 이유에서 Helbig(1982: 29)는 이 동사들을 "대동사"(Proverben)라 부르는데, 이 동사들은 1가의 결합가를 가진다. 그러나 이 결합가는 정해져 있지 않다. 정해져 있지 않은 결합가를 채우기 위한 의무적인 결합가 교체의 여러 가능성들(시간 규정어, 장소 규정어 또는 원인 규정어를 통해)이 존재한다. 비교:

Der Unfall geschah am 12. Oktober.
(그 사고는 10월 12일에 일어났다)
Der Unfall geschah aus Unachtsamkeit.
(그 사고는 부주의로 인해 일어났다)
Der Unfall geschah in Berlin.

(그 사고는 베를린에서 일어났다)

위의 각 문장들은 문법적으로 올바르다. 또한 세 규정어가 모두 문장에서 평행하게 실현될 수 있다:

Der Unfall geschah am 12. Oktober in Berlin aus Unachtsamkeit.
(그 사고는 10월 12일 베를린에서 부주의로 인해 일어났다)

따라서 세 보족어는 상이한 보족어이며 한 빈자리의 점유 변이형이 아니다(계열적이 아닌, 결합적 관계에서 구별된다).

"Grundzüge einer deutschen Grammatik"(Heidolph/Flämig/Motsch 1981: 425ff.)에서 *entstehen, geschehen, ausbrechen* 등과 같은 사건 동사의 보족어에 대한 설명은 의사소통-화용적 층위(화용 결합가)로 옮겨가는데, 이것이 테마-레마 구분(기능적 문장 관점)과 관계가 있기 때문이다. 주어가 레마가 되면, 부사 규정어가 더 이상 필수적이지 않다. 비교:

Ein Beifallsturm brach aus. (우뢰와 같은 박수가 터져 나왔다)
Es brach ein Beifallsturm aus.

그러나 고유 의미의 결여로 인해 동사가 단독으로 레마가 되지 못한다는 말(427쪽)을 우리는 다음의 설명으로 대체할 것이다: 부사 규정어가 없는 문장에서는 동사 자체의 의미(과정의 시작)가 초점화되어 결합가 축소가 실질적으로 가능하게 된다.

3.2.4 전환(수동)과 기본 결합가

수동은 기본 결합가의 축소를 동반한다(Korhonen 1977:190). 문법서에는 행위자가 불분명하거나, 주어진 문맥에서 행위자를 거론하는 것이 중요하지 않은 경우를 수동의 선택에 대한 이유로 들고 있다(Sommerfeldt/Starke/Nerius 1985:86 비교).

이러한 근거 제시는 수의적 보족어를 삭제할 수 있는 근거 제시와도 통한다. 또한 수동의 해석에서 이것을 우리는 단어 의미의 외연적 및 내포적 이해와 관련지을 수 있다. 특히 생성 문법의 개념에서 흔히 능동문과 해당 수동문은 의미상 동일한 것으로 기술된다. 이와 같은 기술은 외연적 공통성을 강조하고 있다. 능동문과 수동문에서 각각의 상이한 내포적 의미가 거의(또는 전혀) 관찰되지 않고, 단지 양자가 지시할 수 있는 기저의 동일한 상황과 관련해서 기술된다.

Emil hat Paul das Buch gestohlen.
(에밀이 파울에게서 책을 훔쳤다)
Das Buch wurde Emil (von Paul) gestohlen.
(책이 에밀에게서 (파울에 의해) 도난당했다)

그러나 동일한 사태도 내포적으로는 매우 상이하게 파악된다. 능동형이 사태를 행위자에서 목표점(피행위자 Patiens)에 이르는 목표 지향적 행동(행위)으로 기술하는 반면, 수동형은 동일한 사건을 과정 보유어에서 진행되는 하나의 과정으로 파악된다. 동시에 협의의 수의적 보족어에 적용되는 특성이 그대로 *von*-목적어에 해당된다: *von*-목적어는 의미 필수적이지 않다. 이 목적어는 문맥에 해당 정보가 포함되어 있지 않다 하더라도 삭제될 수 있다(Helbig/Stepanowa 1981:160 비교). 수동형은 능동형(그리고 어휘부에 기재된 기본 결합가)에 대한 결합가 축소이다. 그러나 이 결합가는 다시 수의적 보족어를 부가함으로써 실제로 확대될 수 있다.

Emil wurde das Buch gestohlen – Emil wurde das Buch von Paul gestohlen

소위 우회로를 거쳐 먼저 번의 관계가 다시 회복될 수 있다. 그러나 외연적으로 가능한 보족어가 차단되는 언어들(예를 들면 핀란드어)도 있다. 핀란드어에서는 독일어의 *von*-목적어에 해당하는 보족어가 불가능하다. 이것은 독일어에서 소위 상태 수동에 해당한다. 그러나 상태 수동에서 능동문의 의무적인 행위자에 해당하는 보족어가 실현될 수 없다.

Die Tür wurde von einem Fremden geöffnet.
(문이 외부인에 의해 닫혔다)
Die Tür ist geöffnet.
(문이 닫혀 있다)

부분적으로 수동형과 유사한 기능을 수행함으로 인해 문법에서 흔히 수동형의 대용 또는 수동의 경쟁형인 몇몇 확장형태(Streckform)에 있어서도(Sommerfeldt/Starke/Nerius 1985:92) 역시 결합가의 축소 뿐 아니라, 능동형과 비교할 때 외연적으로 가능한 보족어(외연적 행위자)의 차단이 관찰될 수 있다. 비교:

Brecht führte die Mutter Courage 1949 in Berlin auf.
(브레히트는 억척 어멈을 1949년 베를린에서 상연했다)
Die Mutter Courage wurde von Brecht 1949 in Berlin aufgeführt.
(억척 어멈은 브레히트에 의해 1949년 베를린에서 상연되었다)
Die Mutter Courage gelangte 1949 in Berlin zur Aufführung.
(억척 어멈은 1949년 베를린에서 상연되었다)
Die Mutter Courage gelangte 1949 durch Brecht/bei Brecht zur Aufführung
(억척 어멈은 1949년 브레히트를 통해/브레히트에게서 상연되었다)

위의 문장은 지시적으로 출발문장과 동일한 사실을 나타낸다. 즉 외연적으로 출발문장과 동일하지만, 내포적으로는 동일하지 않다. 또한 *durch Brecht, bei Brecht*는 보족어가 아니라 첨가어이다.

3.2.5 조어와 결합가

관점의 변화에 기초하여 결합가 변화를 표현하는 문법적 수단은 독일어에서 수동태 이외에 동사의 접두화(Präfigierung)이다.

Er hat ihm etwas gestohlen.
Er hat ihn bestohlen.

전통적 견해에 따르면 대격 목적어는 직접 목적어이고, 여격 목적어는 간접 목적어이다. 여격 목적어보다는 대격 목적어가 행위에 관련된 직접 목적어로서 파악된다고 말한다. 이에 따라서 우리는 여격 목적어가 대격 목적어에 비해 덜 관점화된(덜 강하게 전제된) 것으로 이해하려 한다. 이를 토대로 *bestehlen*은 *stehlen*보다 해당 인물을 더 강하게 관점화시켜, *bestehlen*의 경우에 심지어 수의적 보족어가 의무적 보족어로 되며, 도난당한 대상을 표현하는 보족어가 차단된다. *stehlen*의 경우에는 두 보족어가 수의적이며 따라서 약하게 전제되어 있지만, 대격 목적어는 여격 목적어에 비해 강하게 전제되어 있다. 우리의 전제를 따르면 *stehlen*은 기본 결합가에 있어 1가로 파악되어야 할 것이다. 따라서 *bestehlen*의 경우에는 *stehlen*과 비교해 결합가의 확대가 나타난다.

*schenken*을 3가의 동사로 보면, *beschenken*은 이와 달리 결합가 축소가 된다.

Er hat ihm Blumen geschenkt.
Er hat ihn beschenkt.

그러나 조어 수단을 통한 관점의 변화는 별도로 결합가 확대 또는 축소의 양적인 관점으로 보는 것과 관계가 없다.

출발 동사에 대한 관점의 변화(관점의 확대)를 표시하는 것으로서의 접두화에 대한 예는 다음과 같다.

Er kämpft.	– Er bekämpft jemanden.
(그는 투쟁한다)	(그는 누구와 싸운다)
Er hat gesiegt.	– Er hat jemanden besiegt.
(그는 승리했다)	(그는 누구를 이겼다)
Er hat gelächelt.	– Er hat jemanden belächelt.
(그는 미소지었다)	(그는 누구에게 미소를 지었다)
Er hat gelacht.	– Er hat jemanden verlacht(ausgelacht).
(그는 웃었다)	(그는 누구를 비웃었다)
Er klagt.	– Er beklagt etwas.
(그는 불만을 늘어놓는다)	(그는 무엇을 한탄한다)
Er sägt.	– Er zersägt das Brett.
(그가 톱질한다)	(그가 널빤지를 톱질한다)
Er schnitzt.	– Er beschnitzt die Truhe.
(그는 조각한다)	(그는 궤를 새겨 만든다)
Er krümelt.	– Er zerkrümelt das Brot.
(그는 부스러뜨린다)	(그는 빵을 부스러기로 만든다)
Er lügt.	– Er belügt jemanden.
(그는 거짓말을 한다)	(그는 누구를 속인다)
Er schwindelt.	– Er beschwindelt jemanden.
(그는 현기증이 난다)	(그는 누구를 속인다)

출발 동사의 결합가는 기본 결합가로 간주된다. 물론 독립된 어휘항목으로서 파생동사가 다시 나름의 기본 결합가를 취한다는 점이 동시에 고

려되어야 한다.

또한 중립화(Neutralisierung)의 가능성도 또한 고려되어야 한다. 비교:

Er unterstützt ihn.
Er hilft ihm.

여기서는 양자의 구별이, 또한 양자의 내포적인 구별이 더 이상 가능하지 않다. 그러나 대격과 여격이 서로 의미적 대립에 놓이게 되는(동일한 문장에 함께 나타나는) 경우에, 양자 간의 의미적 대립이 있게 된다는 규칙은 단순화된 것이다. 비교:

Er hat ihm etwas gestohlen.
Er hat ihn bestohlen.

3.2.6 자유 여격

상당수의 잠재적인 여격 동사 보충어들이 있는데, 이들은 동사와의 느슨한 연결로 인해 본래의 여격 보족어와 구분된다. 이들은 전통적으로 자유 여격(freier Dativ)이라 불린다. 여러 다른 종류의 여격이 있다. 예를 들면 (1) 이익의 여격(dativus commodi), (2) 소유의 여격(dativus possessivus), (3) 관심의 여격(dativus ethicus).

(1) Ich trage ihm den Koffer. (나는 그를 위해 여행가방을 나른다)
(2) Sie kämmt ihm die Haare. (그녀는 그의 머리를 빗긴다)
(3) Pass mir ja auf. (나를 주목해)

느슨한 연결로 인해 문장성분의 위상이 이미 논란이 되고 있다. 자유 여격이 항상 목적어로서 간주되는 것은 아니다(Helbig 1981:321 비교). 결합가 이론에서는 자유 여격을 보족어로 간주해야 할지 아니면, 첨가어로 간주해야 할지 결정해야 한다(예를 들면 Rosengren 1978, Helbig 1981, Zimmermann 1985, Wegener 1985, Rosengren 1986 비교).

관심의 여격(그리고 판단의 여격(dativus iudicantis): *Er fährt mir zu schnell* 내가 보기에 그는 과속한다)을 제외하고 다른 자유 여격은 여러 경우에 한 동사에 연결시킬 수 있긴 하지만, 여전히 동사 특징적이다. 비교:

> *Er bestaunt seinem Vater das Auto.
> (*그는 그의 아버지에게 자동차를 놀란 눈으로 본다)
> *Er schläft seinem Vater. (*그는 그의 아버지에게 잔다)
> *Die Post befindet sich meinem Vater gleich hinter der Kirche.
> (*우체국은 나의 아버지에게 교회 바로 뒤에 있다)

Wegener(1985)는 이러한 이유에서 자유 여격(관심의 여격과 판단의 여격을 제외한)을 보족어로 간주한다. 이렇게 하면 제한된 문장모형 목록을 얻을 수 있는 가능성이 희박해진다. Wegener(1985:135)는 최소한 여격의 범위 안에서 본다면 독일어가 의존 문법의 범위에서 적절히 기술될 수 없는 언어라는 결론을 내린다. 그녀는 이에 대한 타개책으로 결합가 증가의 구상을 제안하고, 여격을 결합가의 증가, 즉 기본 결합가의 확대로 간주한다(136ff., 3.2 비교).

비교적 제한된 보족어의 목록이 자유 여격으로 인해 무한정 확대되는 결과를 피하기 위해, 예를 들면 Helbig(1981)는 자유 여격을 보족어가 아니라, 첨가어나 부가어(소유의 여격)로 간주할 것을 제안한다. 그 근거로서 Helbig는 자유 여격의 독자적인 명제로의 변형 가능성을 든다. 이것은 Helbig(2.3.1 비교)가 보족어와 첨가어의 구별을 위해 시도한 하나의

기준이다. 비교:

Der Junge öffnet dem Lehrer die Tür.
(소년이 선생님을 위해 문을 연다)
Der Junge öffnet die Tür. Das geschieht für den Lehrer.
(소년이 문을 연다. 그것은 선생님을 위한 것이다)

소유의 여격은 부가어가 된다. 비교:

Sie kämmt ihm die Haare. (그녀는 그의 머리를 빗긴다)
Sie kämmt seine Haare.

그러나 이 변형이 우리가 보기에 확실한 근거가 될 수는 없다. 보족어와 첨가어 변별을 위한 실험(변형)의 설명력이 의심스럽다(2.3.1과 Zimmermann 1985:31 비교). 그렇다고 해서 소유의 여격이 보족어로 간주될 수 있다고 결정된 것은 아니다. 왜냐하면 소유의 여격이 내포적으로 부가어와 구별되기 때문이다.

자유 여격은 하위부류 특징적이다. 자유 여격을 한정되는 보족어로서 간주할 수 있다. 비교:

Er gibt ihm das Buch.
Er kauft ihm das Buch.

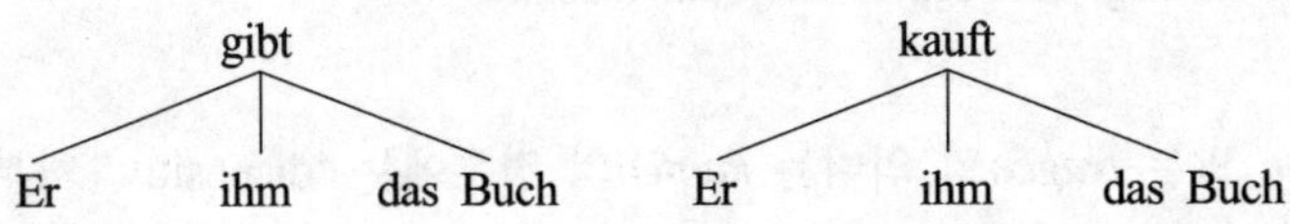

자유 여격은 물론 자유로이 부가될 수 있으므로, 협의의 수의적 보족어이다. 수많은 수의적 보족어가 예를 들면 Helbig/Schenkel(1982)의 경우에서 고려되고 있지 않음을 우리는 보았다(3.1 비교).

기본 결합가 개념은 문장모형을 그다지 손상시키지 않고도 자유 여격을 보족어로 해석하는 타당한 가능성을 제공한다. 기본 결합가와 관련하여, 그 모형들은 여전히 구별되고 개관될 수 있다. 물론 그 모형들은 수의적으로 확대될 수 있다. 화자가 수시로 확대를 시도해야 하거나 산출해 내지 않아도, 임시방편적으로도 수의적 확대가 가능하다. 그래서 자유 여격은 기본 결합가 개념의 유용성에 (소위 설명력) 대한 좋은 예다.

Er schenkt ihm ein Buch.
Er kauft ihm ein Buch.

*schenken*은 그 행위가 수신자를 갖는다는 것을 강하게 전제한다. *ihm*은 여기서 의무적 보족어이다. 반면 *kaufen*은 수신자를 단지 약하게만 전제한다. 문장은 여격이 없이도 의미가 통하며 문법적으로 바르다. *kaufen*의 경우에 여격 보족어는 기본 결합가의 실질적인 확대의 결과이며, 더불어 *kaufen*의 관점을 *geben*(또는 schenken)과 유사하게 확대한 결과이다.

Zimmermann(1985)는 *kaufen*이나 *tragen*과 같은 동사들을 다의어로 간주한다.

Er kauft ihm einen Koffer.
Er trägt ihm den Koffer zum Bahnhof.

kaufen 또는 *tragen*의 의미는 *kaufen*의 경우에는 'dispositiv'(처분적) 그리고 *tragen*의 경우에는 'benefaktiv'(수혜적)와 같은 자질을 통해 의미적으로 확대된다. 그 결과는 보족어의 추가인데, 여기서 Zimmermann은 이익

의 여격을 다시 처분의 여격(Dispositivus)과 수혜의 여격(Benefaktiv)으로 나눈다. 우리는 Zimmermann과 달리 이 관계를 동사의 의미 변이형의 병렬로서 정적(statisch)이 아니라, 기본 결합가의 확대로서 과정적(prozessual)인 것으로 간주한다. Zimmermann의 분석은 또한 기본 결합가의 확대가 동사 의미의 확대와 맥을 같이 한다는 사실을 잘 보여준다.

소위 소유의 여격은 우리의 시각에서는 수의적 보족어로서, 특히 수혜의 여격으로 해석되어야 한다.

Sie wäscht ihrer Tochter das Gesicht. (그녀는 딸을 위해 얼굴을 씻긴다)

*Tochter*가 *waschen*의 보족어로 해석될 수 있음은 청자를 통해 문법적으로 입증되어 있다. 그 밖에도 청자는 *Tochter*과 *Geschicht*가 소유격으로 바꿔 쓸 수 있는 의미 관계에 있다는 (문법적으로는 입증되지 않은) 추론이 가능하다.

3.3 자유 첨가어를 결합가 기술에 포함시키기 위한 제안들

결합가 결속적 보족어와 결합가 비결속적이며 자유로이 부가될 수 있는 자유 첨가어의 변별(2장 비교)은 동사의 보충 필요성이라는 결합가 이론의 본래 구상에서 비롯한다. 그래서 자유 첨가어는 결합가 기술에서 어느 정도 배제되어 있다. 왜냐하면 자유 첨가어는 결합가를 통하지 않고, 동사와 결속되어 있는 것으로 단지 부정적으로 선별되어 있기 때문이며(Helbig/Schenkel 1982:34, Helbig/Stepanowa 1981:149 비교) 또한 Helbig/Schenkel의 결합가 사전에도 고려되어 있지 않다. 따라서 자유 첨가어는 결합가 구조의 외부에 놓여있다. 그러나 자유 첨가어를 결합가 기술에 포함시키려는 시도가 없지 않았다.

일련의 제안은 동사의 결합가 개념을 부사, 전치사, 접속사 그리고 심지어는 전체 명제(예를 들면 부문장 형태의 명제)에까지 확대함으로써 자유 첨가어를 결합가 기술에 포함시키자는 것이다. 다른 품사의 결합가를 다루게 될 5장에 앞서 몇 가지를 언급해야겠다.

다른 품사에 비해 동사[4]의 특수성은 동사가 문장 구조를 통사 및 의미적으로 조직하는 중심이라는 데에 있다. 여기에서 문장구조의 구성이 추상적인(구체적인 시간적이 아닌) 방법으로 시작된다.

동사의 의미(동사 결합가)는 의미가 통하는 최소 (단순) 문장(의미가 통하는 최소 정보전달)을 위한 기반이다. 동사는 보족어에 의해 지시되는 것과 관련하여 한정되는 보족어를 요구한다. 동사는 다른 단어(또는 구)에 의해 한정될 수 있다(2.4.3 비교). 예를 들면:

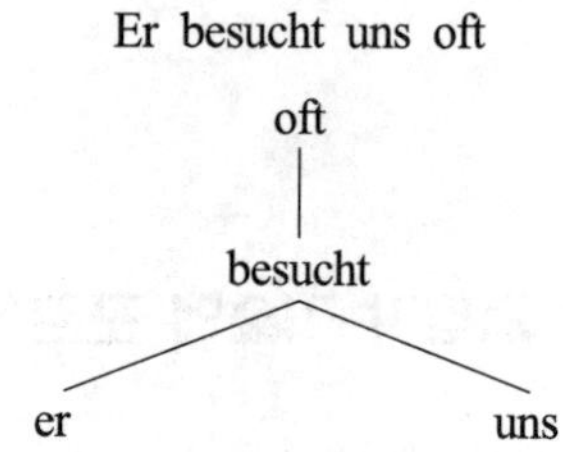

따라서 부사는 동사처럼 그 의미 기능을 충족시키기 위해 어떤 한(부사의 경우에는 오직 하나의) 보족어를 필요로 한다. 부사어는 시간적, 인과적 그리고 다른 관계들과 관련하여 그들이 특성화해야 하는 그 어떤 것과 관계를 맺어야 한다. 그러나 부사가 동사처럼 문장을 조직하지는 못한다. 이러한 동사의 특수성을 무시하면, 보충 필요성으로서 결합가 개

4) 우리는 여기서 동사 원형으로서 완전 동사의 복합형이 아니라, 완전 동사의 정형에서 출발한다.

념을 부사에까지 전이시킬 수 있다. 부사도 동사처럼 그 의미 기능을 충족시키기 위해 보족어를 필요로 한다. 그 보족어는 예를 들면 동사이거나 또는 보족어를 포함한 동사가 될 수 있다. 비교:

Er kommt langsam – Er kommt wahrscheinlich.

*langsam*은 *kommt*와 관계를 맺고 있고, *kommen*(이동)의 성격을 특징짓는다. 의미적으로 *wahrscheinlich*는 동사를 넘어서 기저의 전체 명제와 관계를 맺고 있다. 비교:

*Es ist langsam, dass er kommt – Es ist wahrscheinlich, dass er kommt.

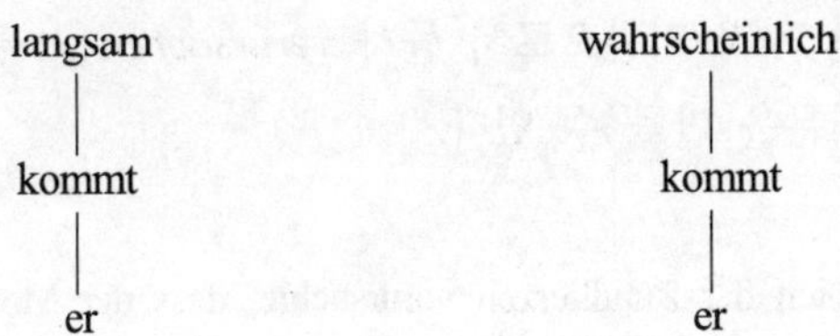

이에 상응하여 최근의 문법에서는 협의의 부사(*langsam*)와 양태어(*wahrscheinlich*)를 구분한다.

3.3.1 결합가 보유어로서 전치사와 접속사

이 구상을 두 가지 관점에서 확대시킬 수 있다. 한 가능성은 전치사와 접속사가 필수적 보족어에 나타나지 않고, 자유 첨가어에 나타나면, 2가 결합가 보유어로 간주하는 것이다(Welke 1970, Welke/Meinhard 1974: 259, Pasch 1977:33, Heidolph/Flämig/Motsch 1981:169). 왜냐하면 전치사 및 접속사가 한정하는 것(2.4.3 비교)으로 간주될 수 있기 때문이다. 이들은 의미 기능을 충족시키기 위해 각기 두 보족어(논항)를 요구한다.

Der Motor versagte, weil die Zündkerzen verölten.
(모터가 말을 안 들었는데, 점화플러그가 기름을 먹었기 때문이다)
Wegen Verölung der Zündkerzen versagte der Motor.

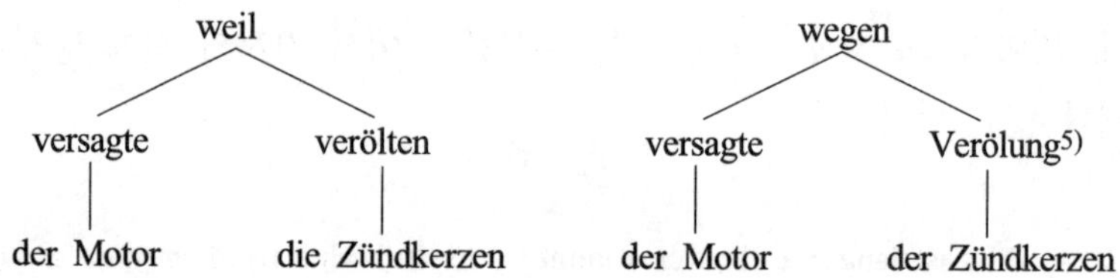

이 해석에 대한 지지 기반으로서 동사 *verursachen*을 제시할 수 있으며, 그 동사로 의역문을 만들 수 있다.

Das Verölen der Zündkerzen verursachte, dass der Motor versagte.

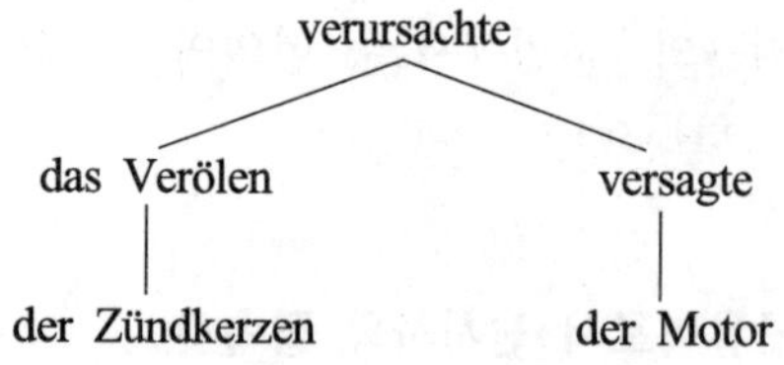

전치사와 접속사의 경우에 보족어(주어문 또는 목적어문)를 선도하여, 동사에 의해 지배받는 2가 결합가 보유어로서의 해석이 주어져 있지 않다.

---

5) 명사 결합가에 대해서는 5.2 비교.

Emil hofft auf Erfolg. (에밀은 성공을 바란다)

Emil hofft, dass er Erfolg hat.

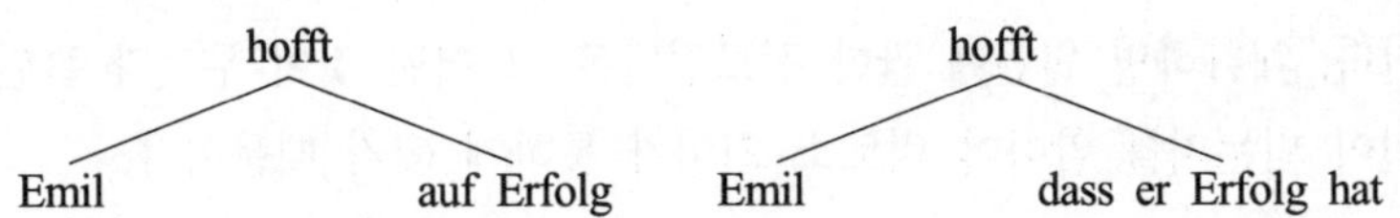

3.3.2 Bondzio의 제2 단계 결합가

Bondzio(1974:247)도 또한 부사를 동사의 상위에 있는 결합가 보유어로서 해석할 수 있는 가능성에서 출발한다. 그는 다음의 예에서 그의 견해를 전개한다.

Er versank lautlos. (그는 소리 없이 가라앉았다.)

그는 부사 *lautlos*를 결합가 보유어로서, 즉 *lautlos(y)*로 간주하여, 빈자리가 *versinken(x)*에 의해 채워진다. 다음 문장의 동의성에서 그는 다음과 같은 결론을 유도한다.

Er versank, ohne einen Laut.

Er versank, ohne zu schreien.

Er versank, ohne dass er schrie.

그는 전체 결합가 구조, 즉 보족어(명제)를 포함한 결합가 보유어가 보다 복합적인 의미에서 결합가 보유어가 될 수 있다는 추론을 유도한다. 그는 이것을 제2 단계 결합가라 한다. 그는 *lautlos*와 유사하게 *schreien(y)*를 결합가 보유어로 간주한다. 왜냐하면 *schreien (y)*가 특정 사태를 지시하기 때문인데, 이 사태는 다시금 다른 사태의 소질이거나 또는 속성, 예를 들면 원인, 결과, 조건 등이다. *schreien(y)*은 원인, 결과, 조건 등의 보충어를 요구한다. 원인은 어떤 것의 원인이 문제가 된다는 것을 전제한다. 왜냐하면 원인에 관한 정보전달은 그 어떤 것이 무엇과 관련해 원인이 되는지를 알아야 비로소 의미가 통하게 되기 때문이다.

Bondzio는 이 구조를 이렇게 기술하고 있다(1974:247):

schreien − *y*
|
α versinken − *x*

우리가 지금까지 선택한 방식에 따르려면 다음과 같은 기술을 선택해야 할 것이다:

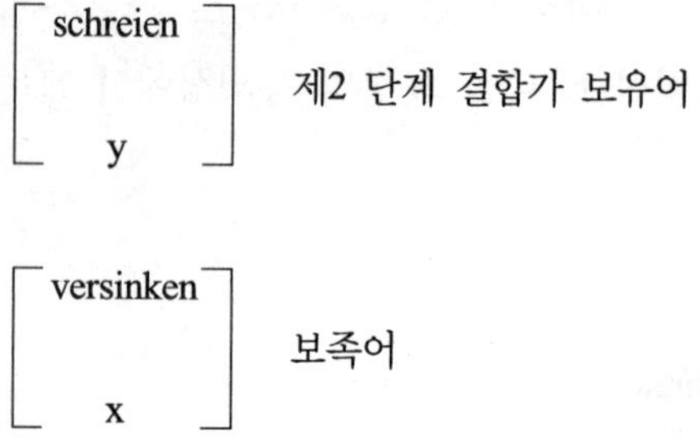

복합 결합가 보유어 *schreien(y)* 또는 명제 *er schreit*는 보족어로서 복합 결합가 구조 *versinken(y)* 또는 명제 *er versinkt*를 취한다.

전치사와 접속사를 결합가 보유어로서 해석하는 것에 반대하는 Bondzio의 가정은 의존 의미소(Synsemantica)와 자립 의미소(Autosemantica)의 전통적 구분이다. 전치사와 접속사는 의존 의미소로 간주된다. 즉 이들은 자립 의미적이 아니라, 상보 의미적으로 간주된다. 따라서 Bondzio는 이들이 제2 단계의 결합가 보유어와 보족어 사이의 결합가 관계를 구성할 수 없고, 기껏해야 한정한다고 본다.

그러나 Bondzio의 전제에서 명제는 제2 단계의 결합가 보유어로서 부문장 또는 부정형 구조 뿐 아니라, 주문장의 형태를 취하기도 한다. 비교:

(1) Er kann nicht kommen, weil er krank ist.
(그가 올 수 없는데, 왜냐하면 그가 아프기 때문이다)
(2) Er kann nicht kommen. Denn er ist krank.
(3) Er kann nicht kommen. Er ist krank.

Bondzio에 의하면 접속사와 전치사는 명제 사이의 의미 관계를 구성하지 못한다. 의미 관계는 자체로 명제에 속한 것이다. 예문 (3)에서 *Er ist krank*는 문법적 수단(접속사)을 통하지 않고서도 그 이유를 표현한다.

Bondzio는 의존 의미소로서 전치사와 접속사가 결합가 보유어가 될 수 없다는 문법적 근거를 제시하고 있지 않다. 이 가정은 그러한 근거가 없이는 단지 제한된 설명력만 가질 뿐이다. 그래서 결합가 이론의 관점에서 볼 때 자립 의미소와 의존 의미소의 전통적 구분은 의문시 될 수 있다.

왜냐하면 결합가 이론은, 예를 들면 동사가 보족어를 요구하므로 자립 의미적이지 않다는 사실을 제시할 것이기 때문이다. 그러나 Bondzio의 주장은 문법 이론적이며, 결합가 이론의 기본 구상에서 그 근거를 찾을 수 있다. 결합가는 그 구상에 있어 어휘부의 단위로서의 단어가 문장에서 다른 단어와의 결합을 위한 잠재력이다. 전치사와 접속사를 가능한 결합가 보유어의 범위에서 제외시키는 것은 의존 의미소와 자립 의미소의 구분과 관계있는 어휘적 수단(완전 단어의 의미에서의 단어)과 문법적 수단의 전통적인 대립으로 환원된다는 사실을 통해 그 근거를 찾게 될 것이다. 문법적 수단(예를 들면 전치사와 접속사와 같은 보조어)은 이 연산의 표지로 사용되며, 이 연산에 피연산자로서 소용되지 않고 연산자로서 연산을 고시한다(4.4 비교).

Bondzio의 제2 단계 결합가 개념은 각기 상이하게 비판받았다(Pasch 1977, Helbig/Stepanowa, 1981, Welke/Meinhard 1980 비교). Pasch는 Bondzio에 의해 결합가 개념이 너무 확대되어 이를 통해 결합가 개념이 모호해진다는 이의를 제기한다. 우리는 여기서 Bondzio가 제2 단계의 결합가 개념으로써 결합가 이론의 본질적인 기본 입장을 포기한다는 점을 들려고 한다. 결합가는 본래 단어의 통사-의미적 속성으로서 이해된다. 이에 상응하여 문법-의미적 규칙성은 단어가 문장에서 다른 단어와 결합하는 힘으로 기술된다. Bondzio의 제2 단계 결합가는 더 이상 단어의 속성이 아니라, 구, 부문장, 부정사 구문 및 자립적인 주문장, 즉 문장의미의 속성이다.

한편 우리는 전치사와 접속사를 결합가 보유어로 간주하자는 제안 역시, 결합가 개념의 확대를 지향하고 있다고 생각한다. 결합가 개념은 그 구상에서 단어로서의 동사와 완전어를 지향하지, 보조어를 지향하고 있지 않다. 우리는 이러한 관점에서 전치사와 접속사가 결합가 보유어로 간주되어서는 안 된다는 Bondzio의 논거에 동의한다.

3.3.3 수의적 동사 보충어로서 자유 첨가어

앞 절에서 관찰한 두 개념의 결합은 동사에서 그것의 보족어로 향하는 지금까지의 관찰의 견지가 일탈되어 있다는 점에 있다. 결합가 이론에서는 일차적으로 항상 동사로부터 문제제기가 된다. 이로부터 결합가 결속적 동사 보충어로서의 보족어와 결합가 비결속적 동사 보충어로서의 첨가어가 변별된다. 첨가어가 결합가 비결속적이라는 부정적인 평가를 극복하면서 이 문제제기를 계속 진행할 수 있는 가능성은 없는 것일까?

앞에 언급된 두 구상은 완전히 새로운 설정을 함으로써, 사실상 이 문제를 부정한다. 문법구조가 더 이상 결합가 보유어로서의 동사에서 구성된 것으로서 간주되지 아니한다. 그리하여 동사가 자유 첨가어와 관련하여 어떤 식으로든 긍정적으로 기술하게 될 결합가를 취한다는 사실이 부인된다. 더 나아가 두 구상에는 문장의 중심으로서 동사를 바라보는 전통적인 시각이 떠나있다. 문장구조가 일차적으로 주문장의 동사에서 구성된 것으로 간주되지 않기 때문이다.

자유 첨가어를 포함시키고자 하는 가능성을 추구함으로써 오히려 역설적으로 범주로서의 자유 첨가어가 배제되는 결과를 초래한다. 오직 결합가 보유어와 보족어만이 남을 뿐이다. 자유 첨가어는 Bondzio의 경우처럼 더 높은 단계의 결합가 보유어가 되거나 아니면, 한편으로 결합가 보유어로서의 전치사나 접속사, 다른 한편으로 전치사나 접속사의 보족어로 해체되거나 또는 (부사처럼) 결합가 보유어로 간주된다.

그래서 우리는 그 당시(Welke 1970) "부각"(Auszeichnung)이라는 문법적 과정을 적용하자는 제안을 했다. 이에 따라 다층위 결합가 구조에서 결합가 보유어(주문장의 동사 또는 술어)는 **주결합가 보유어**(Hauptvalenzträger)로서, 즉 통사구조를 구성하는 결합가 보유어로서 부각된다. 예를 들면:

(1) Er kommt wahrscheinlich

(2) Es ist wahrscheinlich, dass er kommt

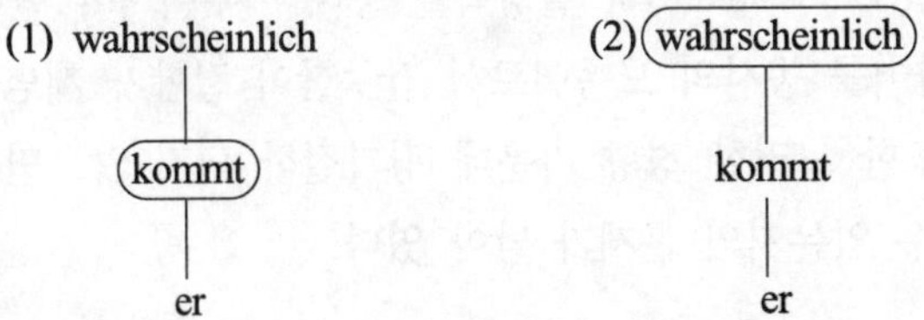

(1)에서는 *wahrscheinlich*가 부각된 결합가 구조에 부가된 것이며, (2)에서는 *dass er kommt*가 부각된 결합가 구조에 연결된다.

그리하여 여기서 결합가라고 할 수 있는 가능성은 차치하더라도, 동사에서 출발하는 것이 자연스러운 구상으로 남게 된다. 왜냐하면 자유 첨가어도 동사를 보충할 수 있다고 할 수 있기 때문이다(2장 비교). 보족어와 마찬가지로 첨가어도 문장의 전달내용에 무엇인가(즉 상황 서술)를 보충한다. 이렇듯 자유 첨가어가 동사를 보충하는 함에 있어 보족어와는 다른 성격을 선별하려고 시도함으로써, 동사를 특성화하는 가능성을 얻을 수 있을 것이다. 자유 첨가어를 가능한 보족어로 간주한다면, 어떤 결과가 나타날지 숙고해야 할 것이다.

첫 번째 문제는 자유 첨가어가 동사를 보충하는지, 아니면 동사와 보족어로 형성된 결합가 구조를 보충하는지에 있다. 우리는 이 질문에 다음의 논거를 가지고 답하려 한다. 부사 *wahrscheinlich*와 같은 상황 첨가어는 의미적으로 기저의 문장의 잔여성분 전체와 관련된다고 할지라도, 이것이 구조적(문법-형태적)으로 동사를 기반으로 문장의 잔여성분 전체와 관계한다.

그러나 우리가 여기서 그리 간단하게 입증할 수 없는 설정(Setzung)의 영역에 들어선다는 점을 시인하지 않을 수 없다. (a) 결합가 이론은 단어들의 결합에 관한 규칙들이 정보로서 단어 자체에 포함되어 있다는 가정에서 출발한다. 그리고 (b) 결합가 이론은 (주문장의) 동사가 문장구조의 구성을 위한 중요 구심점이라는 데에서 출발한다. 이 가정은 개별적으로, 이를테면 검증을 통해 입증하거나 반박할 수 있는 것이 아니라, 전체 개념의 타당성(Schlüssigkeit)과 설명력을 통해 이루어져야 한다.

이제 자유 첨가어를 동사의 보족어로서 간주함이 결합가 개념을 확대하지 않으면서, 또한 그러한 경향 가운데 평가절하 되지 않으면서 결합가 개념에 속할 수 있는지의 문제가 남아 있다.

이런 방향에서 흥미로운 지적은 Bondzio의 제2 단계 결합가 구상에 대한 Helbig의 비판에서 발견된다(Helbig/Stepanowa 1981, 185ff.). Helbig는 부사를 결합가 보유어로 보자는, 이때 동사는 결합가 보유어인 부사의 보족어가 되는데, Bondzio의 제안에 우선 동의한다. 그는 다음과 같이 설명한다(Helbig/Stepanowa 1981:185): "그 자체로 수긍이 가는 부사 결합가에 대한 가정은 지금까지 충분히 밝혀져 있지 않으며, 언어 자료를 통해 충분히 논의되지도 않았다. 다음 문장에서 부사가 논리적으로 술어에 대한 술어이고, *arbeiten*이 *fleißig/gern/dort*의 빈자리를 채운다는 Bondzio의 의도는 그 주장의 첫 번째 부분에 있어서는 의심할 여지없이 올바르다.

Er arbeitet fleißig/gern/dort.

Er arbeitet. Das Arbeiten war (geschah) fleißig/gern/dort."

Helbig는 계속 이렇게 이어간다: "바로 서술(Prädikation, 잠재적인 술어) 내지 핵문(Kernsatz)으로의 변형을 통해서 그 주장의 두 번째 부분(결합가 상대자로서 *arbeiten,* 결합가 보유어로서 *fleißig/gern/dort*라는 점)은 구체적인 통사적 표층구조가 아니라, 기껏해야 잠재적인 문장의 논리구조(논리-의미 결합가)에만 타당하다는 사실이 제시된다: (이제 우리가 이어가려는 결정적인 논거 Klaus Welke). —*fleißig/gern/dort*가 결합가와 무관한 자유 첨가어가 아니라고 한다면—, 거기서 그 역을 가정하는 것, 즉 *fleißig/gern/dort*를 결합가 상대자로, *arbeiten*을 결합가 보유어로 간주하는 것이 보다 더 적절해 보일 것이다." 부사를 "통사적으로 술어(결합가 보유어로서)의 가능한 결합가 상대자로 볼 수 있다"고 Helbig는 되풀이한다(187쪽). 우리는 여기서 문장의 논리-의미구조와 통사구조의 변별을 잠시 보류해 두려 하며(이에 대해서 4.3 비교), Helbig가 강조한 바처럼 통사 관계가 의미적으로 해석될 수 있다고 생각한다. 그래서 우리는 부사가 자유 첨가어로서 결합가 결속적이지 않다는 사실이 미리 결정되지 않는다면, 부사를 가능한 결합가 상대자로 볼 수 있다고 표현한 Helbig의 말에 주목한다. Helbig는 여기서 "결합가 상대자"라는 말을 보족어와 첨가어의 상위 개념으로서 동사 보충어의 의미에서 사용하며, 그렇다면 이것은 의당 보족어와 첨가어 양자가 어떤 식으로든 동사의 결합가에 속해야 함을 의미한다.

"가능한 결합가 상대자"라는 표현에는 중요한 표제어(Stichwort)가 담겨있다. 결합가 개념이 결합가 필수적(valenznotwendig)인 동사 보충어로서 보족어 외에 첨가어를 결합가 가능한(valenzmöglich) 동사 보충어로서 포함할 수 있지 않을까?

그 선례는 협의의 수의적 보족어의 존재를 인정함으로써 이미 마련되어 있다고 본다(2.2.2.2 비교). 왜냐하면 협의의 수의적 보족어도 역시 결합가 필수적(valenznotwendig)이지 않고, 단지 결합가 가능적(valenzmöglich)이기 때문이다. 따라서 첨가어를 결합가 개념에 포함시킬 수 있는지의 문제는 이미 협의의 수의적 보족어에도 해당된다. 원리적인 이유로 인해 자유 첨가어를 결합가 개념에 포함시키는 것이 포기되어야 한다면, 또한 협의의 수의적 보족어가 배제되어야 비로소 모순이 없을 것이다. 따라서 자유 첨가어를 포함하는 것을 목표로 하는 결합가 개념의 확대는 전체 개념의 필연성이며, 이것은 이미 다른 자리에서, 즉 애초 결합가 이론에서 언급된 수의적 보족어에서 시작한다. 결합가 개념의 확대는 동사가 다른 단어 또는 구와 결합한다는 의미적으로 제약된 **필수성**(Notwendigkeit) 뿐 아니라, 다른 단어/구와의 결합의 의미적으로 제약된 **가능성**(Möglichkeit)도 또한 결합가에 속한다는데 있다. 그리하여 결합가 개념의 확대는 단어의 통사적 결합 가능성과 의미적 결합 가능성이 보다 확대된 관점으로, 즉 결합의 필수성 관점을 넘어서는 그런 방향으로 진행된다.

앞서 언급한 두 견해와 마찬가지로 결합가 개념의 확대는 여기서도 필연적일 것 같다. 그러나 이런 결합가 개념의 확대는 보충 필요성의 기준을 준수한다. 보충 가능성의 방향으로 결합가 개념 확대의 장점은 다음에 있다.

1. 다른 두 견해와 달리 동사를 결합가 보유어(Valenzträger)로서, 즉 문장에서 다른 단어와의 결합의 필수성과 가능성이 그것에 달려있는 단어로서 고수할 수 있는 가능성이 유지된다. 동사가 몇 개의 보충어(Komplement)를 요구하며, 그 보충어가 어떤 선택 제약을 충족시켜야 하는지 동사의 어휘기재항에 포함되어 있을 뿐 아니라, 다른 보충어가 가능하다는 점도 또한 당연히 가정할 수 있다. 이것은 의심할 바 없이 화/청자의 지식에 속한다. 따라서 결합가를 보충 필요성으로 규정하는 본래의 구상을 포기하지만, 결합가 보유어로서 동사(와 다른 품사)에서 문법적 규칙성을 형성하는 관점이 포기되는 것이 아니라는 점을 강조한다.
2. 따라서 자유 첨가어를 결합가에 종속된 동사 보충어의 별개 그룹으로 포함시킴으로써 본래의 분류 구상을 확대시킬 수 있는 가능성이 주어지는 반면, 다른 두 제안에는 범주로서 자유 첨가어가 사라지며, 전혀 다른 새로운 개념으로 재배치된다.
3. 보충 가능성 방향으로의 결합가 개념의 확대는 협의의 수의적 보족어를 통해 이미 조건지워져 있다.
4. 협의의 수의적 보족어와 자유 첨가어를 이론적으로 통일된 관점에서 관찰할 수 있는 가능성이 제시된다.
5. 마지막으로 같은 관점에서 최근의 여러 다른 결합가 연구에 있어 화용 결합가로 불리우는 현상을 결부시킬 수 있는 가능성이 주어진

다(3.4 비교).

이제 결합가로서 보충 가능성에 대한 이론적 근거가 어떻게 마련되어야 하겠는가? Meinhard(1970)는 이를 위한 한 제안을 했다. 그는 단어 의미를 특성화하는 (의미) 자질의 두 집합으로서 불변(invariant) 의미자질과 가변(variant) 의미자질의 변별에서 출발한다(Meinhard 1984 비교). 동시에 Meinhard는 불변 의미자질이 개념 형성의 기반이 된다하더라도, 어떤 한 개념에 있어 오직 불변 의미자질만 포함되어 있는 것이 아니라고 주장한 논리학자 Klaus(1959:161)의 지적을 수용한다. 가변 의미자질도 또한 개념의 구성부에 속한다. Meinhard에 의하면 단어 의미에서 불변 의미자질은 필수적인 보족어와 관련된 반면, 가변 의미자질은 자유 첨가어와 관련되어 있다. Meinhard는 이것을 동사 *wohnen*과 *schlafen*을 대비함으로써 분명히 한다: "*schlafen*에서 'loc'은 가변 자질인 반면, *wohnen*에서는 불변 자질이다. 왜냐하면 *schlafen*은 살아있는 대상과 장소 간의 관계가 아니라, 생명체의 속성이기 때문이다. 모든 사건과 존재는 공간적-시간적으로 한정되어 있으므로 'loc'은 가변 자질이다. 이와 달리 *wohnen*에서는 y loc이 관계에 필연적으로 참여하는 단위이다. 여기에는 장소 관계가 존재한다"(Meinhard 1970).

우리는 이 구상을 생산적인 것으로 간주한다. 그러나 우리는 이것을 바로 불변 자질과 가변 자질이라 하지 않고, 불변 의미 관계와 가변 의미 관계라 하려 한다. 이 의미 관계들은 다시 관점화(Perspektivierung)의 개념 및 강한 전제와 약한 전제 개념으로 소급될 수 있다.

의무적 보족어와 의무적 첨가어(이 개념에 대해서는 2.4.4 비교)의 경우에는 동사의 불변 의미 관계가 존재한다. 이 동사 보충어들은 관점화되어 있거나, 또는 강하게 전제되어 있으므로 기본 결합가 축소의 경우를 제외하고, 대체로 문장에서 실현된다. 협의의 수의적 보족어와 자유 첨가어의 경우에는 단지 가변 의미 관계만 존재한다. 이 동사 보충어들은 약하게 전제된다. 즉 이들은 문장에서 실현될 수 있지만, 꼭 실현될 필요는 없다(Welke/Meinhard 1980 비교).

따라서 한편으로 의무적 동사 보충어(즉 의무적 보족어와 의무적 첨가어)도 그리고 다른 한편으로 수의적 동사 보충어(협의의 수의적 보족어와 자유 첨가어)도 동사에 종속된 것으로, 즉 동사에 의해 전제된 것으로 간주될 수 있다. 그 차이는 단지 그들이 불변적으로 전제되는지(강하게 전제되는지) 혹은 가변적으로 전제되는지(약하게 전제되는지)에 있다. 이런 의미에서 수의적 보족어의 부가처럼 자유(수의적) 첨가어의 부가도 실질적으로 기본 결합가의 확대를 표현한다.

우리는 언급된 사실을 다시금 몇 가지 표준적인 예를 통해 구체적으로 이해를 도모하려 하며, 이때 한편 의무적 보족어와 의무적 첨가어 그리고 다른 한편 협의의 수의적 보족어와 수의적 첨가어의 의미적 평행성을 강조하려 한다.

Er verzehrt ein Brötchen – Er isst – Er isst ein Brötchen.

*verzehren*은 그것의 어휘기재항에 먹을 것(의무적 보족어에 대한 한 빈자리)에 대한 관계를 불변적으로 포함한다. 불변성은 문장에서 동사의 용법에 있어 빈자리가 그 어떤 식으로든 채워져야 한다는 것을 전제한다. *essen*은 먹을 것에 대한 관계를 단지 가변적으로만 포함한다. 이 경우에도 빈자리라 부르는지 또는 우리가 제안한 것처럼 단지 불변적 관계의 경우에만 빈자리라 부를 것인지는 용어상의 문제일 뿐이다. 어쨌든 먹을 것에 대한 가변적 관계는 실질적인 기본 결합가의 확대 가능성을 제공한다. *verzehren*과 유사하게 *essen*이 실제로 2가 동사로서 사용될 수도 있다.

Er kauft eine Tasche – Er kauft seinem Vater eine Tasche.

*kaufen*은 기본 결합가에 있어 2가이다. 따라서 이 동사는 어휘기재항에 두 빈자리(구매자와 상품)를 불변적으로 포함하고 있다. 실제로 기본 결합가가 확대될 수 있다. 기본 결합가의 확대는 구매의 수혜자(자유 여격의 변이형으로서 수혜자 여격)에 대한 가변적 관계와 결부되어 나타난다.

Er befindet sich (zur Zeit) in Sellin – Er wohnt in Sellin – Er zeltet – Er zeltet in Sellin.

*wohnen*과 *sich befinden*은 2가 동사로서 거주 또는 정착의 장소에 대한 관계를 불변적으로 포함한다(또는 그에 해당하는 불변 관계 *Er wohnt gut* 비교). *zelten*은 *wohnen*과 *sich befinden*처럼 그 관계를 불변적으로 전제하지 않는다. 이 동사는 그 관계를 가능하게 못한다. 즉 이 동사는 그 관계를 가변적으로 포함한다. 실제로 이 동사도 기본 결합가의 확대를 통해 *wohnen, sich befinden*과 마찬가지로 장소 관계를 표시해 주는 2가 동사로 사용될 수 있다.

Er benimmt sich ordentlich – Er isst – Er ist ordentlich.

*benimmt sich*는 행동의 양태에 대한 관계를 불변적으로 포함한다. *essen*은 그 관계를 가변적으로 포함한다. 그러나 모든 화자가 식사를 할 때 취하는 행동의 양태가 매우 상이하다는 사실을 알고 있다. 따라서 기본 결합가는 실제로 첨가어를 통해서도 확대될 수 있다: *Er isst ordentlich.*

Die Versammlung daruerte lange.

– Man diskutierte über ein wichtiges Vorhaben.
– Man diskutierte lange über ein wichtiges Vorhaben.

*dauern*은 시간의 차원에 대한 관계를 불변적으로 포함한다. *diskutieren*은 이 관계를 단지 가변적으로만 포함한다. 그러나 그 관계가 당연히 첨가어를 통해 수의적으로 형성될 수 있다.

의무적 동사 보충어와 수의적 동사 보충어의 평행성은 또한 다음과 같이 심사숙고해 봄으로써 분명하게 이해할 수 있다(3.4 비교). 보족어와 첨가어를 단지 가변적으로 전제하는 동사는 보다 더 큰 의미 고유값을 가지며, 따라서 더 강력하게 불변적 한정어를 포함한다고 할 수 있다. 그러나 기본 결합가 확대의 경우에는 한정어(Modifikator)가 그다지 중요하지 않으며, 따라서 동사 자체에서 단언되는 것이 그다지 중요하지 않다. 오히려 화제에 오른 텍스트 맥락이나 또는 정보전달의 맥락에서 수의적으로 부가된 동사 보충어가 본래의 중요 정보전달 요소가 될 수 있다.

Wo ist das Brötchen, das ich vorhin geschmiert habe?(내가 방금 전에 발라놓은 빵이 어디 있지?)라는 질문에 대해 *Ich habe das Brötchen gegessen*(내가 그 빵 먹었어)라는 답변은 아마도 대화 상대가 빵을 먹었다는 정보를 중요한 내용으로 포함하지 않을 것이다. 보다 중요한 정보는 빵이 이제 없다는 것이다. 이것은 *verzehren*을 통해 (그러면 물론 일상 대화의 문체가 손상되겠지만) 또한 가능할 것이다(3.2.2 비교).

Er kauft seinem Vater eine Tasche.

여기서 구매 자체는 의사소통상 덜 중요하다. 소위 자유 여격이 여기서 실현되면 적어도 가방이 아버지의 소유가 된다는 정보가 그 만큼 더 중요시 될 것이다. Zimmermann(1985과 3.2.6 비교)은 *kaufen*에서 두 의미 변이형, 즉 협의의 *kaufen*과 *geben*과 유사한 *kaufen*의 변별을 제안한다. 우리는 *Er hat seiner Tochter eine Tasche gekauft*라고 말하는 대신 예를 들면 *Er hat seiner Tochter eine Tasche geschenkt*라고 말할 수 있을 것이다.

Er zeltet in Sellin.

여기서 *zelten*은 실제로 장소 관계를 표시하는 것이나 다름없다. 적어도 장소 관계는 동사에 내포된 체류의 방법에 관한 정보만큼이나 중요하다. 그래서 *Wo ist Emil?*(에밀이 어디에 있어?)라는 질문에 대해 체류의 방법에 관한 정보를 무시한 채 *Er befindet sich zur Zeit in Sellin*(그는 지금 셀린에 있어)라고 답변할 수 있을 것이다.

3.4 화용 결합가

결합가에 관한 최근 문헌에는 화용 결합가(pragmatische Valenz) 또는 의사소통적 결합가(kommunikative Valenz)와 같은 표제어가 등장한다(예를 들면 Bluhm 1978, Ruzicka 1978, Nikula 1985, Moilanen 1985). 그 착안점은 수의적인, 즉 삭제될 수 있는 보족어 또는 자유 첨가어가 특정 텍스트 맥락에서 삭제될 수 없다는, 즉 소위 의무적이 된다는 관찰이다. 예를 들면 보충 의문문에서 질문되거나 또는 결정 의문문에서 초점화되는 문장성분은 해당 답변에서 흔히 삭제될 수 없다(Nikula 1978:22f. Isacenko 1965:166ff. 비교).

Hat Peter das Buch gelesen?	– Ja, er hat es gelesen.
(페터가 책을 읽었니?)	(그래, 그가 책을 읽었어)
Arbeitet Peter in Berlin?	– Ja, er arbeitet in Berlin.
(페터가 베를린에서 일하니?)	(그래, 그는 베를린에서 일해)
Spielst du heute Fußball?	– Ja, ich spiele heute (Fußball).
(너 오늘 축구하니?)	(그래, 나 오늘 해 (축구))

앞 절에 도입된 개념들에 기초하여 화용 결합가 또는 의사소통적 결합가는 다음과 같이 특성화될 수 있다: 화용 결합가 또는 의사소통적 결합가는 기본 결합가의 변화가 일어나는 화용적 또는 의사소통상의 조건과 관계가 있다. 텍스트와 발화 상황의 관점에서 각각의 수의적 보족어 또는 자유 첨가어의 실현은 원칙적으로 기본 결합가의 실현이며, 이때 수의적 동사 보충어가 실제로 의무적이 된다. 실제로 해당 동사의 관계성이 확대되며, 더 일반적으로 말하면 기본 결합가의 변화가 일어난다. 이에 대한 이유는 주어진 정보전달의 맥락에 실현된 동사 보충어가 의도된, 그리하여 화자의 의사소통적 의도를 실현시키기 위해 필수적인 정보전달의 구성성분이 된다. 정보전달은 수의적 동사 보충어를 통해 분명해지는 주장에 의해 비로소 그것의 완전한 의미를 얻거나 또는 실제 정보전달이 수의적 동사 보충어를 통해 비로소 온전해진다.

누군가 오늘 오후에 무엇을 하려는지 전달하려 하면, 다음과 같이 말하는 것으로 불충분하기 때문에(Bluhm 1978,14 비교), 그런 점에서 이 문장은 전혀 무의미하다.

Ich spiele Fußball. (나는 축구를 한다)

왜냐하면 문맥에서 아무런 다른 정보를 얻을 수 없다면, 이 말은 일반화한 주장으로 이해되기 때문이다(wie: Ich bin Fußballer 나는 축구선수

다). 그는 아마도 다음과 같이 말해야 했을 것이다:

Ich spiele heute Fußball. (나는 오늘 축구를 한다)

만일 누군가가 다음 질문에 대해

Was machst du heute?

다음과 같이 대답한다면,

Ich spiele Fußball.

청자는 필연적으로 다음의 말을 보충해야 할 것이다: *heute Nachmittag*. 여기서는 생략이 문제가 된다.

이런 관점에서 결합가 변이형과 텍스트 유형의 관계가 관심을 끈다. 여기서 규약화된 결합가 변이형이 문제가 될 수 있기 때문이다. Schwitalla (1985:266ff)는 신문의 부고문에서 동사 *sterben*을 연구했다. Helbig/Schenkel(1982)에 의하면 *sterben*은 한 의무적 보족어(주어)와 한 수의적 보족어(원인 규정어[6])를 요구한다. 그러나 Schwitalla가 연구한 텍스트에는 원인 규정어가 극히 드물게 나타난다. "텍스트 유형 상 기대할 수 있는 문장성분"은 이와 달리 사망자의 연령 첨가어이다. Schwitalla는 다음과 같은 결론에 도달한다: "따라서 텍스트 유형은 첨가어를 또는 수의적 보족어를 텍스트에서 필수적인 것으로 만들 수 있다." 즉 텍스트 유형은 결합가 확대를 위한 전제가 될 수 있다. 다시 말해 텍스트 유형은 실제

6) Helbig/Schenkel에 의하면 여기서 원래 자유 첨가어가 문제가 되어야 할 것이다. Helbig/Schenkel은 이 동사 보충어를 보족어로 선언할 경우에만, 이것을 보족어로 수용할 수 있다.

로도, 또한 잠재적으로도 즉 전제 자체에서 결합가 확대를 제약할 수 있다. 어떤 특정한 텍스트 맥락(특정 언어 행위)의 동사에 있어서는 다른 텍스트 유형과 다른 보족어가 기대될 수 있다(보족어가 강하게 전제될 수 있다). 특정 텍스트 유형의 조건에서 보통 약하게 전제되는 보족어가 강하게 전제되는 보족어가 되고, 그 역도 가능하다.

3.5 요 약

Helbig와 Tesniére 결합가 모형의 확대를 위한 네 가지 제안이 언급되었다. 제안 2-4(3.2-3.4)는 기본 결합가의 구상에 통합될 수 있다.

1. G. und B. Wotjak은 Helbig가 수의적 보족어를 다룸에 있어 나타난 모순들에서 출발하여 한 결합가 모형을 제안하는데, 이 모형은 외연적으로 정의된 최대 의미 필수성에 기초하여 Helbig와 Tesnière의 결합가 모형보다 더 많은 수의 보족어, 따라서 다가 결합가를 갖는 동사를 고려한다. 보족어화 모형을 이용하여 소위 원의소식에 주어진 보족어화 가능성(예비논항 Argumentvorgabe)이 어떻게 통사적으로 실현되는지가 개별적으로 연구될 수 있으며, 또한 기술될 수 있다. 논항은 의무적으로 또는 수의적으로 실현될 수 있지만, 또한 차단될 수도 있다.
2. Helbig(와 Tesnière) 결합가 개념의 확대를 위한 또 다른 제안은 소위 기본 결합가에서 출발하여, 기본 결합가의 축소와 확대 및 대체이다. G. und B. Wotjak과 달리 여기서는 외연적 결합가 개념이 아니라, 내포적 결합가 개념을 가지고 다루어진다. 지시된 사태의 입장에서 특정 동사에 의해 가능한 모든 보족어가 다 관점화되는 것

이 아니다. 관점화된, 따라서 보통 단언된(assertiert) 보족어가 강하게 전제되고, 관점화되지 않은 보족어는 약하게 전제되는데, 여기에는 점진적 단계화가 존재한다. 강하게 전제된 보족어는 기본 결합가에 속한다. 약하게 전제된 보족어의 단언은 기본 결합가의 확대이다. 강하게 전제된 보족어가 단언되지 못하는 것은 기본 결합가의 축소이다.

기본 결합가의 확대는 동사의 관점이 확대된 결과이다. 기본 결합가의 축소는 동사의 관점화와 초점화의 결과이다. 결합가 축소는 의무적 보족어와 의무적 첨가어의 축소이다. 결합가 확대는 협의의 수의적 보족어와 수의적(자유) 첨가어의 부가이다.

기본 결합가 확대/축소의 개념 또는 보다 일반적으로 말하면, 관점 변화의 개념은 문법적 및 조어 상의 동사 변화에도 적용될 수 있다. 이러한 동사의 변화는 관점 변경의 신호이다. 따라서 동사의 능동형에 비해 수동형은 관점의 제약을 수반한다. 동사의 접두화도 마찬가지로 관점 변경을 표시하는 흔한 수단이다.

3. 또 다른 제안은 자유 첨가어를 결합가 기술에 포함시키는 것을 목표로 한다. 전통적으로 첨가어는 결합가 비결속적으로서 오직 부정적으로만 특성화되기 때문이다. 기본 결합가 및 강한 전제와 약한 전제의 개념에 연계할 수 있는 제안은 결합가 가능한 동사 보충어로서 자유 첨가어를 포함시키는데 있다. 자유 첨가어와 협의의 수의적 보족어는 결합가 가능한 동사 보충어로서 약하게 전제되어 있다. 이들의 실현은 기본 결합가의 확대이다. 이로부터 보족어와 첨가어 변별 그리고 의무적 동사 보충어와 수의적 동사 보충어 변별을 위해 다음을 제안한다.

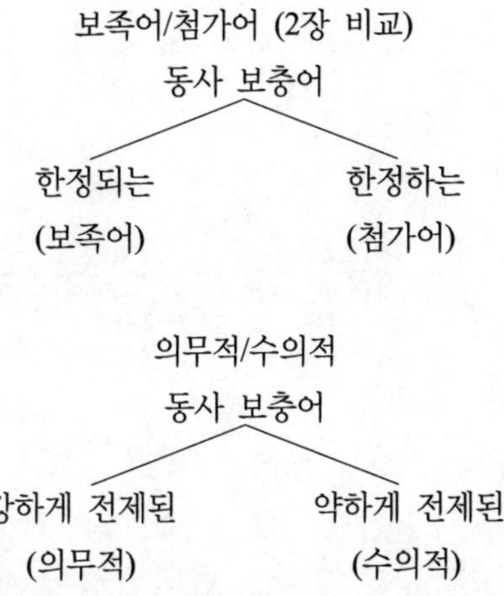

4. 마지막으로 소위 화용 결합가도 마찬가지로 기본 결합가 개념에 통합될 수 있다. 화용 결합가는 화용적(의사소통적)으로 제약된 기본 결합가의 일탈이다. 동시에 특정 텍스트 종류(언어행위)에 적합한 일반화가 특별한 관심거리다. 여기서는 특정 텍스트 종류에서 기대할 수 있는 보족어와 관련한 청/화자의 전제가 문제가 된다.

4. 상위 이론의 문제

여기서는 몇 가지 상위 이론의 문제들이 언급되는데, 먼저 이 문제들이 결합가 이론의 더 나은 이해를 위해 중요하고, 다음으로 이 문제들이 결합가 이론에서 활발하게 논의되었고, 아직도 논의되는 각 논거가 흔히 상위 이론의 문제를 배면에 두고 진행되기 때문이다.

4.1 결합가 이론과 형식 논리

형식 논리학(formale Logik)은 예로부터 언어학에 있어 관심거리였다. 형식 논리학은 사고를 함에 있어 적용되는 일반 법칙과 규칙을 다루고 있다. 그러므로 형식 논리학은 사고의 단위(예를 들면 입언 Aussage, 또는 판단 Urteil)가 그 어떤 식으로 구조화되어 있다는 점을 추론과 연산에 포함하고 있다. 예를 들면 입언의 구조에 관한 가정은 문장구조에 관한 경험적 관찰 및 이론적 가정에 비교된다는 점에서 더욱 흥미롭다. 특히 우리가 언어와 사고를 일종의 변증법적 단위로 보면, 이로부터 문장의 논리구조, 의미구조 및 통사구조 사이의 어떤 관계가 필연적으로 존재함을 알게 되는데, 문장을 문법적으로 분석할 경우에 명제구조에 관한 논리학의 주장이 분명 이에 도움이 될 것이다. 물론 여기에 신중을 기해야 한다. 사고 구성체의 구조화를 바탕으로 수행되는 논리 연산에 들어있는 주장을 직접 사고구조나 논리구조로 간주해서는 안 된다. 한편 논리학 자체에서 여러 다른 관찰 방법도 가능하다. 문장구조에 관해 상이한 입장을 보이는 여러 문법 이론이 존재하는 것처럼, 형식 논리학 분야 내부에도 여러 다른 논리학이 존재한다. 다른 한편 논리학은 사고구조에 관한 경험적 이론이 아니다. 논리학은 경험적으로 존재하는 것에 필연적으로 기반을 두어야 하지만 ― 그것은 실제로 나타나는, 따라서 언어적으로 파악되는 사고이다. 따라서 논리학은 언어학과 같은 출발점에서 시작한다. 왜냐하면 아무도 입언이나 사고를 그 자체로 관찰하지 않고, 언제나 언어적 발화(Äusserung)의 내용으로서, 즉 의미로서 관찰하기 때문이다. 그러나 논리학은 그 연산(과 인공 언어)에서 다소간 자연어와는 동떨어져 있다(물론 자연 언어와 인공 언어 논리학의 공통점이 아주 없지는 않다). 그래서 예를 들면 언어학 내부에서 자연어의 실제에 보다 정확하게 일치하는 소위 자연 논리학(natürliche Logik)를 개발하고자 했다(Lakoff, 1970 비교).

따라서 논리학이 예를 들면 명제구조로서 간주하는 것과 문법(예를 들면 결합가 문법)이 문장의 통사-의미적 구조로서 기술하는 것 사이의 아무런 동질성이 없다고 할지라도, 분명한 추론(Schluss), 전이(Übertragung) 그리고 입증(Bestätigung)이 가능하다. 이와 같은 것들이 결합가 이론에도 발견되고, 전체적으로 현대 문법이론에도 많아졌다.

4.1.1 결합가 이론과 관계 논리학

논리학과 결합가 이론 간의 동질성 가운데 가장 두드러진 것은 전통 논리학과 전통 문법의 입장과 달리 술어/동사의 잠재적 다항성/다결합가에 관한 견해이다. 전통 논리학과 전통 문법에는 입언/문장이 이분법으로 주어와 술어로 구성되는 것으로서 간주되었다. 그 기원은 이미 고대 그리스에 기반을 두고 있다. 아리스토텔레스는 기본이 되는 것(Hypokeimenon)과 그것에 대해 서술하는 것(Kategorumenon)을 구분했다. 이로부터 로마 문법학자 Boetius의 번역본에 주어와 술어로 번역되었는데, 이것이 오늘날까지 논리학은 물론 문법의 기본적인 용어가 되었다(예를 들면 Glinz 1947 비교).

이분적 판단이 입언의 특수 경우일 뿐이라는 사실의 발견은 현대 논리학의 가장 중요한 발견 가운데 하나이다(비교 Bochenski 1965). Frege (1879, Berka/Kreiser 1971a:27ff. 비교)는 주어와 술어의 개념 대신 함수 (Function)와 논항(Argument)을 설정한다.

특히 G. Klaus(1958, 2. Aufl. 1959)는 현대 (수학적) 논리학의 이러한 관점을 동독에 널리 보급시켰고, 한창 발전하고 있던 결합가 이론에 영향을 끼쳤다. Klaus는 서문에서 (1959:36ff.) 판단은 "S는 P이다"(주어-계사-술어) 형식을 갖는다는 아리스토텔레스의 말을 지적하고, 다음과 같이 논평한다: "전통 논리학 교과서에는 아리스토텔레스에 의거하여 거의 이런 형식의 판단에 대한 예문들만 써있다. 이것은 전혀 올바르지 않다. '점 C가 점 A와 B 사이에 있다'는 형식의 판단은 이 형식에 속하지 않는다. 'C가 A와 B 사이에 있다'고 말하는 것은 매우 무의미하다. A와 B 사이에 있음은 점 C의 속성이 아니다! 오히려 점 A, B, C는 공통된 상대적 위치의 속성을 갖는다. 술어는 여기서 '~ 사이에 있다'고, 주어는 점 A, B, C이다. 전체 관계가 아리스토텔레스의 형식으로 찍어낼 수는 없다"(Klaus 1959:36f., '관계 논리학의 의미에 관하여'라는 단락 248ff. 비교). Klaus에 연계한 "현대 관계 논리학"[7])의 원용은 동독의 결합가 이

---

7) 논리학에서 한편으로 술어 연산과 다른 한편으로 부류 연산 내지는 관계 연산

론에서 중요한 논거가 되었다(예를 들면 Bondzio 1971:88f.).

관계 논리학(Relationslogik)과 결합가 이론의 평행성은 자명하다(Klaus 1959:241f. 비교). 오직 주어와 술어로 구성된 이분적 판단을 대신하여, 1에서 n까지의 논항을 취하는 함수를 포함하는 판단이 나타난다. 이와 동일하게 결합가 이론은 전통 문법의 이분적 문형인 '주어 + 술어 결합체' 대신, '결합가 보유어 +1에서 n까지의 보족어'라는 결합가 구조를 설정한다. 그 근거도 매우 유사한 것 같다. Frege는 함수(Funktion)라는 말을 하는데, 함수는 홀로는 불완전하여, 보충될 필요가 있거나, 또는 비포화되어(ungesättigt) 있으며, "빈자리"가 채워져야 비로소 완결된 의미를 나타낸다(Bondzio 1971a:29f., 35 비교).

논리학에서 판단을 술어(기능어 Funktor)와 논항으로 구조화하여 다음과 같이 표현한다.

P(a)		
P(a,b)	또는	aPb
P(a,b,c)		aP(a,c)

결합가 이론에서는 결합가 보유어(동사)가 문장의 중심에 위치하는 것으로 간주하며, 결합가 보유어는 1에서 n까지의 빈자리를 개방하거나, 또는 1에서 n까지의 보족어를 요구함으로써 문형을 결정한다. 이것은 분명한 평행성이다. 결합가 이론이 현대 논리학에 주목하는 것은 당연하다. 그러나 동시에 결합가 이론이 나름의 독자적인 입장을 전개시켜야 하며, 논리학을 원용하는 것만으로는 충분하지 못하다.

심리학자 Bühler(1934)는 현대 논리학에서 술어의 다항성을 심리학과

을 구분한다. 부류 연산은 1항 술어 연산에 해당하고, 관계 연산은 다항 술어 연산에 해당한다. 더 정확히 말하면 다항 술어 연산 내지, 관계 연산에 결부시킨다.

언어학에 전용하려고 시도했다. 이러한 제안이 다시 다소간 잊혀질 무렵, Tesnière와 Kacnel'son은 이와 유사한 구상을 독자적으로 (논리학과의 분명한 연관성 없이) 문법에 도입하여 주도적 원리로 만들었고, 이를 통해 협의의 결합가 이론이 창시되었다. 또한 Fillmore(1968)는 그의 격 이론으로 Frege 이후 거의 100년 만에 그와 동일한 지점에서 출발한다.

우리 입장에서는 Frege가 다음의 논거를 가지고 전통 문법의 이분적 판단의 견해와 논쟁을 전개해 나갔다는 점이 흥미롭다: "... 주어와 술어의 구분이 판단에 대한 나의 기술에는 나타나지 않는다. 이것을 정당화하기 위해 두 판단의 내용이 두 가지로 달라질 수 있다고 말하고 싶다: 첫째, 특정한 다른 판단과 결부하여 어떤 한 판단에서 끌어낼 수 있는 추론은 그 다른 판단과 결부된 두 번째 판단에서 비롯한다; 둘째는 앞의 경우가 아닌 경우이다. 두 문장 'bei Plataeae siegten die Griechen über die Perser'와 'bei Plataeae wurden die Perser von den Griechen besiegt'은 첫 번째 방법으로 구분된다. 물론 두 문장 간의 경미한 의미 차이를 느낄 수 있지만, 두 문장이 동일하다는 의견이 우세하다. 이제 두 문장에서 동일한 내용 부분을 개념 내용이라 부를 것이다. 개념 기술에서 오직 개념 내용만 중요하므로, 동일한 개념 내용을 담고 있는 문장을 따로 구분할 필요는 없다. '주어는 판단이 논하는 개념이다'라고 하면, 이것은 목적어에도 또한 적용된다. 그러므로 오직 다음과 같이 말할 수 있다: '주어는 판단이 주로 논하는 개념이다'. 언어에서 어순에 따른 주어 위치는 청자의 주의를 끌기 위해 특별히 부각된 위치라는 의미를 가진다" (Frege 1971:53). Frege에게 문제가 되는 것은 언어 기호의 외연적 관점(denotative Aspekt)이다. 그는 내포적 기능(signifikative Funktion)을 배제한다. 이런 이유로 그는 능동태과 수동태 사이에 경미하지만 의미 차이가 있음에도 불구하고, 자신의 목적을 위해 양자를 동일하게 놓는다. 이것은 외연성(Extensionalität)을 추구하는 논리학의 관심에 근거한다. 결합가 이론과 격 이론에서도 이와 동일하게 진행되어 왔다. 그래서 전통 문법에 대한 결합가 이론의 주요 성과로서 Tesnière에서 '주어의 특수 지위가 지양된다는 점'을 들 수 있다(Helbig 1965:14). 우리는 자연어 문법에서 이러한 내포적 차이를 간과하는 관찰 방법이 관철되어서는 안 된다는 것을 보게 될 것이다(6장과 7장, 특히 7.2에서). 주어가 다른 요소와 마찬가지로 동사의 보족어라는 결합가 이론의 인식은 원칙적으로 옳다. 그렇다고 주어의 특수 지위가 모두 부정되는 것은 아니다. 내포적으로 볼 때, 주어는 동사 보족어들 가운데 추상-논리적 순서(abstrakt-logische Reihenfolge)에서 제1 보족어로서, 즉 기본격(Grundgrösse Glinz 1952)으로서 부각되어 있다. 추상-논리적 순서는 논리학에도 또한 고려된다. 논리학에도 술어에 대한 논항의 등장 순서가 자의적이 아니다. Frege에서도 (수동태와 능동태를 동일시하는 것과는 모순되게) 함수 (A,B)와 함수 (B,A)는 일반적으로 다르다. 그러나 결합가 이론에서는 특히 생성 의미론의 영향으로 인해 오직 외연적 관점만 추구하는 외연적 고찰 방법이 여러 모로 선호되었다. 부각의 관점에 관한 언급이 좀처럼 중요시되지 않았다. 부각의 관점은 예를 들면 동사에 대한 보족어의 상이한 '결합의 강도'라는 논거로서 소개되었다(Welke 1970; Grosse 1971: 126; Welke/Meinhard 1974).

4.1.2 결합가 이론과 논리 통사

판단의 내부 구조를 위해 특히 논리학의 입언(Aussage)이 결합가 이론에서 중요시 되기 때문에, 상위논리(Metalogik), 특히 논리 통사(logische Syntax)가 또한 흥미롭다. 상위논리(Kondakow 1978 비교)는 논리 계산(logischer Kalkül)의 일반적인 구조를 연구한다. 상위논리 내에서 논리 통사는 입언 구성의 일반적인 규칙과 입언으로부터 입언를 유도하는 일반적인 규칙을 연구한다. 상위 논리적 분석도 또한 결정적으로 Frege에 의해 창시되었다. 여기서 우리는 Frege와 Lesniewski에 연계하여 폴란드 논리학자 Ajdukiewicz(1935; 1959 비교)가 발전시켰던 몇 가지 가정과 관련지으려 한다. 동시에 우리는 Bochénski(1959)가 제시한 단순화한 해석을 덧붙인다. Ajdukiewicz에 의해 발전된 논리 통사는 문법 이론에서 매우 중요하다. 결합가 이론과 원론적인 유사점만 있는 것이 아니다. 분명한 연고가 Welke(1965; 1970)에서도 발견된다. 이 논리 통사 버전은 범주문법의 시발점이 된다(Bar-Hillel 1954, Lyons 1971). 현대에 이룬 발전이 내포 의미론(intensionale Semantik)이다(Montague 1974, Lewis 1972, Cresswell 1973).

Ajdukiewicz는 통사적 연결(syntaktische Konnexität)이라 말은 하고, 이 말이 뜻하는 바를 다음과 같이 이해한다: "올바른 개별 단어로 이어진 구는 올바른 표현을 형성하는 조건인데, 그 표현은 그것에 속한 개별 단어의 의미(Sinn)에 합성되어 있지만, 자체로 하나의 통일된 의미(Sinn)를 갖는다"(1935:1). Ajdukiewicz는 Frege에 의거하여 논리 통사구조의 기술을 위해 두 종류의 범주를 설정한다: 기능어(Funktor)와 기본범주(Grundkatoegorie). 문장과 명칭(Name)은 기본범주에 속한다. 기본범주는 오직 논항만 될 수 있고, 기능어는 다른 기능어의 논항도 될 수 있다. Ajdukiewicz는 자신의 논문에서 기능어와 기본범주를 논리 통사의 가장 일반적인 범주로 정의할 수밖에 없음을, 따라서 본질적으로 정의되지 않은 것으로 전제해야 함을 유감스러워 했다. 다만 그는 기능어가 "불포화 기호"(das ungesättigte Zeichen)임을 지적하는데, 이것이 뜻하는 바는 올바른 문장이 성립하려면 논항이 요구된다는 것이다.

명칭과 기능어 사이의 차이를 설명하기 위해 다음을 첨가하려고 한다: 모든 단어(명칭이든, 기능어든 간에)는 아주 일반적으로 그것의 의미 안에 어떤 한 자질(잠재적인 사상)을 기술하고 있는데, 그 자질의 도움으로 사람들은 현실을 대면하고, 현실을 설명한다(Welke 1980 비교). 현실의 사물 또는 현상을 지시하기 위해 직접 그것과 관련된 자질을 **명칭**이라 한다. 명칭에 대한 원형은 자연어에서 물질적 대상을 지시하는 명사인데, 그런 이유에서 우리는 명사를 (원형 이론의 관점에서) 또한 사물지칭어(Dingwörter)라 한다. 사물과 현상의 지시를 위해 현실과 직접 관련되지 않고, 명칭 또는 문장과의 관계를 통해 간접적으로 또는 먼저 그 명칭에 관련된 다른 기능어와의 관계를 통해 간접적으로 현실과 관련된 자질을 **기능어**라 한다.

Bocheński는 기능어-논항 관계에 대해 다음의 단순한 해석을 한다: 기능어는 다른 표현을 더 상세히 규정하는 표현이다(한정성 개념에 대해서 2.4.3 비교). 기능어는 논항에 의해 지시된 것에 부속되는 소질(Beschaffenheit)에 비추어 자신의 논항을 한정한다. 여기서 소질은 속성(Eigenschaft)과 관계(Relation)를 포괄한 개념이다. 일항 기능어는 속성의 관점에서 자신의 논항을 한정한다. 다항 기능어는 논항에 의해 지시된 것에 부속되는 관계의 관점에서 자신의 논항을 한정한다(Welke 1965; 1970 비교).

언어와 간격을 더 두기 위해 "문장" 대신 "입언"라는 용어를 쓰면, 우리는 Ajdukiewicz와 Bocheński에 따라 논리 통사에서 다음과 같은 종류의 기능어를 구분할 수 있다.

1. 명칭 한정적 + 입언 구성적
2. 명칭 한정적 + 명칭 구성적
3. 입언 한정적 + 입언 구성적
4. 기능어 한정적 + 기능어 구성적

예:

1. Die Tomate ist grün. Emil erntet die Tomaten

2. grüne Tomate.	Der Tomaten erntende Emil
3. Die Tomate ist wahrscheinlich grün.	Emil erntet Tomaten. obwohl sie noch grün sind
4. Die Tomate ist sehr grün.	Emil erntet fleßig Tomaten

4.2 성분 분석과 결합가

언어학(의미론)에서 소위 단어 의미의 성분 분석(Komponentenanalyse)이 널리 다뤄지고 있다. 단어 의미는 의미 성분(semantische Komponente 의미자질 semantisches Merkmal, 의미소 Sem)의 체계로 간주되는데, 이것은 문장 또는 명제(Proposition)와 마찬가지로 구조화되어 있다(Vieweger 1977:70ff., 136ff. 비교). 상투적으로 인용되는 예는 *geben*과 *töten*의 성분 분석이다.

대개 이 구조는 구성성분 구조로서 기술된다(개념에 대해서는 4.5 비교). Helbig는 다음의 수형을 제시한다(1982:14f.).

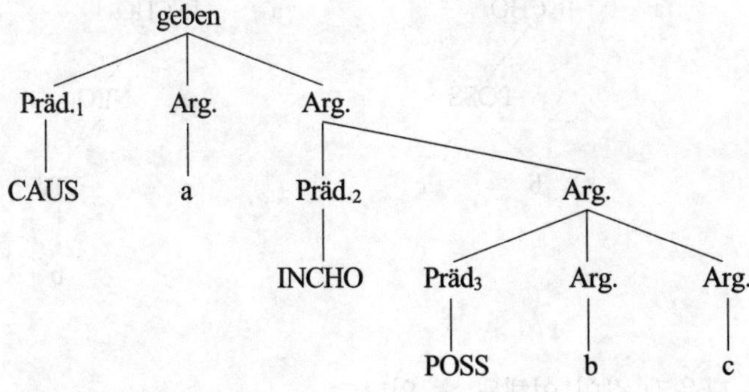

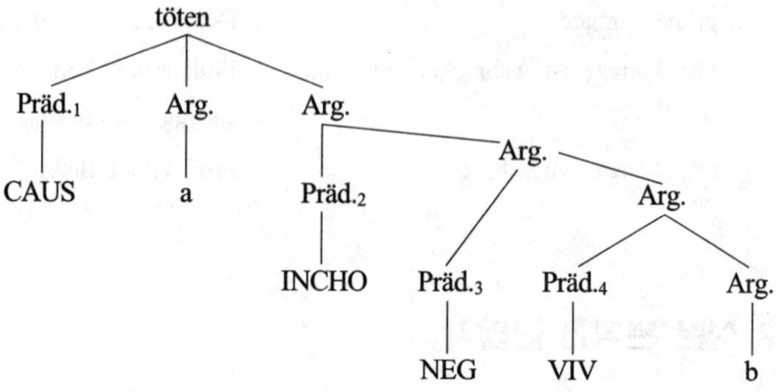

(CAUS - “verursachen” 야기하다, INCHO - “beginnen” 시작하다, POSS - “besitzen” 소유하다, NEG - “nicht” 아니다, VIV - “lebend” 살아있는)

여기서 수형을 종속구조 수형으로 바꾸는 것이 유리한데, 왜냐하면 종속구조 형식(4.5 비교) 때문이라기보다는 동사 결합가와의 연관성 때문이다:

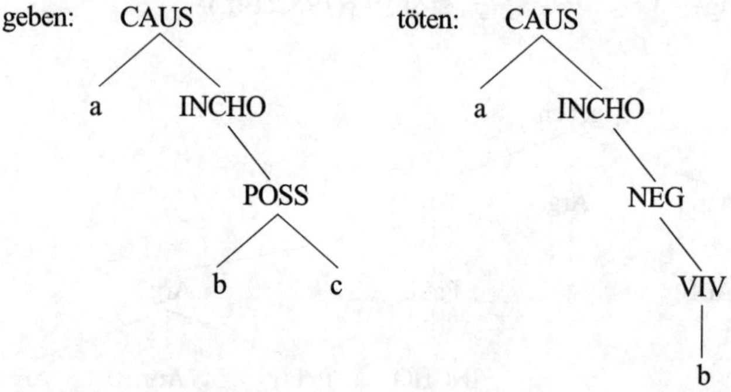

*geben*은 다음과 같이 이해될 수 있다:

"사람 a는 사람 b가 사물 c를 갖도록 만든다"

*töten*은 다음과 같이 이해될 수 있다:

"사람 a는 사람 b가 살아있지 않게 만든다"

따라서 3가 동사 *geben*은 2가 의미자질 CAUS와 POSS 그리고 1가 의미자질 INCHO로 분해된다. 2가 동사 *töten*은 2가의 의미자질 CAUS 그리고 1가의 의미자질 INCHO, NEG, VIV으로 분해된다. 이 자질들은 기능어이다. 이들은 그들의 합으로 간주되는 동사와 똑같은 방법으로 보족어를 요구한다.

동사에 포함된 기능어는 동사 내부에서 기능어를 한정하는 기능어와 동사의 외부에서 논항으로 실현되는 기능어(이 기능어는 위의 수형에서 a, b 또는 c를 한정한다)로 나뉠 수 있다. Bondzio의 결합가 관여적 의미자질과 결합가 비관여적 의미자질의 구분이 바로 여기에 기인한다. Bondzio(1971:92ff.)는 결합가 관여적 의미자질을 기능어(Funktor)라 한다. 동사 의미 안에 있는 기능어의 빈자리는 또 다른 의미자질로 포화되어 있는데, Bondzio는 그것을 한정어(Modifikator)라 한다.

예를 들면 동사 *geben*, *leihen*, *schenken*은 동일한 기능어 구조(결합가 관여적 의미자질)를 가진다. 이들은 한정어를 통해 구분된다. *leihen*에는 한정어 '기한이 있는'(zeitlich terminiert)이, *schenken*에는 한정어 '기한 없는'(zeitlich nicht terminiert)이 부가된다. *geben*은 이런 한정어가 없다.

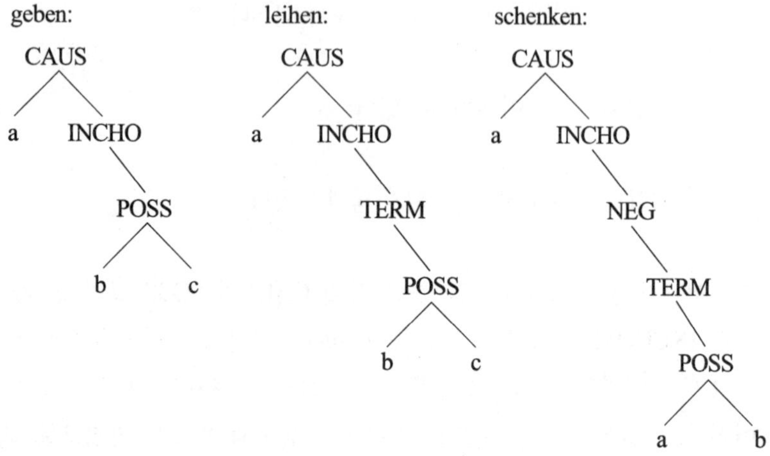

4.3 결합가의 층위

결합가 이론이 발전해 가는 가운데 계속해서 논의되는 문제는 소위 결합가 층위(Ebene)에 관한 문제다. 이 문제제기의 출발점은 최근 몇 십년간 문법연구에 큰 영향력을 행사했던 생성 문법의 관점이었다. 여기서 문장(문장 구조)은 소위 층위 간의 추상적 대응 과정의 결과물로 간주된다. 층위란 문장의 구조적 측면으로, 비교적 독자적으로 간주되며, 그런 이유로 층위에는 층위 고유의 요소들과 그들 사이의 독자적인 관계가 설정된다. 예를 들면 음운적, 통사적 그리고 의미적 관계. Chomsky (1965)는 음운구조 외에 문법에서 보통 일사불란하게 파악되는 통사구조 내부에 구체적인 통사적 표층구조와 추상적인 통사적 심층구조를 구분한다. 생성 의미론(McCawley 1968, Lakoff 1979 비교)에는 통사적 심층구조 대신 의미구조가 온다. 생성 문법과 생성 의미론은 생성 언어학 계열 내부에서 오늘날까지도 상이한 구상으로서 계속 영향력을 행사한다

(Pasch/Zimmermann 1983 비교). 본질적인 차이는 생성 문법이 의미와 관계없는(자립적 또는 본유 구조적) 문장구조 기술을 시도하는 반면, 생성 의미론은 통사구조의 기술이 의미구조에 기반을 두고 수행되어야 한다고 보는데 있다. 생성 문법에서 의미 층위는 연계되어야 할 의미 해석의 층위로서 부가되는 반면(그래서 해석 의미론이라 불린다), 생성 의미론은 의미 층위에서 출발한다.

동독에서 최근 발전된 문법 모형들도 역시 층위 모형(Ebenenmodell)이다. 동시에 의미 층위에 출발점을 두는 것이 주류를 이룬다. 이것은 "Grundzüge einer deutschen Grammatik"(Heidolph/Flämig/Motsch 1981)와 Grundzüge의 전신인 "Skizze der deutschen Grammatik"(Flämig 1972)에도 적용된다. "Kleine Enzyklopädie Deutsche Sprache"(Fleischer/Hartung/Schidt/Suchsland 1983)과 "Theoretische Probleme der Sprachwissenschaft"(Neumann 1976) 비교해 보라. 결합가 이론 내부에도 특히 Bondzio는 출발 층위로서 의미 층위를 갖는 층위 모형의 대표자이다(Welke 1970 역시). Helbig가 처음에는 본유 통사적 입장을 대표했지만, 현재는 의미 층위를 출발 층위로 하는 층위 모형을 지향한다(Helbig 1983:183 비교).

"Grundzüge einer deutschen Grammatik"에는 부문(Komponente)이라는 층위가 있다(Heidolph/Flämig/Motsch 1981:138): 의미부문, 통사부문 그리고 음운부문이 체계의 핵심을 형성한다. 이 부문들은 의사소통-화용적 부문에 이어진다. 더 나아가 통사부는 기본구조 층위와 파생구조 층위로 다시 나뉜다.

층위 모형의 관심사는 복합적인 발화 구조인 "문장"을 상이한 구조 층위로 나누고, 이 층위들이 이어서 다시 봉합하는 식의 기술이다. 이때 생성 과정은 언제나 강조되었듯이(Chomsky 1965:18f. 비교) 청/화자의 실제 활동의 사상(Abbildung)으로 이해되어서는, 다시 말해서 소위 심리적 타당성의 관점에서 판단되어서는 안 된다. 형식과 의미의 복합적인 관계를 층위의 대응(Zuordnung)을 통해 기술하는 것이 그 목표이다. 소위 음성-의미 대응은 문법의 핵심문제로 간주된다. 예를 들면 “Grundzüge einer deutschen Grammatik”에서는 다음 가정에서 출발한다: “언어에서 의식과 음성적(또는 도식적) 발화는 한 단위로 결합된다”(Heidolph/Flämig/Motsch 1981:27). 문장이란 “의사소통 상황과 관련된 현실 사태의 사상체가 표현할 수 있고, 지각할 수 있는 음운 형태와 결합되어 있는 통사 단위”이다(154쪽). 통사구조는 음성-의미 대응에 있어 중심 위치를 차지하는데, 통사구조가 “음성-의미 대응에서 매개체이자, 필수적인 중간자”(154쪽)이기 때문이다. 우리가 강조하는 바는 이 구상에서 사고의 구조와 의미구조가 언어 형식과 결합되면, 사상체(Abbilder)가 발화의 의미적 속성이 된다는 점에서 양자가 동일시된다는 것이다(47쪽).

결합가가 어느 층위(의미적 층위, 통사적 층위 또는 사상-논리적 층위, 더 나아가 화용적 층위)에 대응하는가의 문제에 대한 논란은 동독에서 우선 통사 본유적 구상이 선택되어야 하는지 또는 생성-의미적 구상이 선택되어야 하는지의 문제에서 시작되었다(1장 비교). Bondzio와 Welke (1965)는 의미적인 것과 사고가 동형(Isomorphie)이라는 전제아래 의미구조로부터의 접근을 모색하였다. 따라서 두 저자는 결합가를 일차적으로 단어의 의미적 속성으로 간주하였다. 반면 Helbig는 결합가를 우선 형식-통사적 현상으로 간주했다. Helbig는 이를 회고하며 다음과 같이 표현한다: “Tesnière에는 그의 결합가 개념이 어느 층위에 설정되어야 하는지 분명치 않다. 결합가에서 문제가 되는 것이 형식적 범주인가, 아니면 개념적 범주인가 또는 표현 층위의 범주인가, 아니면 내용 층위의 범주인가. (...) 60년대 중반 우리가 이 대안을 인식하기 시작했을 때, 결합가 개념에서 두 개의 버전이 분명하게 발전되고 있었다: 한편에선 결합가 개념이 표현층위의 형식적 현상으로서(이를테면 Welke 또는 Heringer에서), 다른 한편에선 개념-보편적 층위의 현상으로서(이를테면 Bondzio

또는 Heger에서) 이해되었다."(Helbig/Schenkel 1982:63f.; Helbig 1971: 33; Helbig 1982:68 비교).

생성-의미적 구상에 반대하는 초기 Helbig의 입장은 특히 그가 "형식적 결합가 관계가 언어외적 사태의 직접적 사상"이라는 시각을 공유하지 않는 데에서 잘 나타난다(Helbig 1971:43). 생성-의미적 구상에는 적어도 통사적 형식, 의미, 사상, 사태를 동일 선상에서 동일시하는 경향을 보인다고 주장하는 Helbig가 아주 틀린 것은 아니다. 우리는 역으로 의미의 외연적 관점과 내포적 관점이 충분히 변별되지 못했거나 또는 의미의 내포적 관점이 간과되는 경향이 있다고 본다(6.4.6 비교). 형식, 의미, 사상, 사태를 동일시하는 경향은 문장 의미 또는 문장 구조에 관한 기본 가정에 있어, 당혹스러울 정도로 현대 논리학과 결합가 이론이 조화를 이루는 가운데 강화되었다. 그리하여 언어(통사) 구조의 측면이 "논리적으로"(형식 논리학을 통해 합법화되기 때문에), 바로 논리구조로 간주되어야 할 뿐 아니라, 또한 "논리적"="사고적"="현실의 사상"이라는 연상 작용을 통해 사상된 사태의 구조와 동일시되는 경향을 띠게 되었다. 이런 동일화 경향은 Bondzio의 말에서 분명하게 드러난다. 예를 들면, "실제로 동사 의미와 그것의 보족어 사이의 원리적인 관계가 있다. 이 관계는 논리적 성격을 띠며, 언어외적 현실에서의 해당 관계를 반영한다"(Bondzio 1971:88). Bonzio는 "기술된 관계 논리적 의미에서 빈자리를 취하는 의미의 속성이 '결합가'라는 용어로 표현되어야 한다"(89쪽)고 정의함으로써 결합가의 독자적인 언어학적 정의를 포기한다. 때때로 그는 통사 형식을 너무 엄격하게 의미적으로 본 결과, 그것을 결합가와 무관하게 해석한다. 왜냐하면 그가 오직 의미의 외연적 관점만을 가지기 때문이다. 예를 들면 Bondzio(1971:89)가 능동문과 수동문 사이의 차이가 의미적으로, 즉 결합가와 무관하다고 생각한다면 그것은 논리학의 입장에서도 옳지 못하다.

의미구조와 통사구조를 동일시하는 것에 반대하여 Helbig는 다음의 예를 든다.

helfen – unterstützen

두 동사는 동일한 "개념-논리적 관계 R(a,b)"에 있다(Helbig/Schenkel 1982:65). 그러나 두 동사는 그것의 통사적 실현에서 구별된다.

warten – erwarten – abwarten

여기서도 다시금 동일한 논리구조가 문제가 된다. 그러나 보족어의 의무적 출현과 수의적 출현에서 통사적인 차이가 있다: (Er wartet - *Er erwartet)(Helbig/Schenkel 1982:65f.; Helbig 1982:12 비교). Fillmore의 격 이론(6장 비교)을 성공적으로 수용한 후, Helbig는 계속해서 논리-의미구조와 통사구조 사이의 불일치에 대한 증거로서 격을 끌어온다. 예를 들면 Fillmore에 의하면 주격은 매우 다양한 (외연적인) 기능을 갖는다(Helbig 1976:100; 1979:66f. 비교).

Er warf den Ball (행위자격)
Er erhielt einen Schlag (피행위자격)
Er bekam ein Geschenk (수신자격)

그러나 Helbig는 이 예와 Fillmore에 의거하여 오직 격 형태에 관한 의미의 외연적 관점에 주목하고 있음을 알 수 있다. *warten*과 *erwarten*은 내포적으로 완전히 다르다(3.3.5 비교). Fillmore 격 이론의 결함(6장 비교)은 바로 그가 격 의미를 오직 외연적으로 정의한다는 데에 있다.

이에 반해 Bondzio의 출발 가정은 의미적으로 동일한 것, 유사한 것이 통사적으로 동일하거나, 유사한 것으로서 표현되어야 한다는 것이다: "의미의 개념적 내용은(...) 현실적인 현상의 본질적 속성과 더불어 다른 현상들에 대한 그것의 본질적 관계를 반영한다. 의미의 관계성이 그것의 통사적 결합 가능성을 전적으로 결정한다"(Bondzio 1974:246). Welke (1965:24ff.)도 통사구조가 "언어적 내용의 체계화"라는 가정에서 출발했고, 의미가 외연으로 국한되지 않는다는 전제아래 우리가 유지했던 입장이 이 책에서 취하는 입장이기도 하다(6장, 7장 비교).

이와 달리 Helbig는 문장의 의미구조와 통사구조 사이에 "동형(Isomorphie)"이, 즉 "1:1 대응"이 존재하지 않는다는 점을 계속해서 강조한다(1971: 43; 1973:61f.; 1976:100; 1978:130, 134; 1982:9f. 비교). Bondzio도, 그렇게 이의를 제기할 수도 있을 것인데, 상이한 층위의 혼재에 대하여 "상이한 층위 사이에 일정하고 긴밀한 관계가 있지만, 그들 사이에 일치(Identifikation)는 존재하지 않는다"고 경고한다. 다른 한편 Helbig는 다음과 같이 말한다: "여러 경우에 결합가 및 분포의 관계가 일반적으로 의미적 사실의 형식적 반영이라는 직접적 관계가 존재함에 의심할 나위가 없다"(Helbig/Schenkel 1982:60).

따라서 궁극적으로 강조점의 차이가 문제가 되는 것 같다. 두 파가 모두 의미구조와 통사구조 사이에 (필연적으로) 동형이 존재해야 한다고 생각한다. 한 쪽은 공통점을, 다른 한쪽은 차이점을 더 강조하는 것 뿐이다. 그러나 한 구상을 끌어가는 기본 사상으로서 강조점의 차이는 큰 비중을 차지한다. Bondzio는 의미구조와 통사구조의 공통점(그러므로 동일성)을 강조한다. 더불어 그는 외연-의미적으로 동일한 통사구조 사이의 형식-통사적 차이와 내포-의미적 차이를 간과하는 경향을 보이고 있다. 그가 전제하는 논리-의미적 결합가 구조의 통사적 실현에 관한 언급은 매우 일반적인 수준에 머물고 있다(예를 들면 Bondzio 1976; 1977; 1978). Helbig는 외국어 수업에 대한 관심사에서 출발하여 당연히 통사적 사실과 변별에 관심을 가진다. 따라서 그는 변별을 보이고 만들어내는데 치중하는 경향을 보인다. 그리하여 의미구조와 통사구조가 동형이 아니라는 관점을 애써 강조한다. 그러나 통사구조와 의미구조 사이의 동형, 즉 1:1 대응(1:1 Zuordnung)이 존재하지 않는다는 주장은 절대적인 부정처럼 들린다.

동형(1:1 대응)이라는 것은 집합 A와 집합 B의 모든 요소 사이에 분명한 관계가 존재한다는 뜻이다. 의미구조와 통사구조 사이의 두 측면을 완전히 구별하여, 어떤 여지도 없는 그러한 엄격한 동형은 존재하지 않는다. 그러나 대응이라는 개념은 적어도 부분적인 그리고 상대적(모순과 예외를 통해 제한된)인 동형을 함의한다. 이와 같은 상대적인 동형 대응은 의사소통적 이유와 인지적 이유에서 절대 필수불가결하다. 이것은 의사소통적 이유에서 필연적이다. 왜냐하면 이해한다는 것이 문장의 도움을 받아 설명될 수 없다면, 청자에게 문장의 통사구조에서 문장의 의미구조를 추론하여 그것을 가지고 해당 문장에서 전달되는 사고의 구조를 추론하는 것이 불가능할 것이기 때문이다. 따라서 인지적 이유에서도 이것이 필연적이다. 왜냐하면 각 개인이 사고할 때 사회적으로 마련된 사고의 구조화를 위한 수단, 즉 단어에 의존하고 있기 때문이다(Welke 1965; 1986 비교).

Helbig는 Schmidt의 기능적 관점과의 논쟁에서도 통사구조와 의미구조 사이의 비동형이라는 견해를 전개한다. 우리는 의미의 외연적 관점과 내포적 관점의 변별을 통해 바로 기능적 구상의 생산성을 제시하고자 한다. 기능적 구상은 사고와 의사소통을 함에 있어 형식과 기능의 불일치를 간과하지 않으면서, 항상 언어적(특히 통사적) 형태가 갖는 기능의 관점에서 언어의 형식에 대해 논의한다.

Helbig는 결합가를 우선 형식-통사적 현상으로 간주했으며, 그 개념을 오직 통사 층위에 관련지었다. 결합가 분석의 일부로서 선택제약의 기술도 역시 그 개념에 모순되지 않았다. Helbig는 선택제약을 통사적 현상으로 보았던 Chomsky(1965)의 선택제약의 관점을 수용했다. 이것은 Chomsky가 선택제약을 위반되는 문장을 비문법적으로 판단한 것에 토대를 둔 것이었다. Chomsky에 따르면 문법적으로 틀린 문장을 생성하는 규칙은 통사론에 속한다. 이 주장에 의하면 이것은 의미 규칙이 아니라, 통사 규칙이다. Helbig도 이것을 "통사적 선택제약"(1965:21)이라 했다. 그러나 그는 후일 이것을 의미 규칙으로 재평가한다(Helbig/Schenkel 1982:52 비교).

Helbig(1971)는 갑자기 결합가가 어느 한 층위에 귀속되지 않고, 결합가의 상이한 층위들이 존재한다고 주장하기 시작한다. 이미 1971년 그는 다음과 같이 강조한다: "우리는 층위를 변별하는데, 층위 사이의 동형이 가정되지 않는다(...)는 점이 중요하다"(Helbig 1971:43). 그는 이후 계속해서 층위가 혼합되거나, 동일시되는 것에 반대하는 쪽으로 방향전환을 했다(1982:68 비교). 상이한 층위의 설정이 그에게 큰 관심사가 되었다. 동시에 그의 의견에 따라 문법 연구의 진행은 형식과 의미 사이의 대응이 보다 더 간접적이며, 복합적인 것으로 나타난다.

Helbig는 신속하게(1971)(Helbig/Schenkel 1982:35, Helbig/Stepanowa 1981:149 비교) 층위의 변별을, 즉 생성 문법에서 통사적 심층구조와 통사적 표층구조의 변별을 자신의 문법 모형 안에 수용한다. 이것은 한편으로 수의적 보족어와 의무적 보족어의 변별을, 다른 한편 자유 첨가어의 변별을 위한 이론적 근거를 얻기 위한 것이었고, 이 변별은 또한 조작 기준(operationales Kriterium)과 관련되었다. 그는 보족어와 첨가어 변별을 심층구조에 근거한 것으로 간주한다. 첨가어는 심층구조에서 동사에 가까이 결속되어 있지 않고, 하위범주화하지 않는 소위 자유로운 동사 보충어이며(Steinitz 1969:12 비교), 이것은 첨가어가 독자적인 문장 또는 부분 문장으로 변형될 수 있는 가능성에서 나타난다. 이 변별과 달리 의무적 보족어와 수의적 보족어는 표층 현상으로 간주될 수 있다. 보족어는 심층구조에 존재하지만, (수의적 보족어의 경우에) 표층에서 빠질 수도 있다. 이와 같은 입장의 재수용에 대해 비판적으로 말할 수 있는 것은 Helbig 그 자신이 받아들인 것을 전혀 입증할 수 없다는 것이다. 단지 생성 문법의 가정과 분명한 평행성이 확인될 뿐이며, 변별의 정당성에 대한 지표로 간주될 수 있을 뿐이다. 그러나 특정 이론 내에서 적절한 진술들을 별개의 이론에 직접 전이시켜서는 안 된다. 범주의 정의는 자체의 이론적 구상에서 나와야 한다. 비록 우리가 생성 문법의 입장을 취한다고 하더라도, 왜 협의의 수의적 보족어가 가정된 심층구조에 있어야 하고, 첨가어는 그렇지 않아야 하는지를 증명하는 것에 분명 어려움이 있다. 예를 들면 청자는 *essen*이 먹는 대상을 전제함을 알고 있듯이, 또한 *essen*이 특정한 상황(장소, 이유, 시간 등)을 전제함을 알고 있기 때문이다.

Helbig는 우선 결합가의 세 층위를 구분한다(Helbig/Schenkel 1982: 65ff.; Helbig/ Stepanowa 1981:130ff. 비교).

논리 결합가(logische Valenz)
의미 결합가(semantische Valenz)
통사 결합가(syntaktische Valenz)

후일 그는 하나의 통일적인 논리-의미 구조 층위에 찬성한다(예를 들면 1982:10; 1982a:69). 그는 결합가 사전의 어휘내항의 6단계 모형에서 (Helbig 1983; 1985 비교) 논리 층위는 의미 층위와 구분되어 제1 단계 (술어의 논리 구조)로서 다시 나타난다.

논리 결합가

Helbig는 논리 결합가를 우선 보족어와 첨가어의 변별 그리고 의무적 보족어와 수의적 보족어의 빈자리 수로서 이해한다. 그는 또한 문장 구조(결합가 구조)를 P(a), P(a,b) 형식의 논리적 술어와 관련지을 수 있는 가능성을 논리 결합가로서 이해한다. 따라서 그는 논리 결합가를 "언어외적이며, 따라서 보편적인 것으로 간주한다(Helbig/Schenkel 1982:65; Helbig/Stepanowa 1981:131). 따라서 그는 언어학에 널리 보편화된 견해를 따른다. 필자의 생각에 그가 논리 결합가를 언어외적인 것으로 특성화하는 데에는 세 가지 이유가 있는 것 같다.

1. "보편적이라는 것", 즉 모든 언어들에 대해 공히 적용된다는 것 또는 모든 언어에서 공히 나타나는 것이 "언어외적인 것"과 동일시된다.
2. 사고("의식 안에 반영된 현실의 상황", Helbig/Stepanowa 1981:131)로서 논리적인 것이 언어외적인 것으로 간주된다.
3. P(a), P(a,b)와 같은 술어구조의 규정이 논리학에서 나타나기 때문에, 그 구조는 언어 외적인 것으로 간주된다.

우리는 이 근거들이 정곡을 찌르고 있지 않다고 보는데, 그 이유는 다음과 같다.

1. 언어에서도 역시 일반적인 것(보편적인 것)이 특수한 것의 외부에 존재하는 것이 아니다. 물론 소위 보편적인 것, 즉 모든 언어에 공통된 일반적인 현상과 특성이 존재한다.
2. 사고적인 것("논리적인 것"), 즉 예를 들면 논리적 입언 또는 논리적 판단이 언어적 현상인 문장 외부에 존재하는 것이 아니다. 언어와 사고의 단위는 문장에도 적용된다.
3. 학문으로서의 논리학은 언어학과 마찬가지로 경험적으로 포착할 수 있는 대상으로서 언어적 문장에서 출발한다. 여기서 논리학은 현상

> 인 문장의 다른 측면, 예를 들면 논리적 입언 또는 판단으로서의 문장에 관심을 갖는다. 그러나 이것이 언어적 문장의 외부나 또는 그것에 선행한 어떤 실재가 입언이나 판단에 속해야 하는 것을 의미하는 것은 아니다(Wessel 1976:68 비교).

따라서 우리가 보기에 오직 결합가의 통일적인 현상에 대한 특별히 일반적인 특정 관점만 논리 결합가라고 할 수 있다. 이 관점은 또한 아주 일반적이고 보편적이어서, 논리학에 의해서도 포착(그리고 처리)된다. 그럼에도 불구하고 이 관점은 문장구조의 관점으로 남게 되며, 그러므로 "언어외적인" 실제를 포함하지 않는다.

의미 결합가

Helbig는 처음에는 의미적 선택제약 또는 의미적 양립성을 의미 결합가로 보았으나, 후일 의미격도 의미 결합가로 본다.

통사 결합가

Helbig는 빈자리의 의무적 보충 또는 수의적 보충을 통사 결합가로서 이해한다.

우리는 아주 일반적으로 결합가의 의미-기능적 기반을 의미 결합가로 보며, 문장에서 의미 결합가의 통사-형식적 실현을 통사 결합가로서 이해한다.

Helbig는 결합가가 어떤 층위에 속해야 하는지에 대한 문제에 큰 관심을 보였다. 그러나 그는 본래의 의미에서의 문법-층위 모형을, 즉 그는 층위 사이의 대응을 (변형의 형태로) 명시적으로 입증하거나, 적어도 가정하는 그런 문법 모형을 발전시키지 못했다. 이와 달리 Bondzio는 의미에 기초한 층위 모형의 틀에서 그의 구상을 제시하였다. 문장구조의 구성이 논리-의미 층위에서 시작되며, 거기서 결합가는 "관계 논리적 의미에서의 빈자리를 취하는"(1971a:88ff.) 단어 의미(의미소)의 특성으로서 자리 잡고 있다. 이 추상적 층위에는 품사, 어형변화, 보조어 등과 같은 언어-문법적인 현상은 아직 존재하지 않는다. 문법 층위에는 "의미-논리적 관계망"이 "층을 이루며, 부분적으로 문법적 관계에 의해 재구된다"(Bondzio 1976:356). 그런 다음 의사소통-화용 층위에서 문법 층위에 기술된 문법-통사적 기본 모형이 "그 나름의 문장의 실질적 분절을 통해 수정되고 변별된다"(356쪽).

이미 언급한 바처럼 최근 들어 Helbig는 논리 결합가와 의미 결합가가 "구분될 수 없다"는 이유를 들어 논리-의미 결합가(예를 들면 1982:13)라고 통합하여 말한다. 그렇게 본다면 통사 결합가와 의미 결합가도 마찬가지로 나뉠 수 없기 때문에, 양자를 구분할 수 없다고 할 수 있다. 그러나 Helbig는 의미 결합가를 구성하는 의미격이 "의미를 직접 표현하지 않는다"(1982:13)는 점을 우선적으로 강조한다. 그에게 있어 진정한 의미구조는 — 그는 여기서 특히 Heidolph(1977)와 "Grundzüge einer deutschen Grammatik"의 논거를 수용한다 — 의미성분 구조의 층위이다. "의미 결합가(의미격의 의미에서)는 의미구조와 결코 동일하지 않다. 의미 결합가는 오히려 의미구조의 기능이며, 의미구조에서 파생되어, 이미 통사적으로 굴절되고 어휘화되어 있다"(1982:13f.; Helbig 1979:68ff.). Helbig는 Schmidt에 대해서도 이 논거를 전개한다. 이 논거는 또한 Bondzio와 Fillmore 그리고 본서에서 대표되는 견해에 반대하는 것이기도 하다. 이 논거가 뜻하는 바는 생성 의미론의 입장에서 보면 단어와 단어 의미(Semem 의미소)는 일차적인 의미 형성체가 아니라, 파생되어 이차적으로 합성된 범주이다. 일차적이며 진정한 의미 단위는 의미자질(의미성분, Seme 의소)이며, 이들은 파생의 이차적인 단계에서 비로소 어휘화되며,

즉 단어 의미로 합성된다. 따라서 (이 책에서 우리가 했던 바처럼) 단어의 결합가를 언급하는 경우에는, 생성 의미론의 입장에서 볼 때 의미 결합가는 소위 순수 의미적인 것이 아니며, 의미적인 것은 이미 통사적이자, 어휘적으로 굴절되어 나타난다.

이와 반대로 우리는 여기서 생성 의미론의 이론적 가정이 결합가 이론으로 불필요하게 전용되었다고 생각한다. 생성 의미론에 비해 결합가 이론의 장점은 단어(예를 들면 동사)를 소위 자연적이며 경험적으로 발견되는 문장 구성의 요소로서, 즉 문법 모형의 기본 요소로서 가정한다는데 있다(1장 비교). 따라서 결합가 이론은 언어활동의 실제 과정에 더 가까이 있게 되고, 예를 들면 외국어 수업에 직접 적용될 수 있다. 그러나 이를 통해 단어 의미가 의미자질로 분석될 수 있는 가능성이 부인되어서는 안 된다. 왜냐하면 의미자질로의 해체 가능성이 다음과 같이, 즉 언어활동이 추상적인 의미성분을 토대로 시작되며, 의미소와의 합성을 통해 비로소 이차적으로 의미소로 발전해 간다고 해석되어서는 안 되기 때문이다. 오히려 우리는 그 길이 기호표현이 없는 단절된 의미자질로부터 이 단위를 언어 변별적인 단어 의미로의 결합으로 이어지는 것이 아니라, 역으로 단어 의미가 일차적인 것이며, 그것을 의미자질로 전개해 가는 것은 부차적이며, 부차적인 것이 단어 의미를 벗어나 발생된 것이 아니라는 생각이다(Welke 1979, Welke/Meinhard 1980, Welke 1985, 1986 비교).

생성 의미론에서는 의미자질로부터 문장 구조의 생성이 시작되기 때문에 의미자질이 기본 단위이다. 그러나 언어활동이 그렇게 진행되지 않는다는 사실을 인정하는 단순명료한 구상도 또한 존재한다. 화자가 의사소통에 있어 의소(Sem)를 가지고 의미소(Semem)를 합성하는 것이 아니라, 의미자질로 해체되어 있는 단어 의미를 가지고 조작한다. 따라서 청/화자의 어휘부에 개별 의소와 그것의 결합 가능성에 관한 정보가 들어 있는 것이 아니라, 형태-통사적 결합 가능성과 의미적 결합 가능성에 관한 정보를 지닌 단어(어형과 단어 의미)가 들어 있다. 따라서 결합가 이론과 전통문법은 기본 단위로서 단어에서 시작하는데, 그것이 옳은 것이다.

Helbig는 의미 결합가가 성분 분석을 통해, 예를 들면 동사 *geben*과 *töten*의 성분 분석을 통해(4.2, 1982:14; 1985:49 비교) 파생됨을 제시한다. "논리-의미 결합가가 의미를 오직 간접적으로, 이미 통사적으로 굴절되고 선형화되어 있는 것으로"(1982:14) 표현한다. 왜냐하면 동사 의미에 들어있는 원소 술어(기능어) 사이의 위계 관계가 단어 층위(전체적인 단어 의미의 특성으로서 논리-의미 결합가의 층위)에서 더 이상 가시화될 수 없기 때문이다. 그러나 이를 통해 결합가가 단지 변별되어 기술될 뿐이다. 최종 결과에 있어서, 즉 예를 들면 *geben*이 세 보족어를 의미적으로 전제한다는 사실에서 변한 것은 아무 것도 없다.

우리는 이 개론서에서 층위 모형에 기반을 두는 것이 아니라, 어휘부(Lexikon)와 문법(Grammatik)이 언어활동의 기본 부문이라는 것에 기반을 둔다(4.4 비교). 이것이 뜻하는 바는 의미적인 것과 통사적인 것의 변별을 부정하는 것이 아니며, 의미적인 것 또는 통사적인 것 내부의 상이한 추상화 단계의 변별성(예를 들면 논리-의미 구조와 의미구조 또는 통사적 심층구조와 통사적 표층구조)을 부정하려는 것도 아니다. 우리는 가능한 추상화 단계를 상이한 구조로 간주하지 않고, 동일한 구조와 관련된 상이한 추상화 단계로 간주한다. 따라서 통사구조를 의미구조의 외부에 있는 구조로 간주하는 것이 아니라, 문장의 의미구조의 연산 도구로서 간주하거나, 아니면 의미구조를 구성하라는, 그리하여 통사구조가 가시화하는 그 이상의 문장 내용을 구성하라는 청자에 대한 지시로 간주한다(4.4 비교).

이 밖에도 이 개론서에서는 두 중요한 추상화 단계를 기획하고 있다.

(1) 우리는 음운구조에 관계되는 모든 설명을 제외할 것이며 따라서 음운구조를 분리할 수 있는 언어 층위로 간주한다.
(2) 우리는 또한 분리할 수 있는 층위로서 소위 문장의 테마-레마 구분, 즉 실제적 문장 관점의 층위를 제외할 것이다.

4.4 어휘부와 문법

결합가 이론은 그의 이론적 구상에 있어 전통 문법의 기반에 뿌리를 두며, 단순한 관찰자들의 눈에도 그대로 드러나는 바처럼, 전통문법은 문장이 단어로 구성된다는 문장의 구성 방법을 기술한다. 이 과정을 기술할 수 있기 위해서 (그리고 학습자들이 이 과정을 사용하기 위해서), 언어 체계의 양대 기본 부문으로서 사전(어휘부)과 문법이 요구된다. 생성문법에서는 이와 반대로 최근까지도 어휘부는 단지 주변적 지위를 차지했었다. 모형화의 기본 부문은 층위였다. 층위의 변별을 통해 문장 형식과 문장 의미의 관계를 기술하고자 시도했고, 이것이 전통 문법에서는 단지 불완전하게 그리고 단지 구상적인 수준에 머물고 있었다. 그리하여 전통 문법은 문장 구성의 형식적 과정에 너무 치우치고 있다. 문법은 이런 맥락에서 (그리고 이것은 Chomsky의 생성 문법의 첫 버전에도 적용된다) 문법적인 문장을 형성하기 위해 요구되는 규칙기재이다. 여기서는 문장 구성이 의미적인 면도 가진다는 사실이 전반적으로 고려되고 있지 않다. 왜냐하면 문법적으로 올바른 문장 형성이 결코 자체적인 목적이 아니기 때문이다. 문장은 문장에 들어 있어야 하는 사고를 표현하기 위해 형성된다. 그래서 문장을 형성할 때 운용되는 단어 조합의 과정은 의미적인 (그리고 화용적인) 기능을 가진다. 이 과정은 화자로 하여금 개별 의미 단위(단어, 어휘소)를 가지고 복합적인 의미 단위를 형성시키기 위한 지시로서 이해될 수 있다. 왜냐하면 화자의 어휘부에는 오직 개별 의미 단위만 존재하기 때문이다.

결합가 이론은 다음의 두 가지 측면에서 전통 문법을 넘어선다.

1. 결합가 이론은 단어의 의미 결합가와 통사 결합가 관계를 체계적으로 명시화하고자 한다(예를 들면 Helbig/Schenkel의 결합가 사전에서의 기술 단계).
2. 결합가 이론은 단어를 수동적인 초석으로서 문장 형성과정에 참여하는 요소로서 전제하는 것이 아니라, 결합가 이론은 단어를 문장에서 단어의 의미적 결합 가능성과 통사적 결합 가능성에 관한 진술을 포함한, 따라서 거기에 나타나는 문장의 통사구조와 의미구조를 미리 예정하는 어휘부의 단위로 간주한다. 따라서 결합가 이론에서는 전통 문법, 최근의 생성 문법 및 생성 의미론과 달리 어휘부가 질적으로 다른 비중을 차지하고 있다(1장 비교).

Bondzio는 이 구상을 단어(어휘소)에서 명시적으로 유도한다(예를 들면 1976:355 비교). Helbig에 있어는 어휘부의 위상이 암시적이지만, 결합가 사전이 이론적이며 실용적인 연구의 가장 중요한 목표라는 점에서 어휘부의 위상은 분명해진다. 기본 단위로서 단어에는 독자와 잠재적 청/화자에게 있어 문장 형성과 이해를 위해 필수적인(또는 사전의 저자들에 의해 필수적인 것으로 간주되는) 정보가 준비되어 있다.

그러나 역설적으로 결합가 이론에서 어휘부에 부여되는 특별한 이론적 위상에도 불구하고, 결합가 문법의 구성부문으로서 어휘부를 확장하려는 구상은 단지 부차적인 역할을 할 뿐이다. 이것은 부분적으로 층위모형의 도입에 기인한다고 볼 수 있다.

다음에서 우리는 어휘부와 문법의 관계에 관한 기본 구상을 간략하게 제시하려 한다(Welke/Meinhard 1974, Welke 1978, Welke/Meinhard 1980,

Welke 1982 비교).

우리 구상의 출발점은 문장을 이해함에 있어 청자의 활동이다. 여기서 단어 의미와 문장 의미 사이의 사소하지만, 근본적인 차이가 있다는 데서 출발하는 것이 중요하다. 청/화자는 단어 의미와 달리 문장 의미를 그의 어휘부에 저장하고 있지 않다. 따라서 청자는 원칙적으로 단어 의미를 이미 알고 있는 반면, 그는 그가 들은 문장 의미는 미리 알고 있지 못하다. 오히려 청자는 그가 들은 문장 의미(뜻, 내용)를 활동적이며 창조적인 과정을 거쳐 형성시켜야 한다. 청자는 다음과 같은 근거로 문장 의미를 그렇게 형성할 수 있다.

1. 청자는 문장을 구성하는 단어의 의미를 알고 있다(그는 그 의미를 "원칙적으로" 알고 있다. 그는 모르는 개별 단어의 의미를, 알고 있는 다른 단어를 토대로 추론하거나, 아니면 상황 및 대상에 대한 지식을 토대로 추론해 낼 수 있고, 또한 단어의 의미를 문맥에 변경하여 그것이 다른 단어와 의미적으로 양립하도록 할 수 있다).
2. 청자는 화자로부터 지시를 받으며, 그는 그 지시에서 어떻게 단어 의미로부터 문장 의미를 구성시켜야 할 지 알아낼 수 있다. 예를 들면 어순이 그와 같은 지시이다. 단어 *Emil*, *Paul* 그리고 *bewundern*를 가지고 화자는 다음의 문장을 구성할 수 있을 것이다.

   Emil bewundert Paul
   Paul bewundert Emil

   그리고 이를 통해 화자는 상이한 문장 내용에 대한 지시를 줄 수 있을 것이다.

   우리는 통사구조 전체를 그러한 지시로서 이해할 수 있다. 그것은 좁은 의미에서 소위 전통 문법의 문법적 수단이다: 어형변화(굴절), 보조사, 어순, 억양 그리고 부분적으로 조어. 우리는 문법적 수단의 의미(소위 문법적 의미)를 의미전달 단위를 형성하기 위한 연산지시(Operationsanweisung)로 본다. 여기서 우리는 관계 의미(Beziehungsbedeutung)와 한정 의미(modifizierende Bedeutung)를 구별한다. 관계 의미는 소의미 단위(단어 또는 구, 부분 문장)를 가지고 의미전달 단위를 형성하기 위한 지시들이다. 한정 의미는 특정 의미자질을 발현시키기 위한 지시이다(예를 들면 시제 또는 양태의 '과거' 또는 '추측' 등).

문법적 수단은 또한 어휘기재항을 변경시키기 위한 지시일 수도 있다. 그래서 우리는 예를 들면 동사가 어휘부에 추상-논리적 순서(이 개념에 대해서는 7장 비교)로 기재되어 있으며, 이것은 능동형에 해당한다는 데에서 출발한다(Welke/Meinhard 1974; 1980 비교). 그러면 특정 문장에서 능동형은 청자로 하여금 추상-논리적 순서로 된 어휘부에 기재된 보충어들을 선택하라는 지시인 것이다. 이와 달리 수동형은 추상-논리적 순서 및 동사의 의미(동사의 관점)를 바꾸라는 지시이다.

3. 청자는 단어의 결합가, 즉 그 단어의 통사적 결합 가능성과 의미적 결합 가능성을 알고 있다. 그래서 청자는 의미 결합가의 지식에 기초하여 문장 의미전달의 관점을 형성시킬 수 있다. 그러나 문장 의미전달의 관점이 통사구조를 통해서 분명하게 지시되어 있지 않거나, 심지어 통사구조에 모순되기도 한다(Welke 1978; 1980a; 1982 비교).

청/화자의 지식체계에서 특히 3에 의해 제약되어 있는 의미구조는 통사구조보다 훨씬 방대하며 또한 통사구조와 모순될 수도 있다. 따라서 통사구조가 문장의 전체 의미구조를 포함하지 못한다. 문장의 의미구조는 오히려 통사구조(통사적인 연산 지시)와 어휘기재항의 교체 관계로부터 나타난다.

예를 들면 청자는 소위 왜곡된 부가어의 경우(예: *deutsche Literaturgeschichte*)에 통사적으로 지시된 관계에 반하는 의미 관계를 형성시킨다. 원래 통사적으로 지시된 것은 합성어의 기본어에 대한 관계이다.

통사적으로 지시되지 않은 의미 관계는 예를 들면 자유 여격의 한 의미 변이형으로서 소위 소유의 여격에서 나타난다(3.2.6 비교).

Emil trug Anna den Koffer zum Bahnhof

통사적 지시에 기초하면 *Anna*는 *trug*의 보족어이며, 이 보족어에는 다른 보족어 *Emil*과 *Koffer*와는 다른 의미역이 배당된다. 추가해서 청자는 *Anna*와 *Koffer* 사이에 통사적으로 지시되지 않은 의미 관계를 형성시킬 수 있다. 왜냐하면 *Anna*가 그 *Koffer*의 소유주일 것이기 때문이다.

4. 청자는 협의의 언어 지식을 보충하는 상식과 상황지식, 소위 백과사전적 지식 또는 세상 지식을 사용하는데, 이 지식은 청자로 하여금 의미 결합가를 넘어선 소위 추론을 하게 한다.

다음의 문장들을 비교해 보자.

(1) Die Freunde trugen den Stein betrunken fort
(2) Die Freunde trugen den Mann betrunken fort

통사적으로 지시된 것은 형용사의 동사에 대한 관계이다. 청자는 해당 의미 관계를 형성시킬 수 있다. 그리하여 *Tragen*의 방식이 그 어떤 식으로 특성화된다. 비교:

Die Freunde trugen den Stein weg und waren dabei betrunken

통사적으로 지시되지 않았지만, 그럼에도 불구하고 필수적인 것은 청자가 추가해서 형용사와 주어 또는 목적어 간의 의미적 결합을 형성시킨다는 것이다. 이러한 이유에서 서술적 부가어(prädikatives Attribut) 내지 공동보어(Koprädikativ)라는 명칭이 붙여졌다(Plank 1985 비교). 문장 (1)에서 청자는 의미 결합가에 속하는 정보를 토대로 그 대응체를 형성할 수 있다. *betrunken*은 그것의 의미 결합가로부터 자질 '+hum'을 취하는 보족어를 전제한다(형용사 결합가에 대해서는 5.1 비교). *betrunken*의 선택제약에서 청자는 돌이 의미자질 '-hum'을 취하기 때문에 목적어가 아니라, 주어와 관계가 있다고 추론할 수 있다. 따라서 그 문장은 의미 결합가에서 볼 때 중의적이다. 물론 청자는 술에 취한 당사자가 더 이상 홀로 걸을 수 없는 상태가 된다는 점에서 문장 (2)의 형용사가 약간의 개연성을 가지고 목적어와 관계가 있다는 추론을 유도할 수 있다. 그러나 술에 취하면, 홀로 이동하는 능력을 제한되며, 이로부터 술취한 사람이 *tragen* 되어야 한다는 청/화자의 지식은 상식(백과사전식의 지식)에 속한다. 따라서 이 지식은 언어와 무관하게 내장되어 있다고 주장할 수 있다. 이것은 의례히 의미 결합가(예컨대 Helbig/Schenkel의 결합가 사전에서)를 기술하기 위해 예비된 자질 묶음을 넘어설 것이다.

사전에서 개별 결합가기재항에 관한한, Helbig의 I-III 또는 I-VI 단계(1장 비교)는 단어(동사)의 의미적 결합 가능성과 통사적 결합 가능성(결합가)으로 파악될 수 있는 모든 가능성을 기술한다.

4.5 결합가 구조와 종속 구조, 구성성분 구조

결합가 문법의 기술에는 종속 구조와 구성성분 구조 간의 관계가 흔히 논의된다(예를 들면 Nikula 1976, Engel 1977, Korhonen 1977). 그래서 문법이 어떤 구조 특성에 기초를 두고 있는지에 따라 문법은 두 유형으로 구별된다.

종속, 의존: 종속 문법, 의존 문법
구성: 구성성분 문법, 구절구조 문법

결합가 구조는 종속 구조의 한 변이형으로 간주될 수 있다. 이러한 이유에서 흔히 결합가 대신 동의어로 종속이라는 표현이 쓰인다. 결합가를 단어의 보충 필요성이라 하면, 동의성은 더욱 분명해진다: a는 V의 보족어이다 = a는 V에 종속한다.

우리는 의존(Dependenz)과 구성(Konstituenz)을 모든 분절된 문장에 나타나는 구조화 관점으로 본다. 두 관점은 문법에서 예로부터 관찰되어 왔으나, 그의 자세한 구별과 기술은 비로소 현대 구조 문법의 결과였다. 두 유형을 커버하기 위한 전제는 발전해 왔던 구조 문법 그 자체였다: 예를 들면 고전적인 미국 구조주의(기술주의)의 구성성분 문법(구절구조 문법)과 Tenière의 의존 문법. Chomsky는 그의 문법에서 구성성분 문법의 유형에서 출발하고 있다. 생성 문법(생성 의미론)의 영향으로 개별적으로 그 근거를 규명하지 않은 채 다양하게 구성성분 구조기술이 결합가 문법에 도입되었다.

의존 구조와 구성성분 구조는 다음의 추상적인 구조화 원리에 기반을 두고 있다.

종속 구조: b가 a에 종속한다.

구성성분 구조: a와 b가 구조 C를 구성한다.

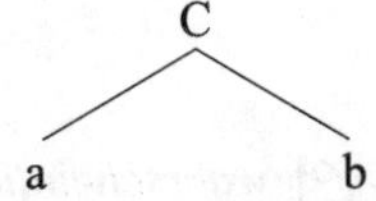

언급된 바와 같이 두 구조 유형은 "단계적으로 인식될 수 있는 최종요소의 보족어 결합가"라는 견해로서 그리고 "단계적인 최종요소의 귀속가능성"에 관한 견해로서 이미 문법에 반영되어 있다(Baumgärtner 1965:43).

결합가 이론에서 우리는 단어가 최종요소라는 데에서, 즉 통사구조 층위에서 더 이상 해체될 수 없는 최소 단위라는 데에서 출발한다. 반면 구성성분 구조 기술에서는 흔히 최소 단위로서 형태소에서 출발한다. 단어를 최종요소로 보면, 종속은 단어 b의 단어 a에 대한 종속에 해당하고, 구성은 단어 a와 b가 단어군 C의 형성에 해당한다.

전체를 개관할 수 있는 표기의 한 가능성은 도식적으로, 즉 소위 수형(의존 수형, 구성성분 구조 수형)으로 기술하는 것이다. 수학에는 그래프 이론의 형태로 그러한 관계를 연구하는 특수한 이론이 있는데, 이것을 우리는 언어에 적용하기도 한다. 수형도는 연결의 끊어짐 없는 유한한 관계의 도식으로서 특성화되어 있다(여기서 종속된 요소가 다시 서로 연결되지 않는다). 도식 기술의 구조 요소는 **교점**(Knoten), 연결선은 **가지**(Kanten)라 한다. 우리가 상이한 도식(수형)에 기초해 종속 구조와 구성성분 구조를 비교하면, 그들 간의 중요한 차이를 확인할 수 있다. 종속

구조에서는 오직 최종요소(개별 단어)에만 교점이 있는 반면, 구성성분 구조 수형에는 구문(구, 부분문장)에도 또한 교점이 있다. 이로부터 요소가 어떤 구문에 속하는지의 소속관계가 종속 수형에서 기술되지 못함을 알 수 있다. 반면 구성성분 수형에는 최종요소 간의 종속 관계가 기술되지 못한다. 다음 문장의 구조적 차이를 비교해 보면:

Emil kommt wahrscheinlich.
Emil kommt schnell.

전체 명제(Proposition)가 양태어 *wahrscheinlich*에 종속하는 반면, *schnell*에는 우선 동사 *kommt*만 종속하고, 이 동사에 명사 *Emil*이 종속한다. 이것이 종속 수형에는 드러나지 않는다. 종속 수형은 두 문장에 대해 같은 모양을 한다.

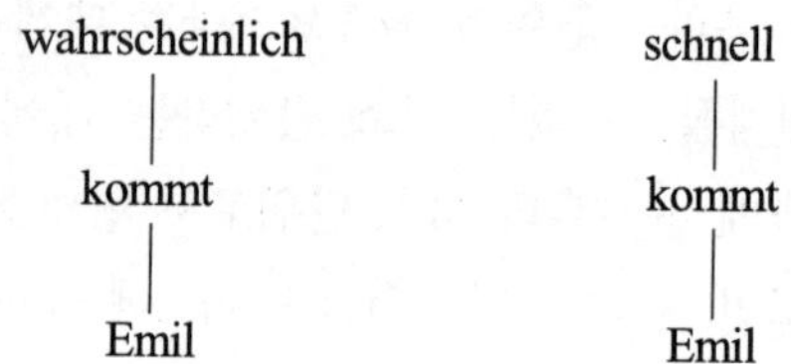

이 차이가 구성성분 수형에서는 직접 기술될 수 있다(S = 문장, VP = 동사구):

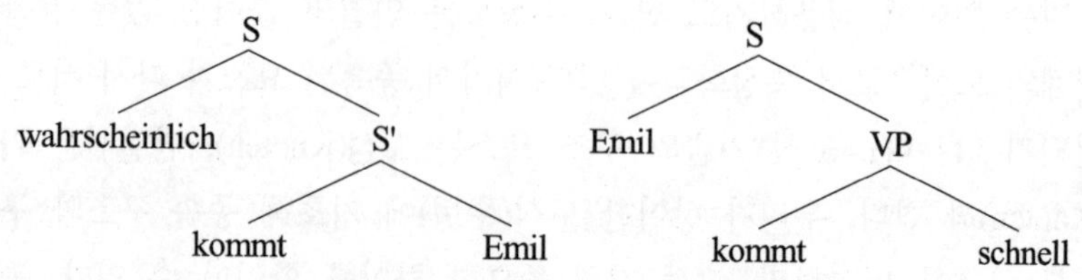

종속과 구성의 추상적인 구조 원리가 구체적인 언어 구조에 적용되면, 두 구조 원리는 내용적으로 상이하게 해석된다. 그러면 추상적 원리를 구체적으로 해석하는 경우에 어떤 임의의 결정(임시방편)이 필연적일 수도 있음이 드러난다. 원리에 입각한 그러한 직선화(그러한 이상화)가 그리 부정적으로 평가될 것으로 보이진 않는다고 말하고 싶다.

종속 구조는 보다 구체적으로, 예를 들면 다음과 같이 정의할 수 있다 (Heringer 1970:78 비교):

> b가 a에 종속한다 = 정의 b가 문장에서 오직 a와 더불어 출현해야 하는 반면, a는 단독으로 출현할 수 있다.

또는 달리 표현하면:

> b가 a에 종속하는데, b가 꼭 a를 거쳐야 문장에 도달할 수 있기 때문이다.

따라서 문장 *Emil kaufte gestern neue Anzüge*는 다음과 같이 기술할 수 있을 것이다:

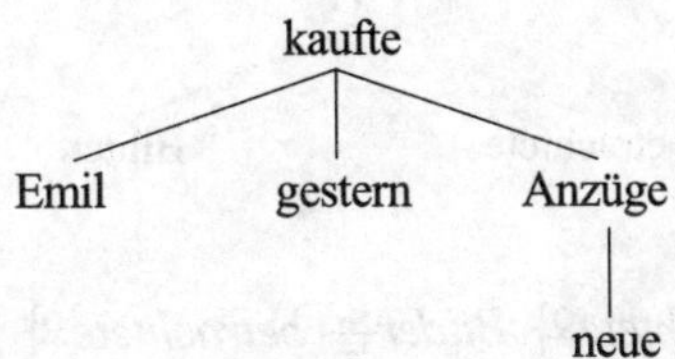

물론 이 정의를 전제로 종속 요소로서 주어(주격)의 하위배열이, 또한 결과적으로 동사의 상위배열도 규명될 수 없다. 왜냐하면 *kaufen*이 주어로

오는 보족어를 의무적으로 요구하며, 주어 없이는 문장에 출현하지 않기 때문이다. 따라서 주어와 동사는 이 정의에 따라 상호 의존적이다: 문장에서 주어가 오직 동사와 더불어 출현하고, 동사는 오직 주어와 함께 나타난다. 수형도에서 주어가 동사 아래 하위 배열되거나, 또는 동사의 상위는 이러한 형식적 정의에 비추어 볼 때 임의적이다. 이것은 다른 의무적 보족어와의 관계 그리고 다른 의무적 첨가어와의 관계에도 동일하게 적용된다.

구성성분 구조 기술에 있어서 또한 이와 유사한 자의성을 보게 된다. 여기서 "a와 b가 구성 C를 형성한다"는 정의는 우선 추상적이자 형식적으로 유효할 뿐이다. 이 정의는 이를테면 보다 긴밀한 소속을 밝히는 것으로서 구체화되어야 할 것이다. 문장에서 단위들이 그들 간의 소속의 긴밀성에 상응하여 위계에 맞추어 단계적으로 복합 단위로 종합된다. 이런 식으로 문장 *Emil betrachtete gestern Bilder*를 다음과 같이 구조화되어 있다고 가정할 수 있을 것이다.

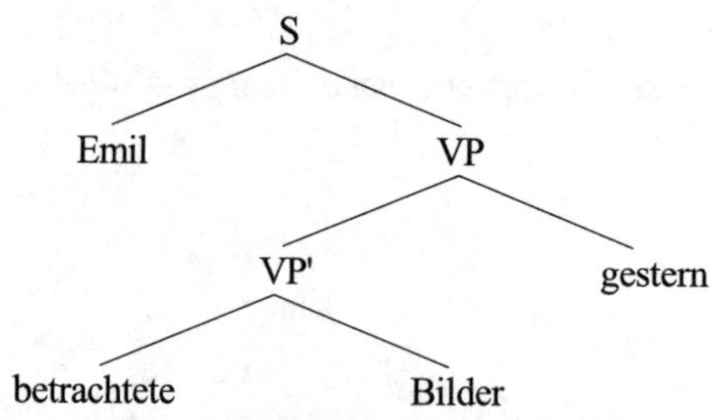

예를 들면 *betrachtete*와 *Bilder*는 *betrachtete*와 *gestern*보다 더 긴밀한 관계가 있다. 물론 보다 긴밀한 관계의 정의로부터 왜 주어가 위계의 최상위 단계에 나오는지 가정할 수 없다. 필자의 생각에는 주어 *Emil*이 예를 들면 자유 첨가어 *gestern* 또는 동사의 다른 의무적 보족어보다 동사와 덜 긴밀해서 그런 것 같지는 않다.

우리는 또한 보충 필요성을 종속의 정의로 선택할 수 있다.

b가 a에 종속한다 = 정의 a가 b를 요구한다.

엄밀히 말하면, 종속 수형에는 오직 동사와 의무적 보족어만이 자리를 차지한다.

본 개론서에 선택된 종속 수형에 대해 우리는 다른 종속의 정의를 선택했다. 우리는 종속을 다음과 같이 정의한다:

b가 a에 종속한다 = 정의 a가 b를 한정한다.

우리가 제시하는 수형에는 동사가 항상 최상위에 오지 않는다. 비교:

종속 구조 뿐 아니라, 구성성분 구조도 문장에 출현할 수 있는 객관적인 구조적 관점이라는 것을 마지막으로 다시 한번 강조하고자 한다. 예를 들면 수많은 심리 실험은 청자가 문장을 이해할 때 문장을 위계적으로 구성성분으로 분절한다는 사실을 확인해 준다.

따라서 구성성분 구조의 원리가 결합가 기술 안에 통합될 수 있을지, 그렇다면 어떻게 통합될 수 있을지 생각해 볼만한 가치가 있다(예를 들면 Welke 1970, Welke/ Meinhard 1974 비교). 예를 들면 관점화/비관점화의 변별 그리고 강하게 전제된/약하게 전제된 보족어 변별은 구성성분 구조의 원리와 관계된 것으로 이해할 수 있다. 강한 전제 또는 약한 전제는 동사와 보다 긴밀한 관계 또는 보다 이완된 관계로 해석될 수 있기 때문이다.

5. 결합가와 품사

지금까지 우리는 결합가 개념을 동사에서 전개하였는데, 이것이 최근 결합가 연구의 주류이기도 하다. 그 결과 다른 품사들의 결합가는 그다지 집중적으로 연구되지 못했다.

70년대 후반 Helbig(1976a:131 비교)는 결합가 이론의 발전에 있어 두 가지 경향을 있음을 지적했다.

- 결합가 개념의 통사 층위에서 논리 층위로 확대(4.3 비교)
- 결합가 개념의 동사에서 다른 품사로 확대

그러나 이 평가는 상대적일 수 있다. 이 평가는 부분적으로 Helbig 자신에 해당하는 것이다. 전체적으로 두 관점(의미 현상으로서 결합가와 다른 품사의 결합가)은 처음부터 결합가 이론에, 특히 결합가 이론의 창시자인 Tesnière와 Bühler에 분명히 입증되어 있었다(Meinhard 준비중). 두 관점은 그 후 동독에서 특히 Bondzio에 드러나 있었다. 그러나 예를 들면, 특히 동독의 결합가 연구에 있어서는 동사 결합가에 과도하게 치중하였다. 이것은 다른 품사의 결합가가 동사에서 얻은 결과에 기초하여

기술되는 결과를 초래했다. 따라서 우리가 이 장에서 추구하려는 방향이 결정되었다.

서로 동의어인 동사, 형용사 그리고 명사가 출현하는 문장 또는 구의 구조에 있어 대략적인 통사상의 공통점이 있다. 이런 공통점으로 인해 동사, 형용사 그리고 명사는 공히 결합가 보유어(Valenzträger)로서 간주될 수 있다. 이들은 동일한(유사한) 의미 결합가를 갖지만, 보족어의 통사적 실현에서 부분적으로 다르다(Sommerfeldt 1971:114에 따른 예문들 비교).

Der Junge dankt dem Vater für das Geschenk.
(소년은 아빠에게 선물에 대해 감사한다)
der dem Vater für das Geschenk dankbare Junge.
(아빠의 선물에 대해 감사해 하는 소년)
der Dank des Jungen an der Vater für das Geschenk.
(아빠의 선물에 대한 소년의 감사)

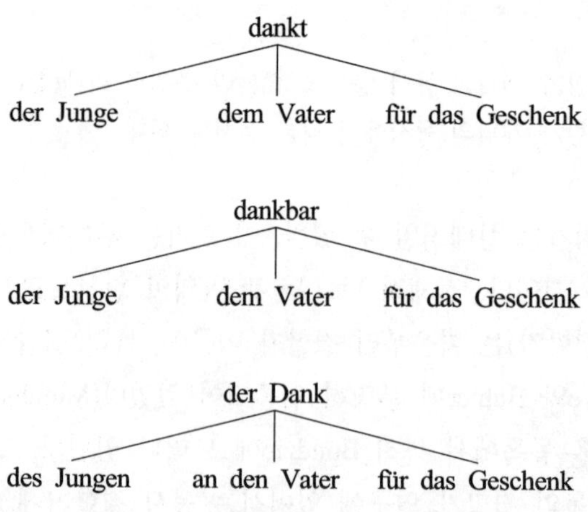

형용사 *dankbar*와 명사 *Dank*는 문장 또는 구에서 통사적으로도 또한 의

미적으로도 동사 *dankt*와 유사하게 행동한다. 형용사와 명사는 동사처럼 감사하는 속성(관계)의 측면에서 한정하는 보족어를 요구한다. 보족어는 통사적으로 동사일 때와 부분적으로는 유사하게, 또한 부분적으로는 상이하게 실현된다.

보통 형용사는 동사와 마찬가지로 규정하는 관계를 가질 수 있는, 적어도 한 관계어(명사)를 요구한다. 그렇지 않으면, 결합가가 "사라졌을" 경우에 명사로의 품사 전환이 일어난다. 기능어(Funktor)는 명칭(Name)이 되는데, 이때 의미에 표현된 자질이 직접 사물(사람)을 지시하기 위해 현실세계와 관계한다(4.1.2 비교).

> *der kleine ... kräht
> Der kleine Hahn kräht. (작은 수탉이 운다)
> der Kleine kräht.

이와 유사하게 동사와 형용사에서 파생된 명사에도 결합가가 부여될 수 있다. 이것은 동사문이 명사구로 변형되는 경우(소위 명사화의 경우)에 통사구조에 있어서 규칙적인 대응이 분명하다는 사실을 통해 지지된다. 비교:

> Die Befragung des Nachbarn durch Herrn N.
> (N씨에 의한 이웃에게의 질문)
> Herr N. befragt den Nachbarn.
> (N씨는 이웃 사람에게 묻는다)
> (Der Nachbar wird durch Herrn N. befragt)
> (이웃사람은 N씨에 의해 질문을 받는다)

보충 필요성(Ergänzungsbedürftigkeit)이라는 결합가의 일반적인 정의에서 출발하면, 감탄사를 제외한 모든 품사의 단어에 결합가가 존재한다는 것은 자명하다. 왜냐하면 감탄사를 제외한 모든 단어가 다른 단어와의 통사적 결합을 전제하기 때문이다. 그러나 동사에서 얻어진 결합가의 규정을 전제하면, 보충 필요성 자체가 결합가를 위한 기준이 되지 못한다는 결과를 얻게 될 것이다. 우선 형용사와 명사에 있어서는 한정되는 형용사 보충어와 명사 보충어가 문제가 될 것이다. 여기에서 출발하여 우리는 동사의 경우와 유사하게 (한정하는) 의무적 첨가어(예를 들면 *der gut gelaunte Vater* 기분이 좋으신 아버지) 및 협의의 수의적 보족어도 포함해야 할 것이다.

일반적으로 형용사에 결합가가 부여된다는 것에 이견이 없다. 더 나아가 동사에서 파생된 명사도 결합가를 취한다는 것에도 이견이 없다. 그러나 원래 명사에 결합가가 주어지는지는 논란이 된다(5.2.4 비교). 또한 부사(네 번째 주요 품사)에도 형용사와 유사하게 결합가가 부여될 수도 있다. 우리는 부사를 결합가 보유어로서 따로 다루지 않고, 3.3(3.3.2)와 5.1.4에서 직/간접으로 이 문제를 다룰 것이다.

흔히 보조어(Hilfswort), 특히 접속사와 전치사, 조동사의 위상이 논의된다. 우리는 보조어의 경우에 결합가라 할 수 없다는 입장을 취한다(전치사 및 접속사의 결합가 문제에 대해서는 3.3.1 비교).

5.1 및 5.2에서 형용사 결합가와 명사 결합가 문제가 범례적으로 언급되는데, 이것은 결합가가 존재함을 입증하기 위한 그리고 동사 결합가에 비해 특이한 점들을 지적하기 위한 목적이다.

5.1 형용사 결합가

형용사는 부가어적(attributiv), 술어적(prädikativ) 또는 부사어적(adverbial)

으로 사용될 수 있다. 형용사는 통사적 결합 가능성에 따라 구분될 수 있다(Starke 1977:200 비교).

– 부가어와 술어 그리고 부사어로 사용될 수 있는 형용사들, 예:

gut: ein gutes Gedächtnis	streng: ein strenges Urteil
(좋은 기억력)	(엄격한 판결)
Der Wein ist gut.	Der Vater ist streng.
(그 와인은 좋다)	(아빠는 엄격하시다)
Er hört gut.	Betreten streng verboten.
(그는 잘 듣는다)	(출입엄금: 출입이 엄격히 금지된다)

– 부가어 및 부사어로 사용될 수 있는 형용사들, 예:

anderweitig(그밖의), *anfänglich*(최초의), *einzeln*(개별의), *gerichtlich*(합법의), *künftig*(장래의)

– 술어 용법에 제한된 형용사들, 예:

gewahr(알아채다), *gram*(원망하다), *imstande*(할 수 있다), *gang und gäbe* (관행이다), *schuld*(책임이 있다), *teilhaftig*(관여하다)

– 부가어 용법에 제한된 형용사들, 예:

irdene Schüssel(점토 사발), *baldige* Heimkehr(급거 귀국), *betriebliche* Belange(경영상의 관심사)

우리는 우선 부가어 용법과 술어 용법의 형용사에 제한하려 한다. 계사

*sein*을 결합가 보유어로 간주하지 않기 때문에(5.3 비교), 부가어 용법과 술어 용법의 형용사는 동일한 의미 결합가를 취한다는 데에서 출발할 수 있다. 이것은 다음의 도식에 표현된다.

kleine Tinka (작은 팅카)
Tinka ist klein. (팅카는 작다)
Die kleine Tinka amüsiert sich. (작은 팅카가 흥겨워 한다)

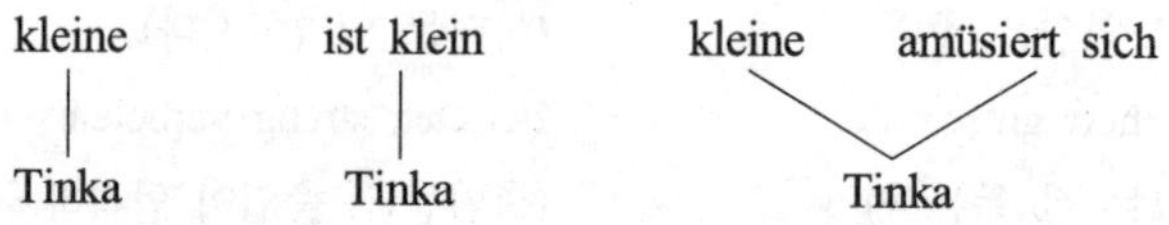

5.1.1 양적 결합가

몇몇 연구들이 입증하듯이(Junker 1969, Sommerfeldt 1971, Sommerfeldt/Schreiber 1971; 1977, Starke 1973), 동사 그리고 부가어 용법과 술어 용법의 형용사가 상당히 평행을 이루고 있지만, 개별적으로 상당한 차이점도 있다. 그 차이점은 우선 빈자리의 수에서 시작된다. 1가, 2가 그리고 3가 형용사가 있다. 또한 그 비율에서도 상당한 차이가 있다. 동사는 대개 결합가가 높은 반면, 형용사는 다수가 1가이다. Sommerfeldt/Schreiber의 "독일어 형용사 결합가와 분포에 대한 사전"(1983)에는 587개의 형용사가 망라되어 있다. 이 587개 형용사 중에서 1557개의 의미 변이형이 변별된다. 1557개의 의미 변이형 가운데 155개만 다가(mehrwertig)이다. 따라서 전통적인 용어 '속성어(Eigenschaftswort)'는 정당해 보인다. 형용사는 전형적으로 1가이며, 이에 상응하여 전형적으로 속성(관계가 아닌)을 사상한다. 155개의 다가 형용사 의미 변이형 가운데 불과 11개만 3가다.

의무적 보족어와 수의적 보족어의 변별은 동사와 유사하다. 동사와 마찬가지로 술어적 형용사의 주격 보족어(주어)와 부가어적 형용사의 명사 관계어(Bezugswort)는 의무적이다. 명사 관계어는 술어적으로 사용되는 형용사의 주격 보족어에 해당한다. Sommerfeldt/Schreiber는 38개 의미 변이형을 기재하고 있는데, 여기서 형용사는 수의적 2가(한 의무적 보족어와 한 수의적 보족어)이며, 반면 106개의 의미 변이형에서 형용사는 의무적 2가이다.

Sommerfeldt(1973:115)가 형용사는 거의 의무적 보족어만 취한다고 결론내린 것은 정당하다(Helbig 1976a:133에 반하여).

3가 형용사에는 2개의 의무적 보족어와 1개의 수의적 보족어를 취하는 5개 의미 변이형이 있으며, 1개의 의무적 보족어와 2개의 수의적 보족어를 취하는 1개의 의미 변이형이 있고, 3개의 의무적 보족어를 취하는 5개의 의미 변이형이 있다.

1가의 의미 변이형에 대비되기 때문에, 대개 의무적 2가 의미 변이형인 형용사를 자주 보게 된다(Sommerfeldt 1973:115 비교). 두 번째 보족어는 의무적인데, 한 보족어가 실현되지 않는 경우에 청자는 1가 용법의 형용사에 해당하는 변이형을 추론해야 할 것이기 때문이다. Sommerfeldt/Schreiber의 사전에서 106개의 의무적 의미 변이형 가운데 73개가 바로 그런 경우이다.

예:

ledig:	Er ist ledig. (그는 미혼이다)
	Er ist der Sorgen ledig. (그는 근심에서 벗어났다)
müde:	Er ist müde. (그는 피곤하다)
	Er ist der Ermahnungen müde. (그는 훈계에 지쳤다)
würdig:	ein würdiger alter Herr. (위엄있는 노인)

Er ist der Auszeichnung würdig. (그는 영예를 받을 만 하다)
reich: Er ist reich. (그는 부유하다)
Er ist reich an Erfahrung. (그는 경험이 많다)
hoch (und andere Massadjektive 다른 단위 형용사들)
Das Haus ist hoch. (그 집은 높다)
Das Haus ist 20m hoch. (그 집 높이가 20m이다)

Starke(1973:140)는 의미적 0가 동사에서 유추하여 0가 용법의 형용사를 언급한다.

Es ist neblig/ trübe. (안개가 껴있다/날씨가 흐리다)
Es regnet. (비가 온다)

Helbig(1976a:135)는 이 결론의 정당성을 의심하는데, 기상 동사와 달리 형용사의 경우에 대명사 *es*를 대신해 다른 주어가 대치될 수 있기 때문이다. 비교:

Das Wetter/der heutige Tag/der Abend ist neblig.
(날씨가/오늘은/저녁에는 안개가 껴있다)

그러나 우리가 볼 때 *Es regnet - Es ist neblig*의 유사성은 형용사에서 의미적 0가 변이형의 가정을 찬성하는 것으로 보인다. 대명사 *es*가 *das Wetter*의 대체로 볼 수 없다.

5.1.2 질적 결합가

또한 보족어의 형태적 특성과 통사적 특성과 관련해 볼 때, 개별적인 차이점들에 있어 동사와의 평행성이 존재한다. 명사 보족어는 속격, 대격 또는 전치사격으로 올 수 있는데, 술어적 형용사의 경우에 또한 명사 보족어가 주격으로 온다. 부가어적 형용사에서 관계어는 주격에 해당하며, 관계어의 격은 상위의 통사적 맥락에 따른다. 의미가 유사한 동사와 형용사는 흔히 어원적으로 유사하고 서로 파생 관계에 있으며, 양적 결합가와 질적 결합가에 있어 대개 일치한다(Starke 1973: 141ff.). 비교:

Jemand dankt jemandem. − Jemand ist jemandem dankbar.
(누가 누구에게 감사하다)
Jemand beteiligt sich an etwas. − jemand ist an etwas beteiligt.
(누가 어떤 일에 참가하다)

그러나 부분적으로 개별 격의 분포에서 현격한 차이가 나기도 한다. 대격은 동사와 비교할 때 아주 드물다.

die Sorgen los, die Antwort gewöhnt, die Antwort schuldig
(근심이 없다), (그 답변에 익숙하다), (그 답변에 책임이 있다)

속격은 비교적 자주 나타난다.

des Glücks teilhaftig, der Sorgen ledig, des Wartens müde,
(행운과 관계있다), (근심이 없다), (기다림에 지치다),
der Tat geständig, seiner sicher
(그 행동을 인정하다), (그를 신뢰하다, 자신하다)

동사에서처럼 보족어의 형태-통사적 특성에 대한 대체형도 있다(Starke 1973:141, Helbig 1976a:133 비교). 이것은 (동사에서처럼) 속격에 해당한다.

als er meiner/mich gewahr wurde
(그가 나를 알아보았을 때)
dieser ewigen Betriebsamkeit/diese ewige Betriebsamkeit müde
(이 끊임없는 활동에 지치다)
einer solchen Tat/zu einer solchen Tat fähig
(이와 같은 일을 할 수 있다)

술어 용법의 형용사는 비교적 자주 주격 보족어 없이도 여격 보족어와 함께 사용될 수 있다. 문법적 주어 *es* 외에 여격 보족어는 홀로 실현되거나, 사람의 물리적 또는 심리적 상태가 기술되는 경우에 (주격 대신) 선택되어야 한다(Junker 1969:95f. 비교).

Ihm war flau im Magen. — *Er war flau im Magen.
(그의 위는 기력이 없었다, 그는 배가 고팠다)
Ihm war warm. — Er war warm.
(그는 따뜻했다)
Ihm war schlecht. — Er war schlecht.
(그는 언짢았다)

이 문형은 동사의 경우 비인칭 과정수동에 평행하다.

Ihm wurde geholfen/geantwortet. (그가 도움을 받았다/답변을 받았다)

독일어 문장의 기본 모형에 비해 이 문장 모형의 특수성은 문법적 주어 *es*를 제외하면 주격 보족어(주어)가 나타나지 않으며, 주어 기능(즉, 화제의 기능, 7장 비교)이 여격 보족어에서 인지된다.

동사에서처럼 형용사의 경우에도 보족어는 부문장, 부정형 구문 또는 명사화의 형태로 실현될 수 있는데, 이들은 해당 보족어의 의미자질 '사태(Sachverhalt)'를 갖는다. 다음을 비교해 보라.

Dass du morgen kommst, ist wichtig.
(네가 내일 가는 것이 중요하다)
Morgen zu kommen ist wichtig.
(내일 온다는 것이 중요하다)
Dein Kommen ist wichtig.
(네가 오는 것이 중요하다)

더 나아가 형용사의 경우에도 의무적 첨가어가 존재한다.

Er ist *gut* gelaunt. (그는 기분이 좋다)
Das Material ist *schlecht* beschaffen.
(재료는 엉성하게 되어 있다)
Der Kuchen ist *gut* geraten.
(케익이 잘 만들어졌다)
das *dort* befindliche Lager. (거기 그 자리)

5.1.3 비교급

동사의 경우에 수동이 기본 결합가에 비해 결합가 축소의 중요한 문법적 가능성을 열어두고 있는 것처럼(3.3.4 비교), 형용사 영역에는 비교급이 기본 결합가에 대한 결합가 확대의 중요한 문법적 가능성이다 (Sommerfeldt/Schreiber 1971:228; 1983:31 비교).

Emil ist groß. (에밀은 크다)
Emilia ist größer. (에밀라는 더 크다)

비교급을 통해 표현된 비교는 해당 비교대상을 전제한다.

최상급에서는 비교급에서처럼 비교대상을 언급하는 것이 꼭 필요하지 않다. 왜냐하면 최상급은 모든 가능한 비교 대상과의 비교를 함의하기 때문이다.

Emil ist der größte. (에밀이 제일 크다)

(예를 들면 그 반의 다른 학생들과 비교하여 또는 배구팀의 다른 선수들과 비교하여)

이런 이유로 독일어에는 비교급에 상당하는, 비교 단위를 연계하는 편리한 문법적 방법이 없다. 비교단위를 언급하려면, 화자는 장황하게 다시 돌려 말하는 방법 밖에 없다. 예들 들면:

Emil ist verglichen mit den anderen Schülern der größte
(다른 학생들과 비교할 때 에밀이 제일 크다)

이런 관점에서 형용사의 술어적 용법과 부가어적 용법의 비교급에서 비교 대상을 실현할 수 있는 상이한 가능성 또한 흥미롭다. 술어적 용법에서와 달리 부가어적 용법의 경우에 비교 대상의 통사적 실현 가능성이 제한되어 있다. 비교:

Der Junge ist älter als sein Freund.
(그 소년은 그의 친구들 보다 나이가 많다)
*der älter als sein Freund Junge

*der als sein Freund ältere Junge

화자는 비교급 형태만으로도 만족할 것이다.

der ältere Junge

예를 들면 그 소년에 관해 이미 언급되어 있어야, 청자가 문맥에서 비교 대상을 끌어오거나, 아니면 화자가 장황하게 돌려 말해야 한다(Sommerfeldt/Schreiber 1971:228; 1983:31 비교).

der im Vergleich/im Verhältnis zu seinem Freund ältere Junge.

독일어에는 또한 형용사가 뒤에 오는, 일상적이지 않은 가능성도 있다.

der Junge, älter als sein Freund.

동시에 후치된 부가어는 동격의 비제한 특성을 갖는다.

der Junge, der im übrigen älter als sein Freund war.

5.1.4 부사어 용법의 형용사와 서술적 부가어

형용사는 부가어적 용법과 술어적 용법 외에 부사어적 용법도 가능하다. 다음을 비교해 보라.

Der gute Spargel (좋은 스파겔)
Der Spagel ist gut. (스파겔은 좋다)

Der Spargel gedeiht gut. (스파겔이 아주 무성하다)

Sommerfeldt/Schreiber의 결합가 사전에는 각각의 형용사가 부가어, 서술어 그리고 부사어로 사용될 수 있는지 기재되어 있다. 형용사의 부사어적 용법에 대한 의미적 근거는 형용사가 사물(사람)은 물론 과정도 규정할 수 있다는 데 있다.

그 밖에도 형용사 *gut*은 술어적 용법에서 한정적으로 보족어로서의 사태와 관계될 수 있다. 다음을 비교해 보라.

Es ist gut, dass der Spagel gedeiht. (스파겔이 무성한 것이 좋다)

우리는 이미(4.5장) 오직 동사와 관계된 형용적 부사와 동사를 넘어서 사태의 사상과 관계가 있는 형용사적 부사(소위 양태어)를 변별했다. 예를 들면:

Er kommt schnell. – *Es ist schnell, dass er kommt.
(그가 빨리 온다)
Er kommt wahrscheinlich. – Es ist wahrscheinlich, dass er kommt.
(아마도 그가 올 것이다)

*wahrscheinlich*와 달리 부사어 용법의 *gut*은 오직 동사(과정)와 관계하며, 전체 명제와 관계가 없다.

Es ist gut, dass der Spargel gedeiht.
Der Spargel gedeiht gut.

위의 두 문장은 *wahrscheinlich*를 취하는 해당 문장과 의미적으로 등가가 아니다.

따라서 이중 관계가 가능하다(소위 서술적 부가어).

Man trug ihn betrunken fort.

서술적 부가어(prädikatives Attribut)는 복합적인 문법 현상이다. 우리는 여기서 단지 결합가 기술과의 관련성이 어떻게 이루어지는지 시사하는 데 그치려 한다.

한 가능성은 다음과 같이 통사구조(통사 결합가)와 의미구조(의미 결합가) 사이의 불일치를 가정하는 것이다.

서술적 부가어에서 형용사는 통사-형식적으로 동사와 관계하는 반면, 의미적으로 문장의 주어 또는 목적어와 관계한다. 따라서 소유의 여격(4.4 비교)과 유사한 문제가 화제에 오르게 된다. 그리하여 다음의 문장 쌍은 완전히 같은 의미라 할 수 없다.

Man trug den Mann betrunken fort.
Man trug den betrunkenen Mann fort.
(사람들이 술 취한 그를 부축해 갔다)

Emma trinkt den Kaffee gern schwarz.
Emma trinkt gern schwarzen Kaffee.
(엠마는 블랙커피를 즐겨 마신다)

형용사는 형식 통사적으로 동사와 관계하고 있을 뿐 아니라, 동사에 대한 통사 관계를 통해 일정한 의미 관계가 성립된다. 소질(Beschaffenheit)과 관련하여 해당 인물 또는 대상이 한정될 뿐 아니라, 행위가 발생한 정황과 관련하여 그 행위가 동사에 대한 통사 관계를 통해 또한 한정된다.

필자 생각에는 형용사의 의미 결합가를 통해 구분되는 두 그룹의 형용사가 존재함이 서술적 부가어 현상에 대한 원인이다.

1. 의미 결합가에 있어 우선적으로 과정/상태와 관련되는 형용사가 있다. 따라서 어휘부에 기재된 일차적인 범주적 의미자질은 'proc' 또는 'stat'이지, '+Anim'이 아니다. 그러나 이 형용사가 부가어로도 또한 술어로도 사용될 수 있으며, 따라서 이차적으로 의미상 사물(사람)과도 관련될 수 있다. 예를 들면:

schnell	부사어: schnell laufen (빨리 달리다)
	부가어: ein schneller Läufer (빠른 주자)
	술　어: Er ist schnell (그는 빠르다)
eigentümlich	부사어: eigentümlich trainieren (독특하게 훈련하다)
	부가어: eigentümlicher Sportler (독특한 스포츠맨)
	술　어: Du bist eigentümlich (너는 독특해)
frech	부사어: Der Junge antwortet frech (그 소년은 무례하게 대답한다)
	부가어: ein frecher Junge (무례한 소년)
	술　어: Der Junge ist frech (그 소년은 무례하다)

어떤 사람이 빠르게 행동하면, 예를 들면 빠르게 뛰거나 빠르게 달릴 수 있으면, 그는 빠르다. 어떤 사람이 독특하게 행동하면, 그는 독특한 것이다. 어떤 사람이 어떤 식으로 무례히 말 하거나 행동하면, 그는 불손한 것이다. 따라서 해당 형용사가 한정되는 사물/사람에 귀속되는 과정/상태를 한정하면서, 과정/상태와 관계한다는 점에서 과정/상태에 대한 의미 관계가 일차적이며, 사람/사물에 대한 의미 관계는 이차적이다. 의미의 성분분석은 이 사실을 (이것이 적합

한 경우에) 반영할 것인데, 여기서 형용사가 부가어 용법 또는 술어 용법에서 명사 전체의 의미(의미소 전체)와 관계하는 것이 아니라, 다만 명사의 개별 불변 의미자질이나 또는 가변 의미 자질(의미소의 의소)과 관계가 있다는 점이 입증될 것이다. 이러한 맥락에서 의미의 삼투(Permeabilität 상호 침투 wechselseitige Durchdringung) 개념을 비교해 보라 (Viehweger 1977:218f.; Welke 1985:76f.).

2. 의미 결합가에 있어 우선적으로 사물/인물과 관련된 형용사가 있는데, 이런 형용사들은 또한 통사적으로 부사어로 사용될 수 있으며, 이차적으로 의미상 과정/상태와 관계할 수 있다. 이것이 바로 서술적 부가어로 파악되는 부사어 용법의 형용사이다. 예를 들면:

Emma trinkt den Kaffee gern schwarz.	(엠마는 블랙커피를 즐겨 마신다)
Er lief betrunken nach Hause.	(그는 취한 채 집으로 달려갔다)
Er kam wohlbehalten an.	(그는 무사히 도착했다)

필자의 생각에는 제2 명제로의 변형 가능성이 구별 실험으로서 이용될 수 있다고 본다. 변형 가능성이 "정상적인" 부사어 용법(의미적으로 과정/상태에 일차적인 관계)의 경우보다 서술적 부가어의 경우(의미적으로 사물/사람에 일차적인 관계)에 더 적절해 보인다. 다음을 비교해 보라.

Emma trinkt den Kaffee nur, wenn diser schwarz ist.
(커피가 블랙일 때만, 엠마는 커피를 마신다)
Er lief nach Hause und war betrunken. (obwohl er betrunken war)
(그는 집을 향해 달렸다. 그리고 술에 취해 있었다)
(그가 취해 있었음에도 불구하고)
Er kam an und war wohlbehalten.

(그는 도착했다. 그리고 무사했다)

이에 반해 우선적으로 과정/상태와 관련되는 형용사의 경우에 이 변형이 덜 적절해 보인다.

Er lief schnell nach Hause.
(그는 집을 향해 빨리 달렸다)
Er lief nach Hause und war dabei schnell.
(그는 집을 향해 달렸다. 그리고 그는 이때 빨랐다)

Er trainierte eigentümlich.
(그는 독특하게 훈련했다)
Er trainierte und dabei eigentümlich.
(그는 훈련했다. 그리고 동시에 독특했다)

Der Junge antwortete frech.
(그 소년은 무례하게 대답했다)
Der Junge antwortete und war dabei frech.
(그 소년은 대답했다. 그리고 그때 무례했다)

유념할 점은 다의어(Polysemie) 관계가 가능하다는 것이다. 예를 들면 의미 변화(의미 전이)가 먼저 의미 관계의 교체와 관계할 수 있다.

Emma trinkt den Kaffee gern schwarz.

위의 문장은 또한 (기술된 사태에 대해 덜 개연적이라 할지라도) 다음의 문장을 의미할 수 있을 것이다.

Emma kauft den Kaffee illregal. (엠마는 커피를 불법으로 구매한다)

비교:

Emma kauft den Kaffee schwarz.

이런 경우에 *schwarz*는 의미 결합가에서 우선적으로 과정과 관련된다. 이와 유사하게:

Emil sprang, tüchtig, wie er nun einmal ist, auf, um für Erna einen Stuhl zu besorgen. (에밀은 에나에게 의자를 가져다 주기위해 날쌔게, 그는 원래 그런데, 벌떡 일어섰다)
Emil arbeitete tüchtig. (= arbeitete sehr)
(에밀은 열심히 일했다)

형용사의 개별 용법에 따라 먼저 의미적으로 부사어 용법 형용사와 부가어 용법 형용사의 구별이 가능하다. 이것은 한편으로 형용사처럼, 다른 한편으로 부사처럼 행동하는 소위 형용-부사의 품사 분류라는 복잡한 문제와 관계가 있다(품사와 관련된 문제제기에 대해서는 Starke 1977: 190ff.를 비교하라). 이 문제제기는 통사적으로 문법에서 논의되는 형용사의 부가어 용법이 우선적인지, 아니면 술어 용법이 우선적인지의 문제이다. 생성 문법의 전통적 해석에서 술어적 형용사가 기본 용법이라 가정한다(Motsch 1964 비교). 부가어인 형용사구는 관계문의 통사구조에서 파생한다. 그러나 부가어 용법이 발생적으로 기본인 원래 형용사 용법으로 간주하게끔 하는, 그리하여 관계문을 형용사 부가어에 비해 이차적으로 간주할 수 있게 하는 몇몇 부가어 형용사구도 있다(Holenstein 1980: 26ff.; Jakobson 1980:177; Zimmermann 1985:169 비교).

5.1.5 과정의 목표에 대한 부가어적 관계

의미적으로 과정/상태를 일차적으로 또는 이차적으로 규정하는 형용사의 부가어 용법에서 형용사는 과정 보유어(흔히 행위자)로서 사물/사람과 관계가 있다.

ein schneller Läufer (빠른 주자)
ein ärgerlicher Mann (언짢아하는 남자)
ein bedächtiger Mann (신중한 남자)
eine grüne Tapete (초록 벽지)

그러나 또한 형용사가 과정의 목표(피행위자)와 관계가 있는 형용사 용법도 있다.

ein schnelles Tor (빠른 골)
ein ärgerliches Ereignis (짜증나는 사건)
ein bedächtiger Sparziergang (조심스러운 산보)

이 경우에 드물게 출현하는 형용사 용법을 설명하기 위해 특히 과정/상태에 대한 형용사의 일차적 또는 이차적 관계 가능성을 끌어와야 한다. 여기서 해당 과정으로의 변형(기본관점으로서 동사의 능동형이 언어적으로 고정되어 있는 관점으로의 회귀)이 매개체가 된다.

Ein schneller Läufer – ein Mensch, der schnell läuft.
(빨리 달리는 사람)
ein schnelles Tor – ein Tor, das schnell erzielt wird.
(빠르게 이루어진 골)

ein ärgerlicher Mann − ein Mann, der sich ärgert.
(언짢아하는 남자)

ein ärgerliches Ereignis − ein Ereignis, über das sich jemand ärgert.
(누군가가 그것에 대해 언짢아하는 사건)

ein bedächtiger Mann − ein Mann, der bedächtig ist.
(사려 깊은 남자)

ein bedächtiger Spaziergang − ein Spaziergang, der bedächig unternommen wurde. (조심스러운 산보)

과정/상태를 표시하며 동사 또는 형용사에서 파생된 명사 또는 통사-의미적으로 이러한 파생어들과 유사하게 행동하는 명사에 대한 부가어적 관계를 형용사 용법에 대한 구조적 매개체로서 간주할 수 있다.

automatisch abfüllen − automatisches Abfüllen
(자동 급유하다) automatische Abfüllung

augenblicklich ausführen − augenblickliches Ausführen
(순간적으로 수행하다) augenblickliche Ausführung

ständig helfen − ständiges Helfen
(계속해서 돕다) ständige Hilfe

추상명사가 구체명사로 변형(사물의 명칭으로 전환)됨으로써 해당 형용사도 또한 함께 변화하며 더 이상 과정을 한정하지 않고, 과정의 결과를 한정한다.

schnelles Schießen − ein Schießen, das schnell abläuft.

schneller Schuss – ein Schuss, der schnell abgegeben wird.

schnelles Urteilen – ein Urteilen, das schnell verläuft.
schnelles Urteil – ein Urteil, das schnell abgegeben wurde.

automatisches Abfüllen – ein Abfüllen, das automatisch geschieht.
automatische Schaltung – eine Schaltung, die automatisch betrieben wird.

5.1.6 완전 동사에 대한 보족어로서 형용사

서술적 부가어는 완전 동사에 대한 보족어로 볼 수 있는 서술어 형용사와 구조적인 평행성을 보인다(Plank 1985 비교). 다음을 비교해 보라.

(1) Emil findet den Kaffee gut.
(2) Emil trinkt den Kaffee schwarz.

그러나 의미적 차이점이 있다. 문장 (1)에서 *das Finden*은 커피가 좋다는 상황을 통해서 특성화(한정)되지 아니한다. 이것은 의역문을 통해 표현된다.

(1) Emil findet, dass der Kaffee gut ist.
(2) Emil trinkt den Kaffee nur, wenn er schwarz ist.

문장 (1)에서 부문장은 한정되는 보족어인 반면, 문장 (2)에서 부문장은 한정하는 첨가어이다. 보족어로서 서술어 형용사와 서술적 부가어 사이의 의미적 차이는, 통사-형태론적으로(즉 통사적 "표층구조"에서) 아무런 차이가 없지만, 서술적 부가어가 한정하는 첨가어로 파악될 수 있다는

데 있다.

그러나 통사구조에서의 동질성은 다른 경우의 보족어와 첨가어 사이에서도 찾아볼 수 있다. 예를 들면 대격 명사는 보족어일 수도 또한 첨가어일 수도 있다.

Er baute das Haus.	보족어
(그는 집을 지었다)	
Er verbummelte den ganzen Tag.	보족어
(그는 온종일 빈들거렸다)	
Er arbeitete den ganzen Tag.	첨가어
(그는 온종일 일했다)	

장소 동사에서 장소 규정어가 보족어이지, 첨가어가 아니다(2.4.3 비교):

Er wohnt in Berlin.	보족어
(그는 베를린에 산다)	
Er arbeitet in Berlin.	첨가어
(그는 베를린에서 일한다)	

Helbig/Schenkel(1982)은 특히 동사 *nennen*과 *finden*의 경우에 형용사를 각각 제3의 의무적 보족어로 표시하고 있다. 여기서 논항이 문제가 된다는 사실은 다음 문장들의 비교를 통해 그 근거를 찾을 수 있다.

(1) Erna findet Emil schnell. (에나는 에밀이 빠르다는 것을 안다)
(2) Erna sucht Emil schnell. (에나는 에밀을 빨리 찾는다)
(3) Erna findet Emil faul. (에나는 에밀이 게으른 것을 안다)

문장 (1)은 중의적이다. 이 문장은 *finden*이 *schnell*에 의해 한정된다고 해석할 수 있거나(*Erna findet Emil in kurzer Zeit*)(의역문화 가능성), 또는 *Erna*가 *Emil*이 빠르다는 것을 알게 된다고 해석할 수 있다.

schnelles Finden

문장 (2)에서 *schnell*이 오직 한정하는 기능어로만 해석될 수 있다. 문장 (3)에서는 형용사 *faul*을 한정하는 기능어로의 해석이 배제된다. 비교:

*faules Finden

문장 (1)의 두 번째 해석과 문장 (3)의 해당 형용사는 동사에 의해 한정되는 논항이다. 이것은 의역문을 통해 분명해진다.

Erna findet, dass Emil faul ist.

여기서 부문장은 동사의 논항이며, 이것은 *nennen*의 경우에 형용사를 명사로의 대체 가능성을 통해 분명해진다.

Erna nennt Emil einen Faulpelz. (에나는 에밀을 게으름뱅이라 부른다)

이러한 동사를 3가로 보는 우리의 분석과 Helbig/Schenkel의 분석에 대한 가능한 반론은 다음에 있다: *finden*과 *nennen*은 표층에서만, 다시 말해서 형식 문법적으로만 3가 동사로 출현한다는 것이다. 의미적으로는 2가 동사이다. 다음 의역문은 이것을 시사할 것이다.

(1) Erna findet, dass Emil faul ist.

(2) Erna sagt, dass Emil faul ist.

우리의 분석에 대해 가능한 또 다른 반론은 우리가 대격 목적어와 형용사를 나란히 동사에 대한 보족어로 간주함으로써 존재하게 되는 둘 사이의 의미 관계를 고려하지 않는데 있다. *Erna*가 *Emil*을 게으르다고 말하거나 또는 게으르다고 봄으로써 *Emil*과 *faul*을 의미적으로 관련 지운다. 실제 의미 관계가 주어진 통사구조에 통사적으로 분명하게 표현되어 있지 않지만, 분명히 존재하며 부문장으로의 의역문에서 보다 분명하게 표현된다.

이런 맥락에서 보면 모든 3가 동사가 2가의 기능어로 분석될 수 있다는 점은 앞의 반론에 반하는 것이 될 것이다.

Emil gibt Paul das Buch.

예를 들면 앞의 문장에서 행위자가 행위와 관련된 두 단위를 특정한 관계로 이어준다는 점이 표현된다.

Emil macht, dass Paul das Buch hat.

우리는 형용사의 보족어로서의 지위가 두 이의제기와 상관없이 그대로 유지된다고 본다. 두 반론은 오직 보족어로서 대격 목적어의 위상에 관계되기 때문이다. 대격 목적어는 물론 통사적으로 동사에 대한 보족어이다. 문제는 ― 우리는 이 문제에 대해 답하지 않겠다 ― (1) 대격 목적어가 의미론적인 의미에서도 동사의 보족어로 간주되거나, 아니면 (2) 대격 목적어가 통사구조와 달리 의미적으로 오직 형용사에 대한 상태 보유어인데, 이때 대격 목적어가 어쨌든 통사적으로 지정되지 않은 기능을 갖는다.

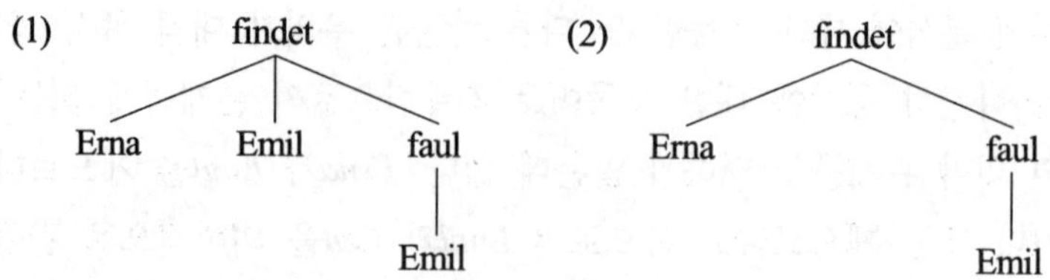

5.1.7 분사의 결합가

동사 결합가와의 원칙적인 평행성은 또한 부가어로 사용된 분사와 부사어로 사용된 분사에도 적용된다. Helbig(1976a:132)는 의무적 결합가와 수의적 결합가의 관점에서 그 유사성을 입증한다. 비교(Helbig 1976a: 132):

Der Aktivist wohnt im Hochhaus.
(그 모범 근로자는 고층 아파트에 산다)
*der wohnende Aktivist (*거주하는 모범 근로자)
der im Hochhaus wohnendes Aktivist.
(고층 아파트에 사는 모범 근로자)

Der Zug fährt (vom Hauptbahnhof) ab.
(기차가 중앙역을 출발한다)
der abfahrende Zug (출발하는 기차)
der (vom Hauptbahnhof) abfahrende Zug.
(중앙역을 출발하는 기차)

부가어적 형용사 경우에서와 같은 체계적인 변형은 주격 보족어의 명사 관계어가 정형 동사의 형태에 상응한다는데 있다.

Der Aktivist wohnt im Hochhaus.
(그 모범 근로자는 고층 아파트에 산다)
den im Hochhaus wohnenden Aktivist.
(고층에 아파트에 사는 모범 근로자를)

Die Frage wurde nicht beantwortet.
(그 질문은 답변되지 않았다)
die nicht beantwortete Frage. (답변되지 않은 질문)

Der Zug ist angekommen. (기차가 도착했다)
der angekommende Zug. (도착할 기차)

수동적인 분사 II의 경우에는 정형 수동태에 해당하는 결합가의 축소가 존재한다. 비교:

Der Arzt sucht den Schlosser auf.
(의사가 열쇠공을 수소문한다)
Der Schlosser wird (vom Arzt) angesprochen.
(열쇠공이 (의사에 의해) 호출되었다)
der (vom Arzt) angesprochene Schlosser.
((의사에 의해) 호출 받은 열쇠공)

비수동적 분사 II는 분사 I과 같다.

형용사의 경우와 유사하게 분사의 경우에도 의미의 차이가 느껴지는 양적 결합가의 차이를 만나게 된다. 어휘화된 분사들, 즉 완전히 형용사가 된 분사도 있는데, 원래 분사 및 동사에 비해 이것의 결합가가 축소

되어 있다. 비교 (Helbig 1976a:132):

die (vom Pförtner) aufgeschlossene Tür.
(수위에 의해 열려진 문)
die Teilnehmer des Lehrgangs waren aufgeschlossen.
(그 과정의 참가자들은 개방적이었다)
der (von der Mutter) aufgeweckte Junge.
((엄마에 의해) 깨워진 소년)
Er war ein aufgeweckter Junge.
(그는 총명한 소년이었다)

5.2 명사 결합가

형용사 결합가와 명사 결합가 사이에는 근본적인 공통점이 있지만, 차이점도 있다. 중요한 공통점은 동사 결합가와 유사하다는 것이다. 근본적인 차이점은 형용사가 동사와 평행하게 본원의 결합가를 취한다는데 있다. 이에 반해 명사 결합가는 파생 관계에 기인한다. 명사는 조어법적 전환 또는 문법적 전환을 통해 동사 또는 형용사에서 파생되는 동시에 동사 또는 형용사로부터 결합가 속성을 승계한다. 동사 파생명사의 경우에 우선 명사화된 부정형(또는 *-en*으로 끝나는 중성의 파생명사)인 *das Arbeiten, das Weglassen, das Verfahren* 그리고 *-ung*로 끝나는 파생명사가 문제가 된다: *Ableitung, Behauptung, Entwicklung.* 현대 독일어에서 더 이상 생산적이지 않은 예를 들어보면 *Flucht, Gang*과 같은 파생명사도 소위 생산적인 파생어에 추가된다. 이러한 파생 관계를 오늘날의 화자가 유추해낸다는 (그리고 이 유추를 자신의 사전에 기재해 놓고 있다는) 점에서 바로 파생관계가 실재한다.

behaupten – Behautung = gehen – Gang, fliehen – Flucht
(주장하다) (주장) (가다) (통로) (도주하다) (도주)

여기에 몇몇 특별한 경우가 추가된다. 이들은 이미 존재하고 있는 동사나 형용사에 대해 생산적이거나, 또는 생산적이지 않은 파생관계에 있는 명사와 의미-통사적으로 유사하게 행동하는 명사들인데, 이에 대한 해당 동사는 존재하지 않는다(5.2.2, 5.2.4 비교), 예를 들면:

Idee (*Gedanke*와 유사하게)
Problem (*Frage*와 유사하게)
Vater (*Erzieher*와 유사하게)
König (*Anführer, Regent*와 유사하게)

형용사의 명사화(*das Gute, der Gute*)와 분사의 명사화(*der Lesende, das Gelesene*)를 통해서 또한 예를 들면 *-heit, -keit*와 같은 접미사를 통해서(*Klugheit, Gemütlichkeit*)도 형용사 파생 명사의 수많은 가능성이 존재한다. 여기서도 역시 결합가가 명사에 승계된다.

보족어의 형태-통사적 표지에 있어 부분적으로 동사(형용사)와 명사 사이의 현저한 차이가 있다. 동사나 형용사가 조어법적 절차 또는 문법적 절차를 통해 명사로 바뀌면 이렇게 성립된 명사는 특수한 뉘앙스의 차이가 있지만, 의미 결합가를 거의 승계한다. 그러나 의미 결합가는 문법적 품사인 명사에 적합한 통사적 과정에서 실현된다. 두드러진 특성은 동사가 명사화됨으로써 원래의 명사에서 승계된 통사적 결합 상대의 형태적 표현 수단으로서의 속격이다 비교:

die Tasche der Mutter (엄마의 지갑)
die Beantwortung der Frage (질문의 답변)

속격으로 표시된 의미 관계는 의미적으로 또한 점차 원래 속격 부가어를 취한 명사 자체의 속격 관계로 환원되어 변화한다는 사실을 관찰할 수 있다. 왜냐하면 명사로의 전환을 통해 다른 일이 일어날 수 있기 때문이다. 즉 새로 형성된 명사는 의미론적인 의미에서 보다 강력한 명사가 되며, 의미적으로 자신의 동사적 성격을 상실한다. 이 명사는 처음에 거의 동사와 마찬가지로 과정이나 상태를 사상하는 행위명사(nomina actionis)에서 과정의 결과를 기술하는 결과명사(nomina acti)로, 궁극적으로 본래 명사처럼 사물을 지시하는 구체명사(Konkreta)로 된다(예를 들면 Henzen 1965:181).

(1) Beim Schreiben dieser Zeilen am 10. Juni 1986 fiel mir auf... (행위명사)
(1986년 6월 10일 이 글을 쓸 때 ... 내 주의를 끌었다)
(2) Ihr Schreiben vom 10. Juni 1986... (구체명사)
(1986년 6월 10일의 당신의 편지 ...)

또한 이것의 통사적 특성(제한과 확대)은 동사에 대한 의미적 변화와 관계가 있다. 예를 들면:

* Ihr Schreiben dieser Zeilen vom 10. Juni.
* Beim Schreiben dieser Zeilen vom 10. Juni.
(*Als ich vom 10. Juni diese Zeilen geschrieben habe)

개별적으로 이 변화는 동사의 원래 결합가가 완전히 없어지거나 또는 원래 명사의 의미적 결합 가능성과 완전히 부합할 필요는 없다. 예를 들면 *Ihr Schreiben vom 10. Juni*에서 소유 대명사 *Ihr*에는 원래 동사적 주어(행위자)의 "흔적"이 청자가 소유 관계를 분명히 느끼게 하는 *Ihre Wohnung*에서보다 훨씬 강하게 숨겨져 있으며, 이 소유 관계는 *Ihr*

*Schreiben*에도 또한 존재한다. 이로부터 *Ihr Brief*를 유추할 수 있다.

여기에 또 다른 독특한(특이한) 의미 변화가 추가된다. 그래서 문장 (2)에서 *Schreiben*은 “공식적인 서신교환에서 편지”라는 의미를 가진다.

의미론적 진행과정으로서 명사화 과정은 따라서 어휘화 과정이다. 즉 동사/형용사에서 파생한 명사를 독자적인 단위로서 청자/화자의 사전에 수용된다. 어휘화 과정은 그때그때 상이하게 진행되며, 상이한 결과와 상이한 통사적 영향력을 갖는다.

이런 이유에서 생성 문법에서는(Lees와는 달리 Chomsky 1970, Jackendoff 1975 비교) 이러한 명사들을 변형을 통해 제정한다. 이런 명사들은 오히려 독립된 어휘부의 단위로서 비치되어 있다. 따라서 명사 결합가를 분석할 때 동사/형용사와 파생명사 사이의 의미 차이가 거의 없는 경우에서, 즉 어휘화가 거의 또는 전혀 이루어지지 않은 경우에서 출발하는 것이 방법론적인 이유에서도 또한 실제적인 이유에서도 장점이 있다. 이런 방법을 예를 들면 Sandberg가 제안했다(1976, 1979; Helbig 1976a: 136, 139ff.). 그 밖에도 Sandberg는 (Möslein 1968을 참조하여) 어휘화된 동사 파생명사와 비어휘화된 동사 파생명사 사이의 차이를 재동사화(Reverbalisierung)라는 변형실험을 통해 분명하게 했다. 재동사화란 명사구를 그것이 속한 통사적 문맥에서 동사 구조로 대체하는 것을 말한다(Sandberg 1976:5, 74 비교).

재동사화 실험을 우리의 두 예문에 적용하면, 이것이 문장 (1)에서는 가능하지만, 문장 (2)에서는 동일하게 발효되지 못함을 알 수 있다.

(1) Als ich diese Zeilen schrieb, fiel mir auf...
(내가 이 글을 쓸 때, 나에게 ... 떠올랐다)

(2) *Das, was Sie vom 10. Juni geschrieben haben, haben wir dankend erhalten.
(*당신이 6월 10일에 썼던 것을 우리는 감사히 받았습니다)

예를 들면 *Ihr Schreiben*만 변형실험을 하면, 재동사화가 여기서도 아무런 차이 없이 가능하게 될 것이다.

Sie schreiben

이러한 이유에서 Sandberg는 Schippan(1967)과의 논쟁에서 재동사화는 문맥 안에서 이루어져야 한다고 주장한다.

재동사화 실험을 통해 어휘화된/비어휘화된 동사 파생명사에 관한 결정이 보장될 수 있다. Sandberg는 이 실험이 절대적인 설명력을 가진 것으로 간주한다.

이 실험이 얼마나 확실한지는 다루지 않겠다. 그러나 실험의 가치를 과소평가하거나 과대평가해서는 안 된다(2.3 비교). 실험은 그저 실험일 뿐이다. 실험이 이론적으로 충분히 고려되지 않은 채 적용되어서는 안 된다. Sandberg에는 실험을 다소 절대화하려는 경향이 있다. 그러나 이 실험을 토대로 어휘화된 명사와 비어휘화된 명사 사이의 구별은 적어도 그 발상에서 볼 때 문제 해결의 실마리를 제공해 줄 수 있는 하나의 좋은 가능성이다.

독일어 결합가 문법의 의미에서 완벽을 추구하려고 하지 않기 때문에, 우리는 동사 파생명사에 한정하고 형용사 파생명사는 고려하지 않는다. 형용사 결합가에서와 마찬가지로 우리의 관심사는 동사 결합가와 명사 결합가 사이의 몇 가지 공통점과 차이점을 범례적으로 다루고, 이를 통해 명사에서 결합가라 할 수 있는 현상을 어디까지 가정할 수 있는지에 있다.

다음의 내용을 이해함에 있어 동일한 동사 파생명사가 각 문맥에 따라 비어휘화될 수 있는 동시에 어휘화될 수 있다는 생각을 견지함이 중요하다.

5.2.1 비어휘화된 동사 파생명사

5.2.1.1 양적 결합가

Schippan(1967:178ff.), Sommerfeldt(1973:95ff.) 그리고 Helbig/Stepanowa (1981:175ff.)는 명사가 오직 수의적 보족어만 취한다고 주장한다. 이에 반해 Sandberg(1979)는 비어휘화된 명사는 이것을 파생시킨 동사와 동일한 빈자리 수를 취하며, 동사의 의무적 보족어 또한 명사화된 이후 비어휘화된 동사 파생명사의 경우에도 의무적이라는 것을 입증하려 한다. 이와 반대된 판단은 상이한 출발 입장에 기인한다. Schippan, Sommerfeldt 그리고 Helbig는 일반적으로 동사 파생명사라 하면, 주로 어휘화된 동사 파생명사를 생각한다. 실제로 어휘화된 동사 파생명사의 경우에 분명한 결합가 축소의 경향이 존재한다. Sommerfeldt(1973:97)는 이에 대한 이유로서 동사 파생명사가 "거의 수의적"이며, 주로 어휘화된 동사 파생명사를 염두에 둔다는 점을 든다. Sandberg는 의무적 결합가라는 다른 관계에서 출발한다. 보족어가 문맥을 근거로 삭제될 수 있으면, 그는 그 보족어를 의무적으로 간주한다. 따라서 Sandberg에 의하면 오직 협의의 수의적 보족어만 수의적일 것이다. 이것은 용어상의 변별이며, 이 변별이 오해를 불러일으킬 소지가 있는 Helbig의 변별보다(3.1 비교) 더 자연스럽다. Sommerfeldt(1973:96)도 이를 삭제될 수 있는 의무적 보족어라 한다.

Helbig의 용어 정의를 토대로(2.2 비교) 의무적 보족어와 수의적 보족어 변별의 관점에서 동사와 비어휘화된 명사의 비교 결과로서 다음이 추론될 수 있다: 주어를 제외한 동사의 절대적인 또는 상대적인 의무적 보족어는 비어휘화된 명사화에서 절대적인 또는 상대적인 의무적 보족어로 남는다(Sandberg 1979:18, 48ff.; Helbig 1982:44). 다음을 비교해 보라.

Er verließ das Zimmer. Beim Verlassen *des Zimmers* stolperte er.
(그가 방을 나섰다. 그 방을 나설 때 그는 비틀거렸다)
Durch Berücksichtigung *dieses Tatbestandes* konnte ...
(이 사실을 고려함으로써 ... 할 수 있었다)
Das Meiden *des Alkohols* war für ihn ...
(알코올을 삼가는 것이 그에게 ... 였다)
Das Feststellen *des Fehlers* war erst möglich ...
(잘못을 확인하는 것이 비로소 가능했다 ...)

동사와의 중요한 차이는 능동문에서 주어인 보족어가 문맥적으로 또는 좁은 의미에서 수의적이 된다는데 있다. 이것은 수동문에도 적용되며 (3.2.4 비교), 화제(Topic 기본격, 이 개념에 대해서는 7장 비교)로서의 주어(주격 보족어)가 문장 구조에 있어 의미-통사적으로 필수적이라는데 그 근거를 찾을 수 있다. 동사 보족어 가운데 하나가 동사적 문장(평상문)에서 화제이어야 한다. 독일어에서 화제의 기능은 주격을 통해 표시되므로, 주격 보족어는 의무적이다. 그러나 명사화에서는 문장에 결속된 주제의 기능이 없기 때문에, 해당 보족어는 수의적이다.

마지막으로 Sandberg가 별로 중요하게 생각지 않는 상황을 언급하려 한다. 동사와 동사 파생명사(또한 비어휘화된 명사) 간의 차이는 문맥적 수의성을 십분 이용하는데 있다. 문장에서 해당 상대어가 있으면, 보족어는 명시적으로 실현되지 않는다(Sandberg 1979:29f. 비교).

(1) Motor nach dem Anspringen (Anlassen) etwa drei bis fünf Sekunden laufen lassen.
(모터를 시동 후 약 3-5초 동안 돌게 한다)
(2) Motor nach dem Anspringen (Anlassen) des Motors etwa drei bis f ünf Sekunden laufen lassen.

비교: Motor drei bis fünf Sekunden laufen lassen, nachdem er angesprungen ist/ nachdem man ihn angelassen hat.
(모터의 시동을 건 후 모터를 3-5초 동안 돌게 한다)

부문장에는 보족어가 다시 수용되어야 한다. 명사화의 특징은 구라는 위상에서 나타나며, 명사화된 구에서 보족어가 거의 수의적이라는데 있다.
상대어가 출현하면, 겹침이 그리 적절해 보이지 않다. 비교:

Nach dem Anspringen den Motor etwa drei bis fünf Sekunden ...
Nach dem Anspringen des Motors den Motor/diesen etwa drei bis ...

5.2.1.2 질적 결합가

동사에 비해 표현 가능성의 확대를 보이는 형용사와 달리, 동사 파생명사는 표현 가능성의 확대뿐 아니라, 동사적 표현방법에 대한 대안이다. 이에 대해 전형적인 것은 다음의 과정이다: 문장이 명사화되면, 독일어에서 문장에 대해 필수적인 정동사가 예를 들면 *erfolgen, durchführen*과 같은 추상적인 동사로 표현되는데, 이런 동사는 자체로 오직 사건만 단언하며, 시제와 양태는 동사 범주에 편입된다. 비교:

Wir werden morgen die einzelnen Positionen vergleichen.
(우리는 내일 각자의 입장들을 비교할 것이다)
Der Vergleich der einzelnen Positionen erfolgt morgen.
(각자의 입장들이 내일 비교될 것이다)

이러한 관점 하에 문장 구성부분 가운데 어떤 것(동사에 대한 수의적 보족어, 의무적 보족어, 첨가어)이 그리고 어떤 식으로 명사구에 편입되는지 상세히 연구하는 것은 흥미로운 일일 것이다(명사화 조건하에 동사적 문법 범주 내용의 실현에 대해서는 Buntemann 1978 비교).

명사화 가능성은, 즉 문장으로부터 명사구의 형성은 제2의 문법을, 즉 명사화의 문법을 수반한다. 독일어에서는 명사화가 손쉬우며, 의사소통상 필수적인 것을 단순하고도 경제적으로 명사화하는 여러 방법이 있다. 동사적 문장과 비교해 결합가 보유어의 보족어에 가해지는 제약들이 특히 이 연구에 속할 것이다.

동사(형용사)에서 파생한 명사의 질적 결합가의 특수성은 명사 보족어의 표지 수단으로서 속격의 사용이다. 이 방법은 본래 명사로부터 승계된다. 여기서 여러 제약 가운데 하나는 후치한 속격이 오직 한 번만 나타날 수 있는데 있다. 비교:

Emils Eingestehen (에밀의 고백)
das Eingestehen der Schuld (과실의 고백)
*das Eingestehen Emils der Schuld

이중적인 제한 가능성은 속격의 전치이다.

Emils Eingestehen der Schuld (과실에 대한 에밀의 고백)

따라서 속격은 보족어의 형태론적 표지를 위해 사용된다. 두 번째 제약은 동사의 주격 보족어 또는 대격 보족어가 명사화에서 속격으로 표시될 수 있는데 있다. 자동사의 경우에는 동사의 주격 보족어만 속격이 된다. 비교:

Emil hilft Paul. (에밀이 파울을 돕는다)
die Hife Emils (에밀의 도움)

타동사의 경우에는 주격 보족어나 대격 보족어(행위자나 피행위자)가 속격으로 표시될 수 있다. 비교:

행위자 (속격 명사):	die Ausarbeitung des Lehrers
	(선생님의 마무리)
	der Lehrer arbeitet aus.
	(선생님께서 마무리하신다)
피행위자 (속격 명사):	die Ausarbeitung des Beschlusses
	(끝 마무리)
	Jemand arbeitet den Beschluss aus.
	(누군가 끝을 마무리한다)

이런 식으로 다의어가 성립될 수 있다. 비교:

die Ankündigung des Lehrers (선생님의 통고)
der Lehrer kündigt an. – Jemand kündigt den Lehrer an.
(선생님께서 통지하신다) (누군가 선생님께 통지한다)

die Beobachtung der Polizei (경찰의 관찰)
Die Polizei beoachtet. – Jemand beobachtet die Polizei.
(경찰이 관찰하다) (누군가 경찰을 관찰하다)

그러나 다의어는 흔히 구조적이다. 즉 다의성은 의미적 선택제약에 기초하여 화자에 의해 쉽게 제거될 수 있다. 그렇게 함으로써 다의어는 복잡한 문제가 되지 않는다. 비교:

die Ausarbeitung des Lehrers (선생님의 마무리)

이론적(구조적)으로는 여기서도 속격 목적어가 가능할 것이다.

*Jemand arbeitet den Lehrer aus

그러나 이 문장은 선택제약에 저촉될 것이다. *ausarbeiten*의 두 번째 보족어는 (일반적으로) 자질 '−Anim' 또는 '−Hum' 가져야 한다.

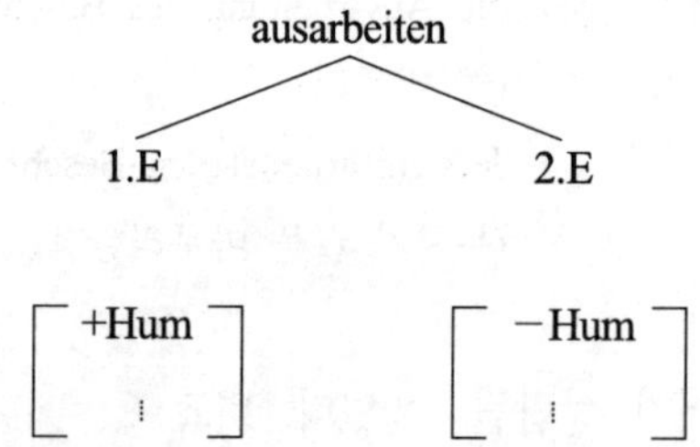

따라서 예를 들면 *der Besuch des Onkels*는 다의적이다(*Der Onkel besucht uns*/*Wir besuchen den Onkel*). 두 보족어는 자질 'Hum'을 가질 수 있기 때문이다. 그러나 *der Besuch der Ausstellung*은 그렇지 않다.

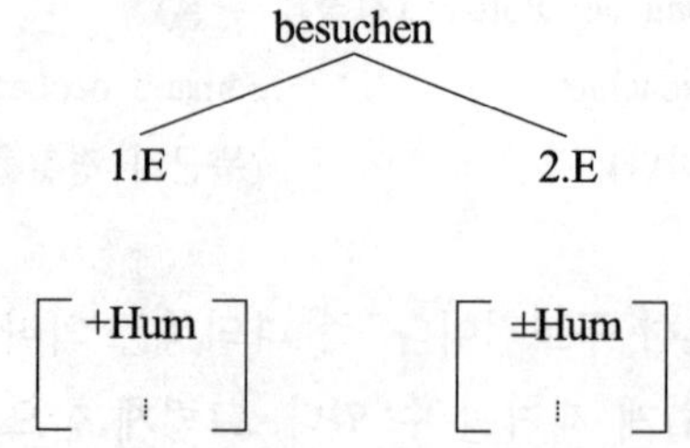

명사화의 경우에 다의어와 무관하게 한 역할을 수행하는 전치사에 의한 보족어 표시 가능성은 의미 단일화에 기여한다. 비교:

der Besuch *beim* Onkel. (삼촌댁을 방문)
die Beobachtungen *durch* die Polizei. (경찰의 감시)

피행위자가 속격으로 표시되면, 행위자는 전치사 *durch*의 도움으로 이 구에 속하게 된다. 비교:

Die Untersuchung der Vorfälle durch die Kriminalpolizei hat ergeben ...
(사법경찰에 의해 사건의 수사가 시작되었다)

행위자가 속격으로 표시되면, 피행위자는 (행위자가 후치되는 경우에) 차단된다.

Die Untersuchung der Kriminalpolizei hat ergeben ...

Sandberg가 제시한 바처럼 속격 주어/속격 목적어(genitivus subjectivus/genitivus objectivus) 기능 분배의 관점에서 비어휘적 동사 파생명사와 어휘적 동사 파생명사의 구별을 통해 한 규칙이 유도될 수 있다(Sandberg 1976, 1979, Hartung 1964:54ff., Bondzio 1974:50f. 비교). 비어휘적 동사 파생명사의 경우에는 속격이 타동사의 피행위자를 표시한다. 비교:

Während der Beobachtung des Chefs ...
Während man den Chef beobachtete ... (사장을 관찰하는 동안 ...)
Nach dem Ankündigen des Lehrers ...
Nachdem man den Lehrer angekündigt hatte ... (선생님께 통지한 후 ...)

따라서 비어휘화된 동사 파생명사의 경우에 규칙적인 파생관계가 존재한다. 이 파생관계가 생성문법의 내부에서 변형을 가능하게 할 것이다. 어휘화된 동사 파생명사의 경우에는 행위자가 속격으로 올 수 있다. 그러나 이것이 어휘화된 명사와 비어휘화된 명사에 대해 공통된 변형을 유도할 수 없을 것이다. 예를 들면:

Die Beobachtungen des Chefs haben ergeben.
(사장의 관찰이 시작되었다)
Die Ankündigungen des Lehrers erheiterten die Kinder.
(선생님의 통지가 아이들을 즐겁게 했다)

다른 보족어의 실현 가능성으로 잠시 눈을 돌려보자. 여기서 비어휘화된 동사 파생명사와 어휘화된 동사 파생명사의 구별이 도움이 된다.

중요한 규칙은 예를 들면 비어휘화된 동사 파생명사의 경우에 동사에서 여격으로 표시되는 보족어는 차단된다. 비교:

Als er ihm gratulierte, gab er nicht die Hand.
(그가 그에게 축하했을 때, 그는 악수를 하지 않았다)
Beim Gratulieren gab er nicht die Hand.
(축하를 할 때 그는 악수하지 않았다)

문장에서 다른 단어(상대 단어)에 대한 의미적 관계 및 명사구에서 이와 관련하여 해당 보족어가 실현되지 않는 경향 때문에 차단이 그리 중요하지 않다.

Beim Gratulieren gab er *ihm* nicht die Hand.
(축하를 할 때 그는 그와 악수하지 않았다)

어휘화된 동사 파생명사에서는 경우에 따라 전치사의 도움을 받아 여격 보족어가 명사구에 포함될 가능성이 있다.

Der Lehrer dankt dem Schüler. (선생님은 그 학생에게 감사한다)
Der Dank des Lehrers an den Schüler. (그 학생에 대한 선생님의 감사)

여기서 이미 동사가 담당하는 전치사 연결 가능성이 없는 경우에는 속격이 차단된다.

Als der Staatsanwalt den Angeklagten des Diebstahls überführte
(검사가 피고에게 절도죄를 선고했을 때)
Beim Überführen des Angeklagten (피고의 선고에서)
Wenn ich mich seiner/ *an ihn* erinnere ...
(내가 그를 기억할 때, ...)
Bei der Erinnerung *an ihn* ... (그를 기억할 때 ...)

또한 두 번째 대격 목적어도 차단되어 있다.

Der Lehrer lehrt den Schüler eine neue Rege.l
(선생님이 학생에게 새로운 규칙을 가르친다)
das Lehren der neuen Regel (새로운 규칙의 교수)

특히 방향 규정어는 오직 선두위치에서만 실현된다. 비교:

Als er das Buch in den Schrank stellte
(그가 책을 장에 놓았을 때)
Beim in den Schrank Stellen des Buches
(책을 장에 놓을 때)

또한 형용-부사와 부사의 실현제약도 흥미롭다. 비교:

seine heutige Verteidigung – seine Verteidigung heute
(오늘 그의 변호)
seine gute Verteidigung – *seine Verteidigung gut
(그의 좋은 변호)
die Nichtbeantwortung der Frage
(질문에 대한 부답)

소유 대명사의 실현조건은 매우 복잡하다(Bondzio 1973, Sandberg 1979: 58ff. 비교).

몇 가지 지적은 여기에 "두 번째 문법"이 관련된다고 적고 있다. 이 문법은 동사적 문법보다 훨씬 덜 연구되어 있다.

5.2.2 어휘화된 동사 파생명사

어휘화된 동사 파생명사의 특수성은 비어휘화된 동사 파생명사에 비해 훨씬 강력하게 동사로서의 기능을 잃어버리고 명사로서의 기능을 수용하는데 있다. 우리는 이 과정을 기능어와 명칭 간의 논리적 차이의 관점에서 언급했던 것과 결부시켜(4.1.2 비교) 다음과 같이 기술할 수 있다. 즉 명사로 전환됨으로써 예전의 동사(그리고 형용사)는 서술적(또는 부가적) 기능을 잃어버리기 시작한다. 다시 말해서 이들은 한정하는 기능어(Funktor)로서의 위상을 상실하기 시작한다. 대신에 그들은 본래 명사에 특징적인 명명의 기능을 승계한다. 그 경계는 비어휘화된 동사 파생명사와 어휘화된 동사 파생명사의 구별로 암시되어 있다. 두 기능이 동시에 존재할 수 있다는, 즉 명사적 기능 외에 축소된 서술 기능이 바로 동사/명사 변화 특징을 표시해 준다.

기능어(Funktor)와 명칭(Name)은 자질의 기능적 적용 방법을 나타낸다. 동일한 자질이 기능어로서 또는 명칭으로 사용된다. 예를 들면 자질 'Affe'는 명칭으로 사용될 수 있다. (독일어에서) 여기서는 본래의 명사가 문제가 되므로, 그것은 명사 본래의 기능이다.

품사 변형 또는 다른 문법적 방법에 기초하여(5.3 비교) 명칭에서 또한 기능어가 형성될 수 있다.

ein äffisches Benehmen (바보 같은 행동)
Du bist ein Affe (너는 바보야)

기능적 적용 방법은 다른 한편 의도된 적용 방법이다. 기능어가 술어로 또는 부가어로 사용됨으로써 어떤 것을 함의적이고 잠재적으로 명명하는 것을 중단하지 않는다.

Emil schläft. Seine Wangen sind rosig.
(에밀이 잔다. 그의 볼이 불그레했다)

*schläft*와 *rosig*는 기능어다. 즉 자질 'schläft'와 'rosig'는 명칭의 경우와 마찬가지로 직접 명명하는 식으로 현실과 관계하지 않는다.

der Schlafende, der Rosige

이들은 그 자질에 의해 결정된 명칭을 통해 비로소 지시적 관계를 얻는다. 그 밖에도 단어 *schläft*와 *rosig*는 *schläft*를 통해 사상된 상태 또는 *rosig*를 통해 사상된 속성을 나타낸다. 그러나 이것이 여기서 의도된 기능은 아니다. 명칭으로서 해당 현상에 대한 직접적인 관계를 명사화를 통해 구현할 수 있다.

der Schlaf – das Rosige

여기서는 상태 또는 속성 자체가 거론된다. 즉 단어(사상체, 자질)는 다른 단어에 의해 지칭되는 사물이나 현상에 서술적으로 또는 부가적으로 관계하는 의도와 유사하지 않으며, 그들 자체가 지칭되고 명사와 유사해진다. 이것이 바로 중요한 차이다.

우리는 이러한 맥락에서 다음을 강조하고 싶다. 즉 단어 분류의 전통적인 방법은 개별 품사 간의 엄격하고 정밀한 경계(엄밀한 이접)를 함의한다. 단어는 동사가 아니면 명사거나 또는 동사 아니면 형용사이다. 그러나 이미 분사("중간 단어")의 경우에 경계가 존재함이 전통 문법에서도 아주 분명하다. 분사는 동사인 동시에 형용사이다. 현대 문법이론에서도 점차 엄정한 품사 분류가 이상화라는 시각이 관철되기 시작했다. 현실의 다른 영역에서와 마찬가지로 실제로 문법에서도 현상들 간의 엄밀하지 않은, 경계가 없는 경계가 존재한다. 즉 여기서 그것이 변증법적으로 진행된다. 그리하여 어떤 문법이론에는 전통적인 품사 변별을 통사적 자질로 해석하는, 즉 소위 교차분류를 허용하는 상황에 이르렀다. 예를 들면 한 단어가 자질 '+V'와 '+N'을 동시에 얻음으로써, 명사로도 또한 동사로도 분류될 수 있다. 여기서 생성 문법 내의 소위 X'-이론(핵 계층 이론)을 지적할 수 있다(Zimmermann 1985 비교).

특히 동사 파생명사의 경우에 이 경계가 얼마나 모호한지 잘 관찰될 수 있다. 명사화로써 동사가 그의 동사적 속성을 갑자기 잃어버린다는 의미에서 바로 명사가 되는 것이 아니다. 우리가 비어휘화된 동사 파생명사에서 보았듯이, 예를 들면 결합가와 관계된 것은 거의 변할 필요가 없다.

어휘화된 동사 파생명사의 경우에 동사적 속성의 유실은 더 분명하다. 그러나 그것이 완전히 사라지는 것이 아니다. *das Wohnen*과 *die Wohnung*

간에는 상당히 넓은 경계가 존재하는데, 그 경계는 특히 결합가 속성에서 알아볼 수 있는, 다소간 동사 특성과 명사 특성을 갖는 여러 동사 파생명사를 통해 표현된다.

한편으로 결합가 축소의 경향은 지칭 기능과 관계가 있다.

Emil spricht über die Liebe.

Emil spricht über einen Vorschlag.

Emil spricht über die Ernte.

Emil spricht über das Wandern.

Emil hört ein Rauschen.

지칭된 사건은 누가 또는 무엇이 행위자, 과정 보유어, 피행위자인지에 관계없이 자체로 흥미롭다. 이것은 바로 동사에서 의무적 보족어나 또는 기껏해야 문맥적으로 수의적 보족어가 협의의 수의적 보족어가 된다는 것을 뜻한다.

그러나 이것이 의사소통상 필수적인 보족어가 실현되지 않을 수도 있다는 것을 뜻하는 것은 아니다.

Emil spricht über seine Liebe.
(에밀은 그의 사랑에 관해 말한다)

Emil spricht über die Liebe zu Tiere.
(에밀은 동물에 대한 사랑에 관해 말한다)

Emil spricht über die Liebe Ernas zu Paul.
(에밀은 파울에 대한 에나의 사랑에 관해 말한다)

Emil spricht über den Vorschlag des Meisters.
(에밀은 기능장의 제안에 관해 말한다)

Emil spricht über den Vorschlag des Meisters, den Arbeitsaufwand zu senken.

(에밀은 노동비용을 낮추라는 기능장의 제안에 관해 말한다)

낮은 의미 고유값을 갖는 동사의 경우에 적어도 문맥적 수의성이 가능하게 된다.

Emil spricht über die Durchführung. (에밀은 운송에 관해 말한다)
Er spricht über die Bereitstellung. (그는 준비상황에 관해 말한다)

다른 한편 (원래 동사의 의미적 속성의 정도와 무관하게) 동사 파생명사와 그것의 보족어 사이의 의미적 관계가 역전되기 시작한다. 기능어-논항 관계에서 논항-기능어 관계가 된다. 명사는 보족어를 한정하는 기능을 잃어버린다. 명사는 기능어에서 명칭이 되며, 그것의 보족어에 대해 한정되는 관계로 된다. 속격 보족어, 다른 전치사 보족어, 부문장과 부정사 구문은 의미적으로도 또한 이들이 전통 문장성분론에서 형식-문법적 이유로 인해 그렇게 부르게 된 바와 같이 부가어(Attribut)가 된다. 비교:

Emil spricht über die Liebe zu Tieren.
Emil spricht über den Vorschlag des Meisters.
Emil spricht über das Rauschen des Pöhla.

*Liebe, Vorschlag, Rauschen*은 여기서 *Tiere, Meister, Pöhla*를 속성의 관점에서 한정하는 일차적인 기능을 더 이상 갖지 않고, 의도된 기능은 오히려 그 반대로, 즉 부가어 *Tiere, Meister, Pöhla*가 명사 *Liebe, Vorschlag, Rauschen*를 한정하며, 그들은 사랑, 제안, 흐르는 소리에 대해 무엇이 문제가 되는지 더 상세하게 특성화한다. 소위 "객관적", 즉 외연적이며 의도된 기능과 무관하게 여기서는 상호 한정성이 문제가 된다. 그러나 핵으로서 본래 명사를 취하는 명사구의 범례에 따라 한정의 방향 부가어-

규정어는 문법적으로 지시되며, 따라서 내포적으로 강조된다. 비교:

das Auto meines Vaters (내 아버지의 자동차)
der Mann dort auf dem Dach (저기 지붕 위의 남자)
der Roman von Erhard Agricola (에어하트 아그리콜라의 소설)

여기서 *Auto, Mann, Roman*이 한정됨은 문법적으로 분명하다. 그러나 청자는 어느 정도 개인적인 귀납적 추론을 내리고 다음과 같이 말할 수 있다: "아하, 그의 아버지가 자동차를 소유하고 있구나, 아하, 저기 지붕에 누군가 있구나, 아하, 유명한 언어학자 Erhard Agricola가 소설을 썼구나. 때때로, 예를 들면 누군가 어떤 맥락에서 의도 없이 아버지의 차를 언급하고, 그럼으로써 암시적으로 아버지가 차를 소유하고 있다는 것을 알리고자 한다면, 아마도 그 차를 이용할 수 있다 등을 화자는 의식적으로 고려한다.

비어휘화된 동사 파생명사의 경우에는 문법적으로 분명하게 지시되는 한정방향과 모순이 되도록 동사의 한정방향이 유지된다. 비교:

(1) Beim Verlassen des Lokals warf er noch einmal einen Blick ...
(그가 술집을 떠날 때 다시 한 번 눈길을 보냈다 ...)

분명히 동사 파생명사와 속격 보족어 사이의 관계가 여기서 명사를 더 상세히 특성화하기(한정하기) 위해 부가어가 부가된다고 의미적으로 해석될 수 없다. 그러나 이것은 좀 달라질 수는 있다. 비교:

(2) Beim Lackieren von Holz ist zu beachten ...
(목재에 페인트칠 할 때 유의할 점은 ...)

필자의 생각에(Sandberg 1979, Möslein 1968 비교) 이것은 더 이상 엄격하게 재동사화될 수 있는 구가 아니다. 비교:

(1) Als er das Lokal verließ, warf er ...
(그가 술집을 나섰을 때, 그는 ...)
(2) Wenn man Holz lackiert, ist zu beachten
(목재에 페인트칠 할 때, 주의해야 한다)

문장 (2)에서 문법적으로 지시된 한정방향이 의미적으로 그렇게 되기 시작한다. 여기서는 재료에 제약된 라커칠에 대한 요구를 말한다. 물론 이것이 원래의 동사 결합가가 완전히 사라지는 정도는 아니다. 동사 결합가는 어휘화가 계속 진행되는 명사의 경우와 다르게 동사로의 잠재적 회귀를 통해 어느 정도 남아있다.

Sandberg(1979)는 어휘화된 동사 파생명사의 경우에 더 이상 행위자, 피행위자 등이 언급될 수 없다고 하며 아주 엄밀한 경계를 가정한다. 그는 나중에 방향을 돌려, 명사구의 의미적 이중성을 지시하는 간접적인 행위자/피행위자에 관해 언급한다. 어휘화가 더욱 분명해지더라도, 동사 결합가가 아직 일부 남아 있다. 비교:

Der Vorschlag des Meisters gefiel mir.
(기능장의 제안이 내 맘에 들었다)
Der Vorschlag, die Sitzung zu vertagen, wurde begeistert aufgenommen.
(회의를 미루자는 제안이 흔쾌히 수용되었다)
Die Frage des Versammlungsleiters erregte Heiterkeit.
(회장의 질문은 홍소를 자아냈다)
Die Frage, ob die Sitzung doch durchgeführt werden solle, erregte Unwillen.
(회의가 그대로 실행되어야 하는지 여부의 질문은 불만을 야기했다)

제안, 질문이 각각 더 상세히 규정되면, 동시에 그 사건의 행위자 또는 피행위자(목적어)가 간접적으로 전달된다.

Sandberg(1979)는 동사 파생명사를 세 그룹으로 나눌 것을 제안한다:

1. 비어휘화된 동사 파생명사
2. 추상명사
3. 구체명사

추상명사와 구체명사는 재동사화될 수 없는 (어휘화된) 명사이다. Sandberg는 "문장보충어"가 이어질 수 없는, 즉 그 명사가 동사에(또는 형용사에) 대해 파생 관계 여부와 무관한 명사를 추상명사라 한다. 예를 들면

Der Vorschlag, so zu verfahren, fand Zustimmung.
(그렇게 처리하자는 제안이 동의를 얻었다)
Die Behauptung, dass er anmaßend gewesen sei, verärgerte ihn.
(그가 불손했다는 주장이 그를 화나게 했다)
Der Weg, den Anforderungen gerecht zu werden, besteht darin ...
(그 요구조건들을 따르는 길은 ... 에 있다)
Die Aufgabe, die Kosten zu senken, ist nicht leicht
(비용절감의 문제는 쉽지 않다)

무슨 주장이 문제가 되는지 문장 보충어가 각각 상술한다. 따라서 명사로의 부가적 한정방향은 일차적으로 의미적이다. 구체명사는 재동사화 될 수 있는 명사와 추상명사를 제외한 그 나머지이다. 당연히 동일 명사가 추상명사, 구체명사(*Weg, Aufgabe*) 또는 재동사화 될 수 있는 (비어휘화된) 명사일 수도 있다.

다음의 구를 관찰해보면, 우리는 사정이 한층 더 복잡함을 알게 된다.

die Frage der weiteren Vervollkommnung der Abrechnung
(보다 더 완전한 공제의 문제)
das Problem der weiteren Versorgung mit Rohstoffen
(천연자원의 추가공급의 문제)
die Bedeutung der Förderung von Braunkohle
(갈탄 장려의 의미)

여기서도 역시 부가어를 통한 관계어의 한정은 분명히 형식 문법적으로 지시된다. 그리하여 관련 정보가 의미적으로 성립되지 않을 것이다. 여기서는 부가어를 통해 설명되는 것을 지칭하는 것이 아니라, 역으로 관계어가 부가어를 한정하는 것이 문제가 된다. 다루기 쉬운 구성방법이 선택되지만, 의미적으로 이 구성방법에 반하는 방법이 선택된다.

5.2.3 사건 지칭과 보족어 지칭

우리는 동사에서 명사로의 전환 문제에 대해 또 다른 구별 원칙을 가지고 접근할 수 있다. 이것은 행위 명사(nomen actionis), 결과 명사(nomen acti), 행위자 명사(nomen agentis)와 같은 용어에서 표현된다.

명사화와 어휘화로써 동사에 표현된 자질이 지칭(Bennenung) 기능을 얻는다. 이것은 지칭 자질이 결합가 보유어의 잠재적인 보족어에 기여하는 경우에 분명히 드러난다. 이제 원래 동사에 표현된 자질은 사건 자체의 지칭이 아니라, 보족어로서 그 사건에 참여한 단위들을 지칭하기 위해 사용된다. 예를 들면:

Vorschlag (결과 명사) 누군가 제안한 것의 지칭으로서

Vorschlagender (행위자 명사) 어떤 것을 제안한 그 사람의 지칭으로서

행위 명사는 사건 자체를 사상하는 그런 명사들이다. 명사적 기능에 관해 아직 언급할 수 없는 비어휘화된 동사 파생명사는 물론, 명사적 기능이 강력하게 나타나는 어휘화된 명사도 여기에 속한다. 결과 명사는 협의의 명사로의 전환을 나타내는데, 여기서는 원래 동사 자질이 사건을 자체가 아닌, 사건의 결과를 사상한다. 이것은 Sandberg가 추상명사라 부르는, 문장 보충어를 취하는 동사 파생명사이다. 여기서 그 명사는 명제에 대한 명칭이 되는데, 이 명제는 원래 동사의 보족어이다. 비교:

Sein Vorschlag war gut.
(그의 제안은 좋았다)
Sein Vorschlag, baden zu fahren, war gut.
(해수욕을 떠나자는 그의 제안은 좋았다)
Er schlug vor, baden zu fahren.
(그는 해수욕을 떠나자고 제안했다)

제안이란 누군가 제안한 그것이다. 제안은 제안된 것, 즉 제안 행위의 결과를 지칭한다(지시한다). 이런 식으로 결합가 축소가 성립한다. 문장보충어는, 그것이 실현되는 경우에, 잘 평가된 제안에서 중요시되는 것을 더 자세히 지시적으로 규정해 준다.

문헌에서 결과 명사라는 용어는 기저 동사의 잠재적인 통사적 보족어로 소급될 수 없는 경우에, 즉 결과(결과 상태)에 관련하여 널리 통용된다. Henzen(1965:181)은 결과 명사에 대해 다음과 같은 예들 든다.

Bildung(교양), Stimmung(기분), Verwirrung(혼란), Verzweiflung(의심), Lähmung(마비), Neigung(경향), Abneigung(혐오), Zuneigung(호의),

Begeisterung(열광, 환희), Ordnung(순서, 규칙), Verfassung(저작, 헌법, 컨디션), Gesinnung(신념, 주의), Gesittung(예절, 예의)

추상적 대상(즉 제안의 내용)을 지칭하는 동사에서 파생한 추상명사 외에 결과명사로서 피행위자를 나타낼 수 있는 구체명사도 있다. 예를 들면:

Bau − 누군가 지은 것 (건축물)
Lieferung − 누군가 공급한 것 (공급품)
Ladung − 누군가 적재한 것 (화물)

Itkonen(1983:117)는 피행위자 명사/결과 명사로서 다음을 든다.

Abwasch(설거지), Aufschnitt(조각), Bau(건축물), Vorschlag(제안)

또한 명사화된 과거분사도 때때로 이 기능으로 나타난다.

Geschenktes(선물), Eingewecktes(병조림)

행위자 명사, 도구 명사, 장소 명사는 구체명사이다. 그것의 형성 과정에 있어 (구체명사로서 결과 명사와 달리) 부분적으로 규칙적이며 특수한 조어 방법과 문법적 방법이 존재한다.

행위자 명사에 있어서 원래 동사에 표현된 자질이 사건의 유발자(행위자) 내지, 과정 보유어 또는 상태 보유어의 지칭에 사용된다. 현재분사의 명사화는 매우 생산적이다.

der Lesende(독자), Wartende(대기자), Vorsitzende(의장)

그리고 접미사 *-er*:

Leser(독자), Hörer(청자, 청취자), Arbeiter(노동자)

여기서 특히 명사화를 통한 결합가 축소가 분명하게 나타난다. 청취자는 무언가를 듣는 사람이다. 명사화를 통해 행위자, 과정 보유어, 상태 보유어의 빈자리 결합가가 축소될 수 있다. 동격을 동사의 행위자 보족어의 잔재가 아니라, 오직 부가적 한정으로 파악한다.

Unser Hörer, Herr Barby, fragt uns, ob ...
(우리 청취자, Barby씨가 우리에게 ... 질문합니다)

그러나 경우에 따라 행위자 빈자리나 목적어 빈자리는 그대로 남아있다. 비교:

Als eifriger Hörer ihrer Sendung “Autoren kommen zu Wort” möchte ich fragen ...
(그들의 방송 “Autoren kommen zu Wort”의 열렬한 청취자로서 나는 ... 묻고 싶습니다)

이 보족어들은 일반적으로 수의적이다. Sommerfeldt/Schreiber(1983a:18)는 보족어의 실현이 다의어의 배제를 위해 중요하다는 것을 지적한다. 직업 표지의 경우에 흔히 다음의 보족어는 불필요하다: *Lehrer*(교사), *Verwalter*(관리인), *Vertreter*(대리인). 직업 표지가 문제가 되는 것이 아님이 분명해지면, 그 실현이 의미 단일화의 유리한 수단이다. 그러면 물론 보족어는 언제나 문맥적으로 삭제될 수 있으므로 수의적이다(Sommerfeldt/Schreiber 1983a; Helbig 1976a:138에 반하여). Helbig(1976a:138)는 다음의 예를 든다.

Sein Vater ist Lehrer.

Sein Vater ist der Lehrer unserer Kinder.

*Lenin war Lehrer.

Lenin war Lehrer des internationalen Proletariats.

다음 문장도 또한 가능하다. 즉 직업 표시가 함의되지 않아도 또한 가능하다.

Lenin war ein ausgezeichneter Lehrer.

접사 *-er*의 도움으로 도구 명사(nomina instrumenti)가 형성될 수 있다(행위자-도구의 전이 및 구분의 문제에 대하여 6장 비교).

Fernseher(텔레비젼), Büchsenöffner(깡통따개), Löscher(소화기), Wagenheber (자동차잭)

피행위자 명사(nomina patientis)를 Itkonen(1983:109)은 사건에 관계된 사람의 지칭으로 본다. 사상의 한 가능성은 접미사 *-ling*이다.

Lehrling(실습생), Sträfling(죄수), Mischling(혼혈아), Schützling(피보호자)

장소 명사(nomina loci)는 예를 들면 다음과 같다(Itkonen 1983:117 비교).

Abschluss(종결, 졸업), Einstieg(승차), Sitzung(회의), Versteck(잠복)

5.2.4 본래 명사의 결합가 문제에 대하여

결합가 기술에서 *Vater, Bruder*와 같은 명사는 결합가 보유어에 대한 예로 나온다. 이것은 부분적으로 논리학으로 소급되는데, 여기서 이 단어들은 흔히 관계에 대한 예로서 예시된다. 여기서 결합가라 하는 이유는 눈에 보이는 관계성에 기인한다. 어떤 한 사람은 그가 누군가의 아버지라는 전제 아래 아버지로서 지칭된다. 우리는 이 명사를 동일한 전제 아래 *Frage, Problem, Weg*과 마찬가지로(5.2.2 비교) 결합가 보유어로 간주한다. 그 명사는 동사로 소급될 수 있는 명사들과, 예를 들면 *-er*이 붙는 동사 파생명사 내지, 명사화된 분사와 유사하기 때문이다. 비교:

Vater, Bruder, Schwester	– Verwandter, Bekannter
(아버지), (형, 동생), (여동생, 언니)	(친척), (친지)
Freund, Feind	– Geliebter, Angreifer
(친구), (적)	(애인), (반대자, 침략자)
König	– Anführer
(왕)	(지휘자, 주장, 리더)
Nachbar	– Anwohner
(이웃)	(거주자, 주민)

같은 이유에서 생성 문법에서 *aggression, aviation, retribution, king*과 같은 명사가 변형적으로 가상의 동사 **aggress*, **aviate*, **retribute*, **king*에서 파생될 수 있다고 가정되었다(Jackendoff 1975:645ff. 비교).

Bondzio(1973)는 *Dach*나 *Geld*와 같은 명사를 결합가 보유어로 간주한다.

Dach des Hauses　　(집의 지붕)

Geld des Vaters (아버지의 돈)

이와 유사하게:

Hoffnung des Vaters (아버지의 희망)
Verwalter des Grundstückes (토지 관리인)

그러나 이런 유추가 확대될 수 있을지는 의문스럽다. Bondzio에 있어서 분명한 것은 그의 매우 일반화된 결합가 개념의 결과이다. Bondzio는 결합가의 기본 개념으로서 단어의 일반적인 관계성에서 출발하는데, 이것은 현실에서 사물과 현상의 관계성에 해당한다. 그리하여 그의 제2 단계 결합가 개념에서와 유사한 문제가 나타난다(3.3.2 비교). 한편으로 *Dach*나 *Geld*는 모든 단어(감탄사를 제외한)가 그런 것처럼 그 어떤 의미에서 관계적이라고 바로 용인될 수 있다. 왜냐하면 의미가 있는 의미전달이 성립하려면, 일반적으로 한 단어가 다른 단어와의 상호작용에 의존해야 하기 때문이다. 소위 한 단어 문장(Einwortsatz)의 경우에 특정 상황과의 관계가 필수적이다. 지붕이 그 무엇인가와 관련된 지붕을 함의하거나 또는 돈에는 그 주인이 있다는 사실은 분명 청/화자의 지식에 속한다. 이런 관계성이 결합가로서 파악될 수 있는지는 의문스럽다. 이와 궤를 같이하는 것은 보충 필요성으로서 결합가의 넓은 정의일 것이다. 넓게 파악한 의사소통상의 보충 필요성의 관점 아래서는 모든 임의의 단어(감탄사를 제외한)가 결합가 보유어일 것이다.

그 밖에도 *Dach des Hauses* 또는 *Geld des Vaters*에서 *Dach* 내지는 *Geld*가 결합가 보유어이고, *des Hauses*와 *des Vaters*가 보족어라는 Bondzio의 주장은 자의적인 것처럼 보인다. 왜냐하면 Bondzio가 본 일반적인 관계성은 상호적인 것이기 때문이다. *Dach*가 집에 속한 것임을 함의하는 것처럼 *Haus*는 지붕이 있음을 함의하며, 그와 똑같은 것이 *Geld*와 *Vater*에도 적용된다. 보족어의 한정성을 결합가 개념에 결부시키면, 이것은 명사 결합가와 무관하게 필수적이 되는데(2.4.3 비교), 그 어떤 구별도 불가능하다. *Dach*와 *Geld*는 *Haus*와 *Vater*를 한정하지 않고, 역으로 이들에 의해 한정된다. 우리는 오히려 Bondzio와 반대되는 의미에서 결합가 보유어라 할 수 있을 것이다. 우리는 그리하여 *des Hauses*와 *des Vaters*를 결합가 보유어로 간주할 수 있을 것이다. 즉 이들은 자립 의미적이다. 관계어가 부가어를 위해 필수적이다. 관계어는 부가어를 통해 한정된다. 더 나아가 속격의 부가어적 명사는 문법적으로 형성된 기능어로 간주할 수 있다. 동시에 속격은 명칭이 기능어로 사용됨을 표시하는 기능을 한다. Tesnière(1959)에 의하면 명사에서 형용사로의 전환이 문제가 된다.

우리가 부가어를 결합가 보유어로 간주하지 못하도록 하는 부가어적 속격의 특수성은 다음과 같은 데 있다. 즉 이 경우에도 동사 결합가에서 출발하면, 가장 먼저 속격 자체를 결합가 보유어로 간주해야 할 것이다. 필자의 생각에 *Dach des Hauses, Geld des Vaters*는 다음과 같이 의역문화 될 수 있다.

das Dach, das zum Haus gehört.
das Geld, das dem Vater gehört.

의역문에서 명사들 사이의 관계가 동사를 통해 매개되어 있을 것이며, 따라서 아주 규칙적인 동사의 결합가 관계로 소급될 것이다. *Dach*와 *Haus*, *Geld*와 *Vater*는 2가 동사의 보족어이다. 동사에서 유추해 내려면, 속격은 자체로 2가 결합가 보유어로 간주되어야 할 것이다.

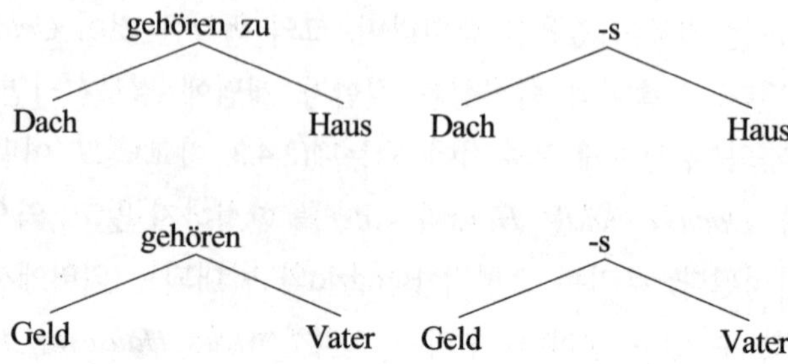

물론 단순한 병렬(Juxtaposition, Nebenordnung)을 결합가 보유어로서 간주할 수도 있을 것이다.

Hausdach – Dach des Hauses
Haustür – Tür des Hauses

우리는 오직 완전어(어휘소)만을 결합가로 여긴다는, 그와 무관한 결정을 통해 직관에 반하는 그런 결과를 제거한다. 부가어적 속격의 문법적 기능은 속성의 관점에서 관계 명사에 의해 지시된 것을 한정하기 위해 관계 명사와 부가어적 명사 간의 의미 관계가 이용되어야 함을 표시하는 데 있다. 속격 자체는 이 의미 관계에 대해 그 어떤 것도 포함하고 있지 않다. 청자는 명사에 의해 지시된 것들 간의 가능한 관계에 관한 청자의 지식을 바탕으로 이 의미관계를 독자적으로 만들어야 한다.

5.3 조동사와 결합가

예를 들면 화법 조동사와 같은 조동사들을 조사해 보면, 이들은 결합가 보유어(Valenzträger)에 대한 기준을 충족시키는 것 같다: (1) 조동사들은 보족어를 필요로 한다. 이들은 두 보족어를, 주격 보족어와 *zu*없는 부정사를 요구한다. (2) 조동사들은 부정사를 통해 서술된 것을 수식함으로써 그들의 보족어를, 적어도 (이것은 일종의 제약이기도 한데) 부정사를 한정한다. (3) *zu*없는 부정사는 오직 소수의 동사에만 나타난다. 따라서 하위범주화에 영향을 미친다.

그럼에도 불구하고 결합가 연구에서 조동사의 결합가에 관한 문제는 매우 상이하게 대답된다. 그 답변은 두 가지 방향에서 찾을 수 있다.

1. 두 개념에서 모두 어휘적 수단과 달리 문법적 수단이 어떤 이론적 위상을 차지하는가? 이 의문에서 출발하여 정말 조동사, 즉 문법적 수단에 속하는 동사가 존재하는가? 그리고 어떤 기준에 의해 어떤 동사들이 조동사인가? 하는 의문이 답변되어야 할 것이다.
2. 어떤 근거를 가지고 조동사의 결합가를 인정하거나 또는 부정해야 하는가?

결합가 문헌에는 대체로 두 번째 질문에 대한 답변만 주어져 있다. 그 때문에 약간은 자의적이라는 인상을 받게 된다. 다음에서 우리는 두 질문에 대한 답변에 기초하여 조동사의 경우에 결합가라 해서는 안 됨을 제시하고자 한다.

조동사의 결합가에 관한 문제는 의례 조동사가 보어 또는 종속된 부정사/분사와 비교할 때 독자적인 결합가 보유어로 간주되어야 할 것인지, 아니면 이들과 더불어 조동사가 복합적인 결합가 보유어로 간주되어야 할 것인지 결정해야 하는 식으로 제기된다(예를 들면 Tarvainen 1984). 따라서 다음과 같은 대안이 있다.

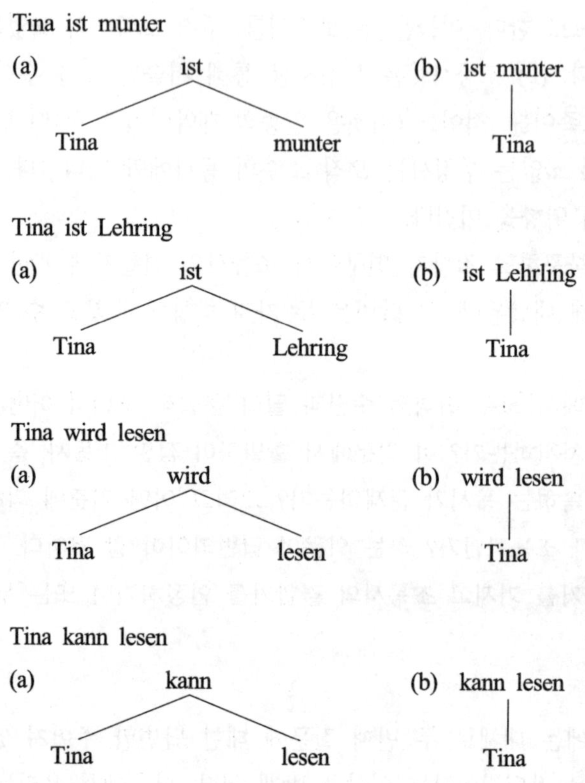

우리는 우선 결합가 이론에서 발견할 수 있는 몇몇 결정을 비판적으로 논의하려고 한다.

Helbig/Schenkel(1982)은 제1 판(1969)의 수정본에서 부분적으로 이분법을 시도한다. 저자들은 형용사 또는 명사 술어에 나타나는 계사를 독자적인 결합가 보유어로서 그리고 다른 조동사들은 복합적인 결합가 보유어의 구성성분으로 간주한다. 문장의 구조적 중심으로서 정동사의 역할과 서술문에서 서술어의 문두로의 치환 가능성을 지적함으로써 독자적인 결합가 보유어로서 계사의 위상에 대한 근거가 주어진다.

Er ist gesund − Gesund ist er

이 기준은 또한 양태와 시제 조동사의 경우에 부정사/분사에도 적용된다. 따라서 부정사/분사는 명사 술어와 구조적인 유사성이 있다. 그 밖에도 Helbig/Schenkel은 다음과 같은 의미적인 유사성도 지적한다.

Das Fenster ist offen.	− Das Fenster ist geöffnet.
(창문이 열려 있다)	(창문이 열려 있다)
Der Freund ist da.	− Der Freund ist gekommen.
(친구가 왔다)	(친구가 왔다)
Er wird Student.	− Er wird studieren.
(그는 대학생이 된다)	(그는 대학공부를 할 것이다)

그럼에도 불구하고 Helbig/Schenkel은 시제와 양태 조동사를 독자적인 결합가 보유어로서 간주하지 않는다는 결정을 내린다. 그 근거는 동사의 수동형과 능동형, 종합적 시제와 분석적 시제에서 유추한다.

Die Mutter trocknet die Wäsche.	− Die Wäsche wird getrocknet.
(어머니는 빨래를 말린다)	(빨래가 마른다)
Der Freund kommt.	− Der Freund wird kommen.
(친구가 온다)	(친구가 올 것이다)

이런 경우에 조동사를 독자적인 결합가 보유어로 간주한다면, 전통적인 동사의 계열 내에서 현저한 통사적 차이점을 가정해야 함과 동시에, 분명한 평행성을 간과하게 된다. 또는 종합적 동사 형태의 시제 형태소(외적 굴절 또는 내적 굴절에서: sagte/fand)를 역시 결합가 보유어로서 간주해야 할 것이며, 이것은 속격이 결합가 보유어라는 가정(5.2.4 비교)과

마찬가지로 직관에 위배될 것이다. 그러나 이와 같은 결과가 Helbig/Schenkel에 의해 전혀 언급되지 아니한다.

또 다른 근거로서 Helbig/Schenkel은 시제 조동사와 양태 조동사를 독자적인 결합가 보유어로 보자는 제의가 오직 표층구조와 관계가 있음을 제시한다. 저자들은 양태 조동사에 관한 전통적인 기술과 보조를 맞춰 양태 조동사가 부정사에 표현된 사건을 단지 수식할 뿐이라는 점을 지적한다(Helbig/Schenkel 1982:57 비교). Helbig/Stepanowa(1981:159)에는 이것이 보다 상세히 거론된다: "양태 조동사를 결합가 보유어로서 그리고 부정사를 그것의 보족어로서 기술하는 것은 오직 극단적인 표층구조에서만 정당화되는 것 같다. 보다 심층적인 구조 층에서는 그 관계가 역전되어 있다(양태 조동사는 본동사에 표현된 사건을 수식할 뿐이다)." 조동사가 취하는 형태-문법적 구조와 의미구조 사이의 모순이 존재한다는 것은 바로 이 기술의 배면에 놓인 조동사의 성격에 대한 기준이기도 하다. 형태-문법적 구조와 의미구조 사이의 모순은 또한 계사에도 해당된다.

우리는 Helbig/Schenkel이 본 개론서의 입장에 반하여 그 문제를 다루고 있다는 언급을 하려고 한다. 양태 조동사는 2가 결합가 보유어로서 기술된다(1982:260ff 비교: *dürfen, können, müssen, sollen*). 이와 달리 본 개론서에 따르면 조동사 *sein*이 결합가 보유어로서 파악되어야 함에도 불구하고 조동사 *sein*은 고려되어 있지 않다.

Welke(1965)에는 양태 조동사가 부정사에 대해 독자적인 결합가 보유어로서 간주된다. 양태 동사의 의미구조와 통사구조 사이의 다음과 같은 불일치가 있다: 양태 동사가 통사적으로 (표층구조에서) 2가 결합가 보유어로서 나타나는 반면, 의미적으로는 1가 또는 2가이다.

(1) Er kann Klavier spielen. (그는 피아노를 칠 수 있다)

(2) Er kann krank sein. (그가 아플 수도 있다)

오직 문장 (1)에서만 주어 *Er*가 의미적인 관점에서 양태 동사의 보족어로서 간주될 수 있다. 이것은 다음 의역문에서 분명해진다.

(1) Er ist fähig, Klavier zu spielen. (그는 피아노를 칠 수 있다)
Es ist ihm möglich, Klavier zu spielen.
(피아노를 치는 것이 그에게 가능하다)
*Es ist möglich, dass er Klavier spielt.
(*그가 피아노 치는 것이 가능하다)
*Er spielt möglicherweise Klavier.
(*그는 가능하게도 피아노를 친다)

(2) Es ist möglich, dass er krank ist. (그가 아프다는 것이 가능하다)
Er ist möglicherweise krank. (그가 가능하게도 아프다)
*Es ist ihm möglich, krank zu sein. (*아픈 것이 그에게 가능하다)
*Er ist fähig, krank zu sein. (*그가 아픈 것이 가능하다)

*dürfen*과 *sollen*의 경우에 주요 의미 변이형에서 의미적인 행위자격이 차단되어 이 동사들은 통사적으로 2가로 출현하지만, 주격 보족어 자체는 의미적인 보족어로 간주될 수 없다. 비교:

Du solltst kommen. = Jemand will, dass du kommst.
(너는 와야 한다) (누군가 네가 오기를 원한다)
Du darfst kommen. = Jemand erlaubt, dass du kommst.
(너는 와도 된다) (누군가 네가 오는 것을 허락한다)

이와 달리 접속법 2식의 *dürfen*과 *sollen*은 의미적으로 1가이다.

Er dürfte krank sein. (그가 아플지도 모른다)
Das sollte möglich sein. (그것이 가능해야 한다)

Tarvainen(1976; 1981:36ff.; 1984:420), Korhonen(1977:236ff.) 그리고 Jäntti (1983) 등은 의미적으로 2가 변이형과 1가 변이형에 상응하는 양태 동사의 어휘적 용법과 문법적 용법을 구별한다. 오직 의미적으로 2가의 양태 동사, 어휘적 용법의 양태 동사는 그 저자들에 의해 독자적인 결합가 보유어로 간주되며, 의미적으로 1가인 (문법적으로 사용되는) 양태 동사는 이와 달리 복합 서술어의 구성성분으로 간주된다. 이 견해는 "분명하게 변별할 수 있는 오직 어휘적 내용만"(Korhonen 1977:234) 취하는 동사가 독자적인 결합가 보유어로 파악되어야 한다는 사실에 기초하고 있다. 그런데 계사 *sein*은 Tarvainen과 Korhonen에 의해 독자적인 결합가 보유어로, 따라서 완전 동사로 간주된다.

물론 계사를 독자적인 결합가 보유어로 분류하지 않고, 계사+형용사/명사를 각기 복합적인 결합가 보유어로서 분류하자는 제안도 있다. 이것은 "독립적인 의미" 결여를 지적함으로 그렇게 된다(Junker 1969:291). Starke(1973:139)는 계사가 술어적인 형용사에서 독자적 결합가 보유어로 간주되지 않는다고 보는데, 이것은 계사가 선택적인 기능을 갖지 못하며(하위부류 특징적이 아니므로), 부가어로의 변형에서 사라지기 때문이다.

Der Mann ist klug. – der kluge Mann
(그 남자는 영리하다) (영리한 그 남자)

Bondzio는 의존 의미소(Synsemantica), 즉 문법적 수단을 원칙적으로 결합가 보유어로 간주하지 않는다. 명사 결합가와 관련하여 Sommerfeldt (1973)도 이 견해에 합류한다. 그는 계사+명사의 결합을 결합가 보유어로 평가하며 1가, 2가, 3가 서술어를 취하는 문장모형을 구분한다.

따라서 다음은 결합가 보유어로서의 위상을 판단하기 위한 기준으로 간주된다.

1. 오직 그 의미에 있어 축소되지 않은 동사만 결합가 보유어가 될 수 있다.
2. 형태-문법적 구조와 의미구조 사이의 불일치가 나타나면, 그 동사들은 독자적인 결합가 보유어로서 간주될 수 없으며, 이때 주격 보족어는 단지 형태-문법적으로만 동사의 보족어이며, 의미적으로는 동사의 보족어가 아니다. 또한 다른 동사에도 이 변별이 통용된다. 비교:

   (1) Er verspricht zu kommen.
   (그가 올 것을 약속한다)
   (2) Das Wetter verspricht schön zu werden.
   (날씨가 좋아질 것 같다)
   (3) Er drohte zu gehen.
   (그는 가라고 위협했다)
   (4) Das Land droht zu versteppen.
   (그 땅은 초원이 될 운명에 있다)

   문장 (1)과 (3)에서 *versprechen*과 *drohen*은 완전 동사인 동시에 결합가 보유어로, 문장 (2)와 (4)에서는 보조어인 동시에 복합 결합가 보유어의 비독립적 부분으로 간주될 수 있다(Tarvainen 1984:422 비교).
3. 이를 통해 구조적인 평행성이 사라지게 되면, 그 동사들이 독자적인 결합가 보유어로 분류되서는 안 된다.

Traude erprobt die neue Decke.	– die neue Decke wird erprobt.
(트라우데가 새 식탁보를 시험해 본다)	(새 식탁보가 시험된다)
Traude ist sportbegeistert.	– die sprotbegeisterte Traude
(트라우데는 스포츠를 매우 좋아한다)	(스포츠를 매우 좋아하는 트라우데)

세 기준은 서로 관련이 있지만, 동일하지는 않다. 가장 중요하며 동시에 가장 약한 것은 첫 번째 기준이다. 의미적 완전성 자체가 구별 기준은 아니다. 비교:

Das Wetter verspricht schön zu werden	(날씨가 좋아질 것 같다.)
Er kann krank sein.	(그가 아플 수도 있다.)
Es ist möglich, dass das Wetter schön wird.	(날씨가 좋아질 것 같다.
Es ist möglich, dass er krank ist.	(그가 아플 수도 있다.)

*möglich*는 *verspricht* + *kann*의 동의어이다. 따라서 이것이 보조어로서 간주되어서는 안 된다.

보조어의 성격에 관한 문제가 자체로 답변될 수 없다는 것이 여기서 바로 제시된다. 그러나 무엇이 어휘적 및 문법적 수단의 변별과 관계가 있는지 우선 언급되어야 하겠다.

우리는 다음의 간략한 추론에 제한하려 한다(4.4 및 Welke 1980 비교). 모든 언어에는 기본적으로 연산자(Operator)와 피연산자(Operand)의 양분이 존재한다. 피연산자는 문장의 산출과 이해라는 언어활동에서 의미 연산을 수행하는 기호이다. 피연산자는 어휘소(완전어)이다. 그 밖에도 각 언어에는 연산자가, 즉 화자가 피연산자를 바탕으로 의미 연산의 수행을 표시해 주는 형식적인 수단이 있다. 이것은 어순, 억양, 문법적 형태소 그리고 보조어와 같은 문법적 수단들이다. 그 구별은 원칙적임과 동시에 상대적이다. 이 말이 뜻하는 바는 그 변별이 보편적인 기본 구별이라는 것이다. 그러나 이 변별은 어떤 한 기호가 어휘소인지, 혹은 문법적 수단인지는 주관적인 그리고 특정 언어에 있어 고정된 또한 그런 점에서 객관화된 견해라는 의미에서 상대적이기도 하다. 이것은 그 경계에서 분명해진다. 보조어는 완전어에서 파생되어, 형식적으로 비독립적인 문법 형태소가 된다. 문법적 수단으로서 의미적 비독립성은 문법-형식적 비독립성을 야기한다. 이것은 보조어에서 시작되고, 보통 비강세이며, 그 뒤에 발화휴지가 없다는 것에서 알 수 있다. 어휘적 수단과 문법적 수단의 상대성은 언어 비교에서 분명해진다. 그러나 또한 동일 언어에도 동일한 의미 내용에 대해 어휘적 표현 수단과 문법적 수단이 존재한다. 비교:

Er *sagte.*
(그가 말했다)
das *vergangnene* Ereignis
(지난 사건)
Das Auto sprang nicht an, *weil* die Zündkerzen verölt waren.
(그 자동차는 시동이 걸리지 않았다. 왜냐하면 점화플러그가 기름을 먹었기 때문이다)
Das Verölen der Zündkerzen *verursachte*, dass das Auto nicht ansprang.
(점화플러그에 기름먹은 것이 자동차 시동이 걸리지 않게 했다)

vergangen, *verursachen*은 독립적인(자립 의미소적인) 의미 보유어(어휘소)이다. 이와 달리 *-te*와 *weil*은 독일어에서 자립적 의미 보유어로서 간주되지 아니하고, 단지 형식-문법적 표시이며 이들은 단어, 구, 부분 문장, 문장들과 관련하여 여러 의미자질을 보유하고 있다. 이것은 각 언어에 고정된 견해의 문제이다. *verursachen*이나 *weil*은 독립적으로 관찰되

는 자체의 의미에 기초한 어휘적 완전어 또는 문법적 보조어가 아니라, 각 언어에서 이들에게 부여된, 따라서 그 어떤 형태적 특성에 표현되는 기능적 가치에 기초하는 어휘적 완전어 또는 문법적 보조어이다.

일반적으로 우리는 문법적 수단을, 연산자를 토대로 특정 의미 연산을 수행하기 위한 청자에 대한 연산 지시로 이해할 수 있다(4.4 비교). 우리는 문법적 의미를 수식 의미와 관계 의미로 나눌 수 있는데, 이때 문법적 수단은 흔히 두 의미의 관점을 포함하고 있다. 수식 의미의 경우에는 청자의 입장에서 단어 또는 단어 조합에 어떤 의미자질이, 예를 들면 *sagte*에서 자질 '과거'가 온다는 표시다. 관계 의미는 어휘적 의미의 통합(단어 조합)을 위한 또는 다른 통사 범주로의 전환을 위한 지시이다. 우리가 완전 동사와 조동사로의 전통적인 분류를 채택하면, 시제 조동사와 양태 조동사는 수식 의미의 표시로 이해할 수 있다. 따라서 그들은 독자적인 결합가 보유어가 아니다. 왜냐하면 이들은 어떤 의미자질이 이와 관련된 동사(부정형, 분사)에 귀속됨을 오직 의존 의미로만 표시하기 때문이다. 계사 또는 수동태에서 조동사는 이와 달리 관계 의미의 표시로서 이해할 수 있다.

개별적으로 완전 동사와 조동사에 따른 전통적인 분류는 물론 의문의 여지가 있다. 통사구조와 의미구조 사이의 불일치가 조동사 특성에 대한 본질적인 지표로 간주될 수 있다. 이런 불일치는 오직 통사적인 보족어와 의미적인 보족어 간의 불일치에서만 표현되는 것은 아니다. 양자 간의 불일치는 이미, 예를 들면 양태 조동사가 통사적으로 주결합가 보유어로서 표시되어 있지만, 의미적으로 그렇지 않다는 모순을 포함한다. 우리는 종속된 부정형/분사나 또는 부문장의 정동사에 견주어 주결합가 보유어를 주문장의 정동사라 부른다. 예를 들면 (1)에서 *freut sich* 그리고 *sieht*가 주결합가 보유어이지만 (2)에서는 그렇지 않다.

(1) Moritz freut sich darüber, dass Segelwetter ist.
(모리츠는 항해하기 좋은 날씨에 대해 기뻐한다)

(2) Es ist Segelwetter, worüber sich Moritz freut.
(모리츠가 기뻐하는 것은 항해하기 좋은 날씨이다)

(1) Moritz sieht, dass Traude turnt.
(모리츠는 트라우데가 체조하는 것을 본다)

(2) Traude turnt, was Moritz sieht.
(트라우데가 체조하고 있는데, 그것을 모리츠가 본다)

시제 조동사에서와 마찬가지로 양태 동사의 경우에도 이 관계가 의미적으로 통사적 표시와 일치하지 않는 것 같다. 양태 동사가 부정사에 사상된 사건을 수식한다는 것이 문법서들의 표준적 결정이다. 왜 양태 동사가 부정사를 수식하지, 부정사가 양태 동사를 보충하지 않는다고 하는 걸까? 이 형식에서 부정사가 문법적 형태에 반하여 의미적으로 주결합가 보유어로 이해되며, 다음 예문처럼 양태 동사를 통해 수식된다는 사실이 이차적으로 표현된다.

Er wird kommen. (그가 올 것이다)

*wird*가 문법적으로 주결합가 보유어로서 간주됨에도 불구하고 *kommen*은 *wird*에 의해 수식된다. 그렇게 본다면 의미적으로 2가로 파악되는 양태 동사도 역시 (Tarvainen과 Korhonen에 반하여), 어휘적 완전 동사가 아니라, 문법적인 조동사로 파악되어야 할 것이다.

Er wird kommen. (그는 올 것이다)
Er will gehen. (그가 가려고 한다)

다음 문장과 달리:

Er ist in der Lage zu kommen. (그는 올 수 있다)
Er hat sich vorgenommen zu gehen. (그는 가려고 했다)

그렇게 형성된 완전 동사 특성은 오직 *wollen*과 *dass*-문장을 갖는 *mögen*의 접속법 2식만 취한다.

Ich will, dass er kommt. (나는 그가 오기를 원한다)
Ich möchte, dass er geht. (나는 그가 갔으면 한다)

따라서 부문장과 달리 단순 부정사는 이미 상위 동사가 갖는 조동사 특성에 대한 형식적 지표이다. 그러나 부정사를 보족어로 취하는 완전 동사도 있다. 예를 들면:

Ich sehe ihn kommen. (나는 그가 오는 것을 본다)
Ich höre ihn kommen. (나는 그가 온다는 말을 듣는다)

그러나 문법서에는 소위 수식 동사를 통해 *zu*+부정사를 취하는 동사도 조동사로서, 적어도 전이 형태로 분류된다.

Er braucht nicht zu kommen. (그가 올 필요는 없다)
Er pflegt lange zu schlafen. (그는 오래 자곤 했다)
Er scheint wieder völlig normal zu sein.
(그는 다시 완전히 정상인 것처럼 보인다)
Er droht zu ertrinken. (그는 익사할 것 같아 보인다)

통사구조와 의미구조 사이의 불일치는 이미 주격 보족어의 경우에 문법적 보족어와 의미적 보족어 사이의 분명한 불일치가 존재한다는 점에서 나타난다. 비교:

Er braucht neue Schuhe. (그는 새로운 신발을 필요로 한다)
Er pflegt seinen Bart. (그는 그의 수염을 손질한다)
Die Sonne scheint. (태양이 비춘다)
Er drohte damit, sich in den Fluss zu stürzen.
(그는 강에 뛰어든다고 위협했다)

Helbig(1972:96f.)는 Buscha(1971)를 인용하여 완전 동사와 조동사의 변별을 위한 다음의 기준들을 세웠다.

1. 동사가 각각 독자적인 주어를 취하면, 조동사가 아니라 완전 동사이다.

Ich sehe ihn kommen.	– Ich sehe ihn. Er kommt.
(나는 그가 오는 것을 본다)	(나는 그를 본다) (그가 온다)
Ich erlaube ihm zu kommen.	– Ich erlaube es ihm: Er kommt
(나는 그에게 오는 것을 허락한다)	(나는 그에게 그것을 허락한다: 그가 온다)

2. 정동사 옆에 부정사 이외의 다른 규정어가 올 수 있으면, 조동사가 아니라 두 개의 완전 동사이다.

Er verspricht mir zu kommen.	– Er verspricht es mir: Er kommt.
(그는 나에게 오기를 약속한다)	(그는 그것을 나에게 약속한다: 그가

온다)

3. 부정사가 부문장으로 변형되거나 명사화될 수 있으면, 정동사가 완전 동사로 간주될 수 있다. 따라서 정동사가 홀로 술어 기능을 할 수 있다는 점이 분명해진다.

Ich freue mich, dich zu sehen. – Ich hoffe es: Ich sehe ihn.
(난 널 보기를 기대한다) (나는 그것을 바란다: 내가 너를 보기를)
Ich werde ihn sehen. – *Ich werde es: Ich sehe ihn.
(나는 그를 볼 것이다) (*나는 그것이 된다: 내가 너를 보기)

4. 그 결합이 두 개의 핵 문장으로 (변형 생성 문법의 의미에서) 환원되면, 두 개의 완전 동사이다.

Ich hoffe, ihn zu sehen. – Ich hoffe es: Ich sehe ihn.
Ich werde ihn sehen. – *Ich werde es: Ich sehe ihn.

5. 완전 동사의 경우에 상관사가 (의무적이거나 또는 수의적으로) 부정사를 선행 지시하지만, 조동사의 경우에 그렇지 않은 것은 심층적 관계의 표층적 반영으로 간주될 수 있다.

Ich gebe es auf, ihn zu ermahnen.
(나는 그에게 훈계하기를 포기한다)
Ich habe mich (dazu) entschlossen mitzufahren.
(나는 동승하기로 마음먹었다)
*Ich brauche es nicht zu schlafen.
(*나는 잠자는 것을 필요하지 않는다)

여기에 또 다른 규칙을 더 부연할 수 있다(Welke 1965:8ff. 비교).

6. 조동사와 부정사는 발화휴지를 통해 분리되어 있지 않다. 비교:

Er drohte, sich in den Fluss zu stürzen.
Er drohte zu ertrinken.

7. 조동사의 경우에 부정사가 부문장에서 후치될 수 없다.

obwohl er zu ertrinken schien	(그가 익사할 것처럼 보였음에도 불구하고)
obwohl er glaubte zu ertrinken	(그가 익사할 거라고 믿었음에도 불구하고)

시제 조동사와 양태 조동사 이외에 Helbig는 그가 제시한 기준을 토대로 "대략 12개의 소규모의 중도그룹"을 지정한다.

anstehen, bleiben, brauchen, gedenken, pflegen, scheinen, wissen, bleiben, drohen, machen, suchen, verstehen

이 그룹은 더 확장될 수도 있다. 예를 들면 *versprechen*(*Das Wetter verspricht schön zu werden*)은 *drohen*과 유사하게 여기에 추가되어야 할 것 같다. 이것은 Helbig의 다섯 번째 기준에 따라 해당 통사적 분포에 있어 조동사이다. 완전 동사의 특수화된 용법이기 때문에 우리는 이런 동사들을 중도 그룹(Zwischengruppe)이라 부른다. 비교:

Die sonne scheint. – Er scheint zu kommen.

(태양이 빛난다 – 그가 올 것 같다)
Er sucht etwas. – Er sucht ihn zu überzeugen.
(그가 무엇을 찾는다 – 그는 그를 확신시키려 애쓴다)
Er versprach mir zu kommen. – Das Wetter versprach schön zu werden.
(그는 나에게 올 거라고 약속했다 – 날씨가 좋아질 것 같아 보인다)

Helbig의 몇몇 기준과 우리가 부연한 다른 두 기준에서 조동사의 중요한 외적인 형태-문법적 반영이 분명해 진다: 해당 동사들이 조동사가 되면, 구의 구조를 변화시키는 경향은 형태-문법적으로 여기에 해당한다. 완전 동사의 경우에 일반적으로 완전 동사와 그것에 종속되는 부문장의 정동사 또는 부정사 구문의 부정사 사이의 분명한 구 구조의 경계가 존재한다. 조동사의 경우에 구 경계를 제거하려는 경향이 있다. 이런 경향은 다음과 같은 점에서 표현된다: 발화휴지가 일어나지 않는다. 부정사가 부문장에서 후치되지 않는다. 부정사가 부문장으로 대치될 수 없다(상당한 독자성을 표현), 정동사가 자체로 다른 보족어를 취하지 않는다. 그리고 상관사가 없다. 우리는 이 경향을 화자가 해당 동사를 독자적인 의미 보유어로서 파악하지 않고, 부정사에 실현되는 종속된 의미자질의 의존 의미소적인 표시로서 파악하기 시작했다는 상황의 반영으로 간주할 수 있다.

계사의 경우에는 상황이 약간 다르다. 계사의 의미는 관계 의미로서 해석될 수 있다(개념에 관하여는 4.4 비교). 여기에 부가해서 *sein, werden, bleiben*(또한 *scheinen*) 계열에는 수식 의미가 올 수 있다.

또한 계사를 예를 들면 양태 조동사와 마찬가지로 독자적인 결합가 보유어로 파악할 수 있다. 즉 계사는 보족어를 필요로 하며, 한정 관계 또한 확인할 수 있다. 논리학을 원용하여 명사 옆에 나타나는 계사를 부류 논리적으로 포함 관계의 사상으로서, 즉 한 요소가 어떤 한 집합으로의 포함이나, 한 집합이 다른 집합으로의 포함되는 것의 사상으로서, 또는 일치 관계의 사상으로 파악할 수 있다.

Emil ist Student.

논리적 표기로: $e \in S$, Emil은 대학생 집합(부류)의 한 요소이다.

Studenten sind Lernende.

논리적 표기로: $S \subset L$, 대학생의 집합은 학생의 집합에 포함된다.

Emil ist der Student, der am fleißigsten gelernt hat.
(에밀은 가장 열심히 공부하는 학생이다)

논리적 표기로: $e \equiv s$

우리는 또한 서술 형용사 옆의 계사도 부류 논리적으로 나타낼 수 있다.

Der Student ist fleißig.

논리적 표기로: $s \in F$

술어 논리적 해석에서 계사는 빠질 것이다.

Der Student ist fleißig.

논리적 표기로: $F(s)$

그러나 우리는 논리적 구상과 관계없이 계사가 결합가 보유어가 아니라는데 찬성한다. 계사는 분명히 의미 연산을 수행하기 위한 의존 의미소적인 지시로 해석될 수 있다. 형용사의 경우에 계사는 형용사가 본래 부가어 기능이 아니라, 술어 기능으로서 사용되어야 함을 지시한다. 부가어와 술어는 형태-문법적 차이만이 아니라, 의미적 차이도 있다. 부가어 관계에서 진리 내용이 단지 전제될 뿐이며, 술어 관계에서는 진리 내용이 단언된다.

ein schmales Buch － Das Buch ist schmal
(얇은 책) (그 책은 얇다)

문법적 보조어로서 관계 대명사의 연산 기능은 청자로 하여금 다시 재해석하게끔 하는데 있다. 즉 계사에 의해 수정된 부가어 기능을 술어 기능으로부터 다시 부가어 기능으로 변형하게끔 하는 데 있다.

das schmale Buch
Das Buch, das schmal ist.

더 나아가 계사를 결합가 보유어의 일부로 보는 견해는 구조적 평행성을 분명하게 한다.

더 자세히 살펴보면 문법적 수단은 수형 기술에서 완전히 배제될 수 있다. 왜냐하면 계사가 문법적 수단(연산 지시)으로서 다른 위상을 취하고

있기 때문이다. 또한 어순과 문법적 형태소도 수형에 나타나지 않는다.

동일하게 남아있는 한정 관계의 방향은 구조적 평행성에 상응한다. 따라서 한 개 이상의 보족어를 취하는 형용사가 모순 없이 해석될 수 있다. 비교:

Er ist stolz auf seine Erfindung.

(a) ist — (der) Erfinder; stolz (auf) — (die) Erfindung

(b) (ist) stolz (auf) — (der) Erfinder; (die) Erfindung

(a)에서 의미적으로 둘 다 동일하게 *stolz*의 보족어임에도 불구하고, *Erfindung*은 *stolz*의 보족어로 나타나지만, *Erfinder*는 그렇지 않다. 여기서 형태-통사적 보족어와 의미적 보족어 사이의 불일치가 나타난다. Helbig/Schenkel(1982)에 의하면 이것이 그들이 취한 입장(계사가 결합가 보유어)에 반하는 것이 아니라, 단지 "위계적 결합가 관계에 대한 표시"일 뿐이라고 한다. 그러나 이 언급은 이러한 관계에서 아무런 의미가 없다. 술어적 형용사와 명사는 술어 논리적으로나 또는 부류 논리적으로 다음과 같이 해석될 수 있다.

Emil ist fleißig. – Emil ist Student.

술어 논리적: F(e)

Emil은 속성 "fleißig"을 갖는다.
Emil은 속성 "Student"을 갖는다.

부류 논리적: $e \in F$

> Emil은 부지런한 사람 부류의 한 요소다.
> Emil은 대학생 부류의 한 요소다.

언어 형식에서 볼 때 형용사는 술어 논리적 해석에 더 근접하는 반면, 명사는 부류 논리적 해석에 더 근접한다. 이로부터 계사가 명사 보어 옆의 논리 연산자 "∈"에 해당하는 결합가 보유어로 파악할 수 있다는 가정을 유도할 수 있을 것이다. 더 나아가 관사를 취한 명사 보어가 와서 속성의 관계로 파악할 수 없는 경우에 이것을 더 변별할 수 있으며, 부류 논리적 해석만 취하는 것으로 볼 수 있을 것이다. 비교:

> Emil ist Student (Emil studiert).
> Emil ist der Klassenlehrer meiner Tochter.

그러나 우리는 통일성을 기하기 위해 명사 보어의 경우에도 또한 일반적으로 계사가 문법적(연산적) 의미를 취한다고 제안한다. 계사는 명사 보어가 명칭으로서의 기능을 상실하고 어떤 한 속성을 배면으로 주격 보족어를 한정하는 기능어가 된다. 예를 들면:

> Emil ist Student.

Emil이 대학생 집합의 한 요소가 되는(대학생의 그룹에 속하는) 속성을 취한다고 단언된다. 보어는 속성의 관점에서 주어를 한정하며, 따라서 기능적으로 한정하는 기능어지, 한정되는 명칭이 아니다. 그것의 주요 기능은 명명하는데 있지 않고, 서술하는데 있다.

또한 Sommerfeldt도 계사와 명사 술어를 합하여 결합가 보유어로 간주하며, 1-4가의 술어를 기재하고 있다.

1가: Das ist ein Haus.
(그것은 집이다)
Dieses Kleid ist ein Geschenk.
(이 옷은 선물이다)
2가: Das ist der Direktor der 20. Oberschule.
(이 분은 제20 상급학교의 교장이시다)
Das ist das Scharren der Pferde.
(이것은 말의 털 깎는 도구이다)
Das ist die Krankheit vieler Patienten.
(이것은 많은 환자들에게 있는 병이다)
3가: Das ist die Unterstützung der Sprotler durch die Regierung.
(이것이 정부로부터의 스포츠맨을 위한 후원이다)
4가: Das ist die Ähnlichkeit des Sohnes mit dem Vater in bezug auf die Hartnäckigkeit.
(이것이 완고함에 있어 아들이 아버지와 닮은 점이다)

Korhonen(1977:232)은 보족어들이 너무 상이한 위계 층위에 속해 있다고 이 분석을 비판한다. 우리는 이 비판에 의견을 같이 한다. 유보적인 입장에서 관계적 명칭(행위자 명사)의 경우에는 다만 다항의 명사 술어라고 말할 수 있을 뿐이다.

Herr Müller ist der Direktor der 20. Oberschule.
Herr Müller leitet die 20. Oberschule.

그러나 부가어구가 동사적 술어의 동사구에 비해 비교할 수 없을 정도로 더 강력하고 분명하게 주격 보족어구와 변별되어 있으므로, 우리는 또한 관계적인 명사(행위자 명사)의 경우에도 내포적 차이를 고려하는 것에 찬성하며, 따라서 예를 들면 *Direktor der 20. Oberschule*를 1항 술어로 간주한다.

Sommerfeldt의 다른 예에는 행위자 명사의 경우처럼 다가(mehrwertig) 동사로의 의역문화 가능성이 없는데, 이런 경우에는 우리의 견해에 따라 1가의 복합 술어(결합가 보유어)라 할 수 있을 것이다.

5.4 요 약

형용사 결합가, 동사나 형용사에서 파생된 명사 결합가 및 부사 결합가의 문제는 결합가 이론에서 비교적 동일하게 긍정적으로 답변된다. 논란이 되는 것은 조동사(와 보조어) 및 결합가 보유어로서 본래 명사의 위상이다. 우리는 보조어(와 조동사)를 문법적 수단으로서의 위상으로 인해 결합가 보유어로 간주하지 않는다.

형용사는 본래 결합가 보유어이다. 이것은 동사와 무관하게 그리고 동사와 평행하게 결합가를 보유하고 있다. 명사 결합가는 동사 결합가 또는 형용사 결합가에서 파생한다. *Idee, Problem, Vater, König* 등과 같은 명사의 결합가는 동사 또는 형용사에서 파생한 명사에서 유추하여 결정된다. 그 밖에도 본래 명사는 결합가 보유어가 아니다.

형용사 결합가와 명사 결합가는 개별적으로 수많은 특수성이 있지만, 동사 결합가와 원칙적으로 평행하다. 물론 형용사는 전형적으로 1가이다. 반면 동사는 전형적으로 2가 이상이다. 형용사의 보족어에 대한 형태-통사적 특성을 살펴보면 개별 격의 상대적 빈도에 따른 특수성이 있다. 더 나아가 형용사의 부사어적 용법도 또 다른 특징이다. 서술적 부가어에서는 의미 결합가와 통사 결합가 사이의 불일치를 통한 설명이 시도되었다. 형용사를 다룬 장에서 우리는 형용사가 완전 동사의 보족어로서 출현할 수 있다는 지적을 수용했다(5.1.6).

동사가 명사화되면, 어휘화 과정이 시작된다. 파생 명사는 의미적으로 본래의 명사에 가까워지고, 동사의 서술 기능 대신 명사의 지칭 기능을 얻는다. 따라서 어휘화된 동사 파생명사는 형태-통사적으로 뿐 아니라, 의미적으로도 명사처럼 행동한다.

명사 결합가를 기술함에 있어 비어휘화된 동사 파생명사와 어휘화된 동사 파생명사의 변별이 중요하다. 비어휘화된 동사 파생명사는 재동사화 될 수 있다. 이들은 명사구가 있는 통사 문맥에서 재동사화 될 수 있다. 비어휘화된 동사 파생명사는 이들을 파생시킨 동사 결합가를 그대로 유지한다. 주어를 제외한 동사의 절대적인 의무적 보족어 또는 상대적인 의무적 보족어는 절대 의무적으로 또는 상대 의무적으로 남는다. 그러나 원래 주어는 문맥적으로 (또는 좁은 의미에서) 수의적이다. 해당 상대어가 문장에 있으면, 보족어가 실현되지 않는 경향을 보이기도 한다. 원래 명사의 통사적 조합 방법이 보족어의 통사적 실현에 승계된다. 동사 (형용사)에 비해 중요한 특징은 보족어의 표지 수단으로 속격의 사용이다. 속격의 사용을 위해, 또한 다른 보족어와 첨가어로의 통사적 실현에 있어 특별한 여러 통사적 실현 제약이 있다.

어휘화된 명사에서 결합가 축소는 지칭하는 (명사적) 기능의 출현과 맥을 같이 한다. 동사의 경우에 의무적인 보족어 또는 문맥적으로 수의적인 보족어는 협의의 수의적 보족어가 된다. 그 밖에도 보족어는 부가어적 기능을 보유하는데, 이것은 의도된 한정방향의 전환에서 표현된다.

6. 격 이론

6.1 Fillmore의 구상

Fillmore는 1968년 "The Case for case"(독일어 1971: Plädoyer für Kasus) 라는 제목으로 한 논문을 발표하였는데, 그것이 국제적으로 또한 여러 분야에 걸쳐 끼친 영향력은 생성 문법에서 Chomsky에 비교할 만 했다. 그의 출발점은 격이 결합가 보유어의 보족어에 부여되는 특정 의미 역할을 표시한다는 관찰이다. 예를 들면 다음 문장에서

Der Lehrer lobt den Schüler. (선생님께서 그 학생을 칭찬하신다)

주격은 행위자격(Agens), 대격은 행위자격과 관계된 피행위자격(Patiens)을 표시한다.

Fillmore는 이 논문에서 다음의 두 가지 기본 가정에서 출발한다.

1. 문법 내에서 형태론에 비해 통사론의 중심적 지위(1971:4, 1977:6 비교).

이 주장(These)을 가지고 그는 생성 문법의 입장에서 보면 특이한 입장, 구조 문법의 입장에서 보면 보편적인 태도를 취한다. 이 주장은 어떤 문법 범주가 (예: 격) 그 자체로 고립되어 기술되어서는 안 되며, 오히려 항상 문장(문장에서 문법 범주의 기능)과 관련하여 기술되어야 함을 그 내용으로 한다. 따라서 이런 시각을 충분하고, 분명하게 고려하고 있지 못한 전통 문법과의 차별화가 암시되어 있다.

2. 문장의 통사적 표층구조와 통사적 심층구조의 변별(Chomsky 1965 비교).

   이것은 통사 범주로 가정할 수 있는 통사구조(표층구조)로부터 직접 유도할 수 없는 통사 범주의 가정을 목표로 하는데, 이 통사 범주가 특정 통사 현상과 관련을 맺고 있기 때문이다. Fillmore는 특히 피동(affiziert) 목적어와 결과(effiziert) 목적어의 전통적 변별을 지적한다.

(1) Peter beschädigte den Tisch. (피동 목적어)
(페터가 책상을 부셨다)

(2) Peter baute den Tisch. (결과 목적어)
(페터가 책상을 만들었다)

위의 각 문장과 관련하여 자체로 의미적인 변별을 위한 통사적 근거가 있을 가능성은 없어 보인다. 그러나 통사적 근거의 가능성은 문장 (2)는 아니고, 오직 문장 (1)만이 다음 질문과 연계할 수 있다는 점을 통해 심층 통사적인 것으로서 정당화될 수 있다.

Was tat Peter mit dem Tisch?

또는 문장 (1)은 다음과 같이 의역문화 될 수 있다.

Was Peter mit dem Tisch tat, war: er beschädigte ihn

Fillmore는 이 가정에 기초하여 문장구조 기술을 위해 다음과 같은 제안을 했다. 즉 모든 문장은 명제(Proposition)와 양태부(Modalitätskomponente)로 구성된다. 그는 부정, 시제, 서법(Modus), 상(Aspekt) 등과 같은 양태(Modalität)를 양태부로 본다. 명제는 동사 및 하나 또는 여럿의 명사구(명사 또는 명사들)로 구성되며, 각 명사구는 특정한 격 관계를 통해 동사에 묶여있다. 격 관계는 전통 문법의 격 의미(예를 들면 행위자격, 피행위자격)에 해당한다. 전통적인 격 이론과 비교할 때, 그 차이는 무엇보다도 심층구조와 표층구조의 변별에 있다. Fillmore는 이런 격 의미를 심층격(Tiefenkasus)으로, 즉 통사 범주로 정의한다. 이 통사 범주는 심층적인 기술 층위(통사적 심층구조)에 위치하여, 표층격(Oberflächenkasus, 격 형태, 이와 유사한 어순과 전치사와 같은 통사적 현상)의 근간을 이룬다. 따라서 다음과 같이 말할 수 있다.

1. 전통적으로 특정 격 형태와 결부된 의미 기능을 Fillmore는 심층구조의 통사 범주로 간주한다. 이 통사 범주는 여러 다른 방법으로, 즉 형태론적 격 형태를 통해 또는 어순과 전치사를 통해 표층구조에서 실현된다.
2. 격 형태와 격 기능 사이에 1:1 대응이 없다. 어떤 격 기능은 여러 격 형태로 실현될 수 있고, 한 격 형태가 (다르게 분포되어) 여러 다른 격 기능을 수행할 수도 있다. 여기서 여러 다른 통사적 표층구조가 공통된 한 심층구조로 소급된다. 부연하면 이것은 그 당시까지의 생성 문법에 널리 알려진 가정을 넘어서는 것이었다. 생성

문법에서는 능동문과 수동문이 동일한 통사적 심층구조에 속한다. 예를 들면:

(1) John opened the door. (John öffnete die Tür)
(2) The door was opened by John. (Die Tür wurde von John geöffnet)

그러나 다음의 문장에서는 그렇지 못하다.

(3) The key opened the door. (Der Schlüssel öffnete die Tür)
(4) The door opened. (Die Tür öffnete sich)

Fillmore는 네 문장 모두가 동일한 하나의 통사적 심층구조에 속한다고 주장한다. 이 심층구조를 소위 격틀(Kasusrahmen) 형태로 기술하고 있다.

[__ O (I) (A)]
(O=Objektiv(대상격), I=Instrumental(도구격), A=Agentiv(행위자격))

소괄호는 수의성을 나타낸다. 그러나 여기서 수의성은 결합가 이론의 그것과 다르다. 결합가 이론에서 동사 변이형은 상이한 양적 결합가와 질적 결합가를 통해 구별된다. 그러나 여기서 수의성은 (표층구조에서) 오직 보족어의 삭제 가능성만 의미한다. Fillmore는 모든 동사 변이형을 공통된 한 추상적 격틀로 소급시켰다. 이 경우에 수의성은 특정 심층격이 표층구조의 모든 동사 변이형으로 실현될 수 없음을 의미한다. 문장 *Die Tür öffnet sich*에서 도구격과 행위자격이 실현될 수 없기 때문에, 그 심층격은 해당 격틀에서 수의적으로 표시된다. 따라서 문장 (1)-(4)에서 심층격은 표층구조에서 상이한 격 형태로 실현된다.

(1) *John* open *the door*
행위자격 대상격

(2) *the door* was opened *by John*
대상격 행위자격

(3) *The key* opened *the door*
도구격 대상격

(4) *The door* opened
대상격

오직 '대상격'(Objective)만 모든 (표층구조의) 문장에 나타나며, 따라서 의무적이다. 예를 들면 다음과 같은 다른 동사들도 격틀(통사적 심층구조) [__ O (I) (A)]에 상응한다: *open(öffnen), turn(wenden), move(bewegen), rotate(drehen), bend(biegen).*

따라서 Fillmore(1968)는 분명하지는 않더라도, 실질적으로 동시대에 전개된 생성 의미론과 그 방향을 같이하는 사상을 피력한다. 생성 의미론에는 통사적 심층구조 대신 (논리)-의미적 구조 층위가 나타난다. 그가 이것을 통사적 심층구조라 할지라도, 심층격이 이미 분명한 의미 단위이므로, 심층격은 통사 범주가 아니라, 의미 범주(의미역)로 간주하여야 한다(Helbig 1973:229 비교). 따라서 심층격은 더 이상 통사구조 층위가 아니라, 의미구조 층위가 생성 과정의 출발점인 모형과 관계가 있다. 달리 말하면 한 언어의 (문법적으로 정확한) 문장구조 기술의 생성이 통사부를 통해 독자적으로 수행되는 것이 아니라, 의미부를 기반으로 수행된다는 것이다.

우리는 다음에서 Fillmore의 심층격을 생성 의미론의 개념과 결부시키지 않고, 의미 범주로 간주하려고 한다. 그래서 우리는 '심층격'이라는 용어를 사용하지 않고, '의미역'(semantische Rolle, 격 역할 Kasusrolle)이라는 용어를 사용하게 될 것이다. 다음의 Fillmore의 격 정의는 역할의 의미적 규정으로 해석될 수 있으며, 격 정의는 문장에서 결합가 보유어의 보족어를 대체할 수 있다. 다음 문장에서 *Emil*은 행위자(행위 유발자)의 의미역을, *Tür*는 대상(행위가 미치는 대상)의 의미역을 그리고 *Schlüssel*은 도구(그것으로 행위가 수행되는)의 의미역을 취한다.

Emil öffnet die Tür mit dem Schlüssel. (에밀이 열쇠로 문을 연다)

Fillmore는 다음의 심층격을 설정하였고, Chomsky의 의미에서 모든 언어에 동일하게 자리 잡고 있는 보편적인 것으로서, 따라서 언어 능력의 생득적 기반으로 가정한다.

행위자격 (A): (Agentiv)	동사로 기술되는 행동이나 행위에 관련하여 전형적으로 생명체로 인지되는 장본인을 나타내는 격
도구격 (I): (Instrumental)	비유생적 힘의 격 또는 동사에 의해 기술되는 행동이나 상태에서 중요한 역할을 하는 대상을 나타내는 격
여격 (D): (Dativ)	행동이나 동사로 표현된 행위에 의해 영향을 받는 생명체를 나타내는 격
작위격 (F): (Faktitiv)	동사로 표현된 행동이나 상태에서 결과로 나타난 또는 동사 의미의 일부로 간주되는 존재 또는 객체의 격
장소격 (L): (Lokativ)	동사에 의해 기술된 상태 혹은 행동의 공간적 연장이나 장소적 위치를 표현하는 격
대상격 (O): (Objektiv)	의미론적으로 가장 중립적인 격. 동사에 의해 확정된 행동이나 행위에서 그 역할이 동사 자체의 의미적 해석으로 확정된, 명사에 의해 기술될 수 있는 모든 것에 나타나는 격. 이 개념이 동사가 기술하는 행동이나 상태에 의

해서 영향을 받는 사물에 한정되어야 함은 명백하다. 이 표현은 직접 목적어 개념 또는 표층격의 명칭인 대격과 혼동해서는 안 된다.

요약 정의(Winograd, 1983:37에 따라):

행위자격: 생명을 가진 행위의 유발자
도구격: 무생물적인 힘 또는 이것을 함유한 대상물
여　격: 행위에 의해 영향을 받는 생명체
작위격: 행위로부터 비롯된 대상물
장소격: 장소 또는 방향
대상격: 그 밖의 모든 것

Fillmore(1969:116)의 후일 제안은 다음의 수정된 격 목록을 포함한다.

행위자격(Agent: A): 생명을 가진 행위의 유발자
반행위자격(Counter-Agent: C): 행위의 수행을 저지하는 힘 또는 저항
대상격(Object: O): 움직이거나 변하는 실체 또는 그 위치나 존재가 논의되는 실체
결과격(Result: R): 행위의 결과로서 성립된 실체
도구격(Instrumental: I): 행위의 수단이나 또는 직접적인 물리적 원인
원천격(Source: S): 그 어떤 것이 지향된 장소
경험자격(Experiencer: E): 경험을 하는 또는 어떤 한 행위의 영향력에 놓인 실체

Fillmore(1977a:42)에는 다음의 격 목록이 있다:

행위자격, 경험자격, 도구격, 대상격, 원천격, 목표격, 장소격(Location),

시간격(Time)

심층격은 통사적 표층구조에서 여러 다른 표층격에 대응한다. 즉 격 의미는 여러 다른 격 형태로 실현된다. Fillmore는 대응의 이질성을 표현해 주는 증거로서 다음의 문장을 제시한다(1971:35f).

(1) John opened the door.
(John öffnete die Tür)
(2) The door was opened by John.
(Die Tür wurde von John geöffnet)
(3) The key opened the door.
(Der Schlüssel öffnete die Tür)
(4) John opened the door with the key.
(John öffnete die Tür mit dem Schlüssel)
(5) John used the key to open the door.
(John verwendete den Schlüssel, um die Tür zu öffnen)
(6) John believed that he would win.
(John glaubte, er würde gewinnen)
(7) We persuaded John that he would win.
(Wir überzeugten John, dass er gewinnen würde)
(8) It was apparent to John, that he would win.
(Er war John, dass er gewinnen würde)
(9) Chicago is windy.
(Chicago ist windig)
(10) It is windy in Chicago.
(Es ist windig in Chicago)

Fillmore에 의하면 (1)과 (2)에서 *John*은 A, (3)과 (4)에서 *the key*는 I,

(6)과 (7)에서 *John*은 D, (9)와 (10)에서 *Chicago*는 L이다.

심층구조와 표층구조 변별의 구상은 심층구조와 표층구조 범주 사이의 일정한 규칙적인 대응 관계가 있다는 것을 포함한다. 심층격은 심층구조의 범주이다. Fillmore는 문장성분(주어, 목적어)을 표층구조의 범주로 간주한다. Fillmore는 그의 논거에서 우선 대응의 이질성을 입증하는데 주력했다. 그는 생성 문법에서 출발하여, 대응 규칙의 형성이 가능하다고 본다. 또한 그는 그러한 규칙을 예고한다. 그는 가장 간단한 예로서 "우선적 또는 무표적" 주어 선택에 대한 규칙을 형식화한다: A가 있으면 그것이 주어다; A가 없고 I가 있으면 이것이 주어다. 그 밖에는 항상 O가 주어다(1971:46).

Heidolph(1985)는 보다 강력한 대응 규칙을 지향하는 심층격 개념을 발전시킨다. 어휘 기능 문법(Lexical Functional Grammar, Bresnan 1978, 1981)에서는 심층격(의미역)과 문장성분 사이의 대응이 각 동사에 대한 어휘기재항(Lexikoneintragung)에 별도로 기재되어 있다. 이것은 또한 완전히 이질적인 대응까지도 참작할 수 있게 해준다.

6.2 결합가 이론과 격 이론

한편으로 결합가 이론과 격 이론의 변별 그리고 다른 한편으로 결합가 이론과 전통 문법 또는 생성 문법(표준이론)의 변별에 있어서 중요한 점은 결합가 문법에서 전통 주어-술어 도식이 맡은 과제와 문장 구조가 동사에 집중된다는 것이다. 결합가 이론과 격 이론의 동질성이 이 중심 문제에서 분명해진다. Fillmore의 심층격은 본질적으로 이 관점에서 결합가 문법의 (의무적 그리고 수의적) 보족어에 해당한다.

이 평행성은 Fillmore에 나타나 있는 근거들을 통해 또한 분명해 진다.

그의 반박(Polemik)은 생성 문법에서 특정 문장성분에 부여되는 심층구조적 위상에 대한 것이다. 이것은 특히 주어에 대한 것인데, 주어는 생성 문법에서 아리스토텔레스 논리학과 이를 따르는 전통적 문장성분론과 완전히 보조를 맞춰 문장 구조에서 특출한 지위를 차지한다. 각 문장은 생성 문법의 구성성분 구조규칙에 따라 NP와 VP(명사구와 동사구)로 구성된다. 이 NP와 VP는 구조 위계에서 최상위에 위치하여, S에 의해 직접 지배된다는 점에서 문장의 다른 NP와 VP에 비해 특출하게 된다. 그러나 생성 문법의 구성성분 구조 규칙에서 문장의 임의의 모든 NP(예를 들면 처음에 오는)가 S에 의해 직접 지배되는 NP로서 특출하게 되는 것이 아니라, 이미 전통문법에서 주어로 표시되는 NP가 관행적으로 특출하게 된다. 다음 문장은 변형을 통해 통사적 심층구조에서 유도되며, 이것을 아주 간략하게 표현하면 다음과 같다:

Einen Brief hat mein lieber Freund geschrieben.
(나의 친애하는 친구가 편지를 썼다)

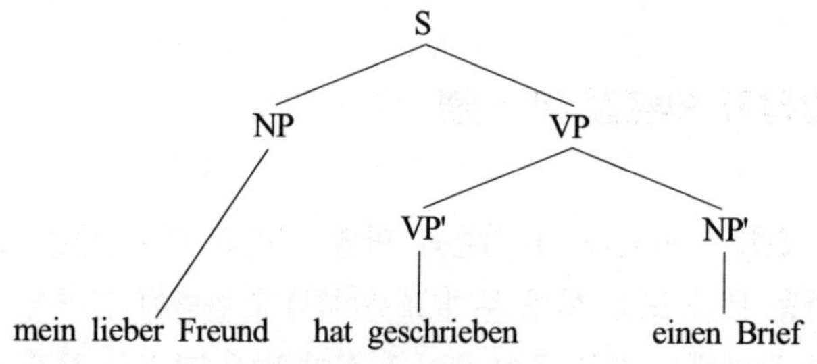

생성 문법에서는 전통적인 주어와 전통적인 주어-술어 양분법에 특별한 지위가 부여된다. 따라서 Fillmore의 반박은 우선 주어의 심층구조적 위상에 대한 것이다(1971:22f. 비교). 주어가 특정 의미역에 결부되어 있지 않기 때문에 — Fillmore가 기술한 바처럼, 주어는 모든 가능한 심층격을

표현할 수 있다 — 그에게 있어 주어는 표층구조의 범주이다.

전제는 표층구조가 아닌, 심층구조가 의미 해석에 기반이 된다는 Chomsky의 가정이다. 이로부터 Fillmore는 명백하게 다음의 사실을 이끌어낸다: 심층구조의 범주, 자체도 또한 직접 의미적으로 해석될 수 있다. 이것은 다시 생성 의미론의 방향을 시사하는 연역(Schlussfolgerung)이다. 주어의 심층구조적 위상을 거부함으로써, Fillmore에 있어 "전통적인 주어와 술어 구분의 심층구조적 위상도 의심받는"(1971:24) 결과가 초래된다. 이런 맥락에서 미국 언어학자에게서는 거의 보이지 않는 유럽 언어학자가 거론된다. Fillmore는 Tesnière의 판단에 보조를 맞추어 주어-술어 양분법에 대해 입장을 표명한다. 그는 또한 결합가 개념을 후일(1971a:54) 그리고 "The case for case reopened"(1977)에 결부시킨다. Fillmore(1977:4)는 심층격 개념이 동사와 형용사의 의미 결합가 기술에 도움이 되는 것으로 보며, 동시에 "몇몇 유럽의 언어학자들"(Tesnière 1959, Helbig 1971, Helbig/Schenkel 1969, Eroms 1974)과 연대한다.

결합가 이론과 격 이론의 두 번째 기본 가정은 은연중 단어(예를 들면 동사)가 통사적 구조층위의 기본 단위이자, 의미 구조 층위의 기본 단위라는 전제로부터 출발한다는 데 있다(1장 비교). Fillmore의 이 가정은 생성 의미론 입장을 취하는 언어학자들에 의해 비판을 받는다.

격 이론과 결합가 이론의 통합 가능성은 언급된 중요한 이론적 공통점에서 나타난다. 그러나 두 이론의 통합에서 빚어질 상이한 서열로 인해 나타나는 관점들이 수정될 필요가 있다. 왜냐하면 보다 엄밀한 의미에서 독자적인 이론이 문제가 되는 것이 아니라, 더 본질적이고 따라서 언어적인 (문법적인) 현상의 기술이 문제가 된다는 사실이 두 이론에 다 적용되기 때문이며, 이렇게 하는 것은 사실상 더 포괄적인 언어 이론적이며 문법 이론적인 개념들을 그 배면에 두어야 비로소 가능하기 때문이다. 예를 들면 전통적으로 결합가 이론의 기술범위에 속하는 어떤 것들은 격 이론의 범위에서도 파악될 수 있다. 결합가 이론에서 중요한 보족어와 첨가어 변별은 격 이론에서 명제와 양상부의 변별로도 가능하다. 그렇다면 변형부의 형성과 관련하여 생성적으로 구상된 격 이론 내부에서도 수의적 보족어와 의무적 보족어의 구별이 이루어져야 한다(Fillmore 1977:17 비교).

본서의 관심사에서 보면 의당 격 이론을 결합가 이론에 통합되어야 하며, 그 역은 아니다. 그 역에 반대하는 정당성은 다음에 있다: 의미역이 동사를 통해 결정되며, 잠재적인 보족어를 의미적으로 규정하는 것이 동사와 무관하다고 볼 수 없기 때문이다. 동사(결합가 보유어)를 중심으로 보는 관점과 동사의 통사적 및 의미적 특성에 따라 보족어를 양적 및 질적으로 특성화하는 관점이 더 포괄적인 관점이다. 따라서 보족어를 동사와 관련된 의미 역할의 관점에 비추어 특성화하는 것이 결합가의 전체 특성 가운데 가장 본질적인 부분인 것이다.

격 이론을 결합가 이론 안에 통합시키는 것은 다음의 두 관점을 그 내용으로 한다.

1. 결합가 이론에 비해 격 이론의 가장 중요한 특성은 동사(결합가 보유어)의 보족어를 의미 역할의 관점에서 규정하는 것이다. 격 이론의 기본사상을 결합가 이론으로 통합하는 것은 중요한 이론적 배가를 뜻한다. 격 이론은 결합가 보유어의 보족어를 의미적으로 특성화함에 있어 열린 공백을 메울 것이며, 또한 결합가 이론 안에 열린 공백을 메우려는 이와 유사한 생각들을 자극하였다(예를 들면 Hebig 1979, Welke/Meinhard 1974 비교).
2. 결합가 이론의 기본사상은 문장을 구성함에 있어 동사의 의미적 및 통사적 역할이 중심이 된다는 가정이다. 이 관점 하에 Fillmore의 출발입장이 수정될 수 있다. 한 명사(예를 들면 *Papa*)가 문장에서 의

미역 '행위자격'를 얻을 수 있다. 그러나 그 명사는 사실상 모든 가능한 역할을 얻을 수 있다. 이것이 동사 또는 결합가 보유어에 종속되어 있기 때문이다.

Papa bringt mich ins Bett. (아빠가 나를 침대로 데리고 간다)	행위자격
Ich habe Papa gern. (나는 아빠를 좋아한다)	대상격
Ich gebe Papa einen Kuß. (나는 아빠에게 뽀뽀한다)	여격 (경험자격)
Ich reite auf Papa. (나는 아빠 무등을 타고 간다)	(장소격)

결과적으로 격이 아니라, 동사의 결합가가 상위의 기술관점이 되어야 한다. Helbig가 결합가 이론의 편에서 Fillmore의 격 이론에 했던 "가장 심한" 비판은 다음과 같다: "동사의 의미자질에 이미 들어 있고, 동사 의미에 의해 결정적으로 한정되는 것이 의미격에 의해 독립되며, 술어의 명사적 환경으로 옮겨진다"(예를 들면 Helbig 1976:102). 여기서 비판된 방법론은 생성 문법에서 유래한 Fillmore의 격 문법이다.

Fillmore는 격틀을 특정 동사 또는 동사부류에 따라 정의한 것이 아니라, 반대로 동사와 무관한 조건으로 정의했다. 이것은 문법적으로 가능한 통사적 표층구조가 생성될 때, 동사 부류화를 위해 적용되는 방법이다. Fillmore의 경우에는 동사가 동사의 실현조건을 나타내기 위해 따로 주어진 격틀로 들어온다. 따라서 동사가 결합가 이론에서 빈자리를 열어두고 있는 것과 같은 식으로 이 격틀을 결정하지는 못한다. Fillmore가 동사 보족어로서 명사 본유의(inhärent) 자질(예를 들면 'belebt')과 의미역할을 명확히 구분하지 못한 것은 바로 이러한 관찰 방법에 기인한다

(Fillmore 1977:9 자신도 또한 이에 비판적임).

다른 한편 앞의 사실을 통해 다음의 Fillmore의 주장은 자명해 진다: 동사나, 또는 동사 변이형이 오는 문장들 간의 의미적 차이점이 오직 상이한 격틀에 기인하는 것이지, 동사나, 또는 동사 변이형의 의미에 들어있는 본유의 차이에 기인하는 것이 아니다. 그래서 Fillmore는 동사 *hear(hören)*와 *listen(zuhören)*을 동일한 의미로 여긴다. 그는 해당 문장의 의미 차이를 오직 상이한 격틀이란 이유로 돌린다.

hear: [___ O + D]
listen: [___ O + A]

"*listen*에서 그 관계가 A로서 확인된 사람의 능동적인 참여를 포함한다고 보는 사태가 A의 출현에 기인하지, *listen*의 특별한 의미에 기인하지 않는다"(Fillmore 1971:43). 또한 타동과 자동으로 동시에 사용되는 동사에 대해(예: *open*) 오직 한 격틀 [__ O (I) (A)]만 가정하여, 이 동사가 자동 용법으로 사용되거나 아니면, 타동 용법으로 사용되는 경우에 그 의미가 변하지 않는다. 생성 문법에서 전용된 고찰 방법의 수정은 격 개념 자체를 문제 삼지는 않는데, 심층구조와 표층구조의 변별 개념과 심층격의 가정이 격을 의미 역할로서 가정하는 필수조건은 아니기 때문이다.

6.3 여러 학문분야에서 격 이론의 효용성

인지 심리학과 컴퓨터 의미론(인공지능에 대한 연구)의 문제제기는 언어 이해의 문제이다. 언어학에서 특히 이 문제가 중요하다. 인지 심리학과 발전적으로 통합해 가는 소위 인지 과학에 대한 자극이 언어학(문법, 텍스트 이론)으로부터 주어졌다. Fillmore의 격 이론은 이해능력의 설명을 위한 본질적인 부문인 기억모형(Gedächtnismodell)의 발전에 중요한 동기를 부여할 수 있었다.

기억모형의 발전에 있어 Quillian(특히 1968)의 소위 의미망(semantische Netzwerke)이 중요한 역할을 했다. 여기서 어떤 개념의 내용은 서로 관계를 맺고 있는 하위 개념들을 통해 정의된다. 하위 개념들의 상호 관계는 수식(부사어와 형용사를 통한), 관계(동사 또는 전치사를 통한), 더 나아가 연접(*und*) 그리고 이접(*oder*) 등이다. 결합가 이론 및 격 이론과의 근본적인 유사성은 동사(와 전치사)를 관계로 간주하는 데 있다. Quillian (1968)과 Wettler 1980:45)에 따른 *pflanzen*(재배하다)에 대한 정의를 한 예로서 비교해 보라.

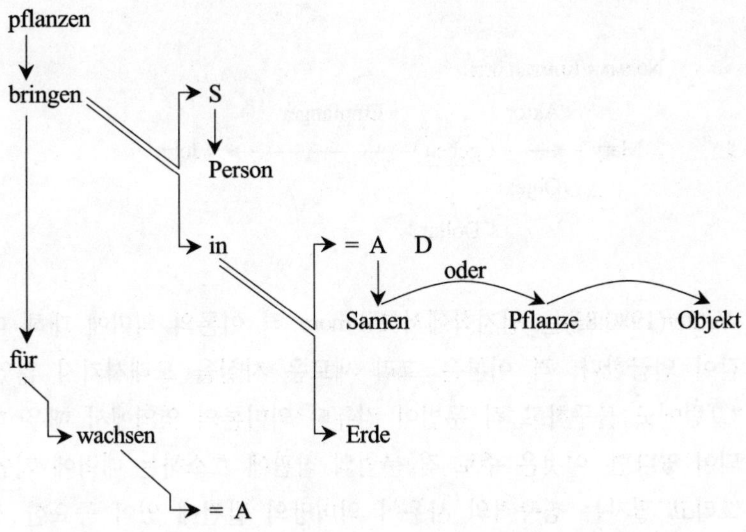

(S=주어, D=직접 목적어, A=대상: 어떤 사람이 어떤 대상(씨앗, 식물 또는 다른 대상)을, 그것이 자라게 하기 위해, 땅에 심는다.)

관계의 논항을 역할 자질로 표지하는 관점이 후일 Fillmore의 격 문법에서 전수되었다. 그 후 '행위자격', '대상격', '도구격' 등과 같은 표지는 예를 들면 70년대 중반 철저하며, 집약적인 연구 보고를 제출했던 Schank(1975)와 Norman/Rumelhart(1975)에서 기억목록의 기술을 위한 여러 의미망의 표준이 되었다. 예를 들면 문장 *Mary gibt John einen Dollar*(메리는 존에게 1달러를 준다)의 기술은 Schank와 Norman/Rumelhard에 따르면 다음과 같은 형태를 띤다(Aebli 1980:124 비교).

SCHANK:

zu
John
Mary ⇔ geben ←O— Dollar ←R— Mary
von

NORMAN/RUMELHART:

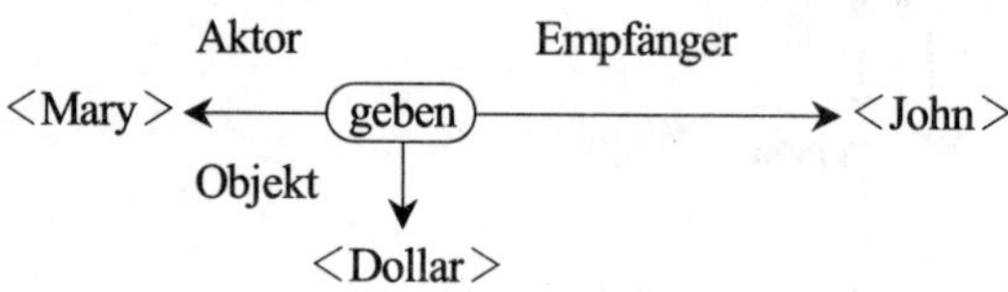

Wettler(1980:83)는 인지학에서 Fillmore 격 이론의 의미에 대해 다음과 같이 언급한다: 격 이론은 그리 새로운 사실을 도래시키지 않았지만, "그럼에도 불구하고 격 문법이 컴퓨터 의미론의 영역에서 매우 대중화되어 있다면, 이것은 주로 격 문법의 직관에 호소하는 매력에 기인한다. 그리고 필자는 심층격의 사용이 의미망의 발전에 있어 중요한 진보를 의미했다고 생각한다. 왜냐하면 격 문법의 기반을 이루는 표현들은, 다음 절에서 기술되는 바처럼, 문장성분들 사이의 내용적 관계에 관한 분명한 기술을 가능하게 할 뿐 아니라, 이해의 프로세스에 대한 알고리즘 형성을 용이하게끔 하기 때문이다.”

Fillmore 격 이론이 인공지능 모형과 공유하는 중요한 한 관점은 문장을 행위의 반영(기술)으로 파악하지, (이분적) 명제(단언)의 표현으로 파악하지 않는 데 있다. Aebli(1980:63)는 이러한 관점에서 Fillmore 격 문법에 대해 다음과 같이 평가한다: 격 문법은, 언급한 바처럼, 간접적으로 그리고 Chomsky에 비해 행위 이론을 훨씬 더 풍요롭게 했다. 그 이유는 격 이론이 Chomsy처럼 언어의 통사론을 아리스토텔레스 논리학이 아니라, 행위에서 해석한다는 데에 있다. Chomsky 통사론의 기본구조는 주어와 술어, 즉 명사구와 술어구 관계에 기초하고 있기 때문이다. 그러나 격 문법은 다른 것에 영향을 주었다: 격 문법은 우리로 하여금 행위와 문장 구조 사이에 존재하는 구조적 유사성에 대해 눈뜨게 하였다. 문법적 격을 직접적으로 행위로 전이시킬 수 있다면, 사회적 행위와 언어 사이에 깊은 유대감이 있어야 한다. “Aebli에게 Fillmore는 행위 이론 뿐 아니라, 인지 심리학 전반에 한 모체가 되었다”(Aebli 1980:61).

동독에서 Klix는 인지 심리학에 대한 연구를 오래전부터 시작했다. 예를 들면 Klix(1976)는 내부 개념적 개념구조와 중간 개념적 개념구조를 구별한다. 이를 위해 그는 그 후 수많은 실험에서 검증된 다음의 가정을 수립한다: “속성과 결과를 통해 사상되는 중간 개념적 관계는 기억의 일차적 의미 단위를 형성한다”(Klix/Kukla/Klein 1976:303). 중간 개념적 관계는 결합가 이론에서 관찰되는 동사와 보족어, 첨가어로 형성된 결합가 구조이다. 예를 들면 동사 *behandeln*(진료하다)의 기술을 비교하라(Klix/Kukla/Klein 1976:306).

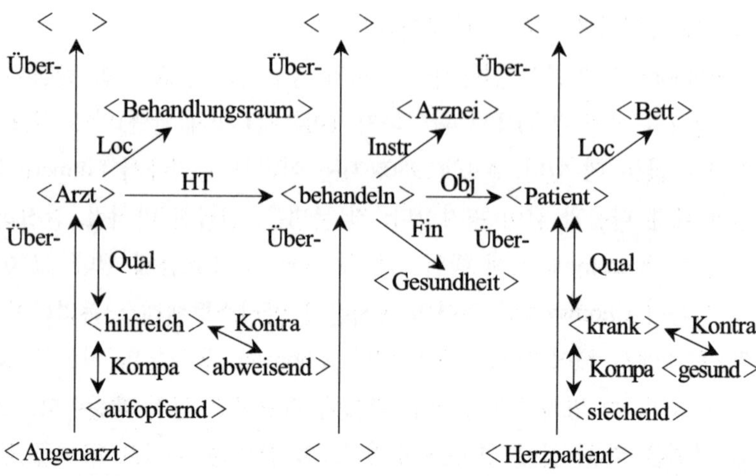

Loc, HT(= Handlungsträger 행위 보유어), Instr, Obj 등과 같은 표시는 당연히 격 이론을 지시하고 있으며, 기본 구조에서 결합가 문법과 연대감이 있음이 분명하다.

<Arzt> —HT→ <behandeln> —Obj→ <Patient>

방금 짧게 시사한 바와 연계하여 최근 동독에서 나온 개관적인 두 기술, 즉 Hoffmann(1982와 1986)의 인지 심리학 관점에서 본 이해의 문제점과 기억의 문제점에 대한 개관적인 두 기술을 추천한다. 언어습득 이론에 대한 격 이론의 역할에 대해 예를 들면 Müller(1981)의 짤막하며 많은 정보가 함축된 개관 및 6.4.7을 비교해 보라.

6.4 Fillmore 격 이론의 개정

격 이론은 언어학 내부에도 광범위하게 수용되었다. 이것은 또한 격 개념의 개정을 문제로 삼는 출판물의 수가 엄청나다는 점에서 잘 드러난다.

Fillmore 격 이론에 대한 주요 반론은 개별 격 정의 및 격의 변별과 관계가 있다. 선별된 예문에서 일단 의미역이 분명하게 입증될 수 있고, 서로 변별될 수 있는 것처럼 보인다. 예를 들면:

Paul zerschneidet die Wurst mit dem Messer.
(파울이 소시지를 칼로 자른다)

*Paul*은 의미역 '행위자'를 취하고, *Wurst*는 '대상격' 또는 '피행위자격', *Messer*는 '도구격'을 취한다. 이것이 그래 보이는 것 같은데, 왜냐하면 기술된 사태가 그렇게 분석될 수 있기 때문이다. Fillmore는 이와 같은 범례적인 문장에서 출발했다. 그는 거기서 의미역을 정의하였고, 몇 가지 기준을 통해 그가 내린 결정을 뒷받침하고자 했다. 그러나 이 기준의 입증력은 논란의 여지가 있었다. 어떤 규칙성의 가정을 도모한 몇 가지 관찰이 바로 그 증거가 되었다(예를 들면 Pleines 1976 비교).

이 기준들이 흔히 문헌에서 중요시되기 때문에, 간략하게 설명하겠다.

1. 행위자격과 경험자격 그리고 대상격과 도구격은 명사 자질 '±belebt'을 토대로 구별될 수 있다. 행위자격과 경험자격은 자질 '+belebt'를 전제하며, 대상격과 도구격는 자질 '–belebt'를 전제한다. 여기에 근거를 두고 Fillmore는 *Der Wind öffnete das Tor*에서 *Wind*를 도구격으로 규정한다. 다른 한편 그는 한 주석에서 행위자격에서 자질 'belebt'에 대해 독특한 제약을 가한다. 그는 행위자격이 전형적으로 생명체라고 생각하며, 예를 들면 로보트가 주어로 등장하는 문장을 현재로는 기술할 수 없는 것으로서 배제한다고 설명한다.

2. 한 명제 내에서 동일한 심층격이 오직 한 번만 나타날 수 있다(이후 일문 일격의 원리(1/sent-Prinzip, ein Kasus pro Satz)라 불린다). 따라서 한 문장(명제)에 두 행위자격 또는 두 도구격이 나타날 수 없다. 이것은 다음 문장에서 *Schlüssel*이 의미역 '도구'를 취한다는 사실을 증명하기 위한 기준이다. 왜냐하면 '도구격'을 또 쓰기가 어려워 보이기 때문이다.

Der Schlüssel öffnet die Tür. (열쇠로 문을 연다)
*Der Schlüssel öffnet die Tür mit dem Bart.
(*열쇠가 열쇠 걸림쇠로 문을 연다)
Der Mann öffnet die Tür mit dem Schlüssel.
(그 남자가 열쇠로 문을 연다)

3. 오직 동일한 의미역을 취하는 보족어만 병렬하여 결합할 수 있다(연접 변형). 비교:

Egon und Emil öffneten die Tür.
(에곤과 에밀이 문을 열었다)
*Egon und der Schlüssel öffneten die Tür.
(*에곤과 열쇠가 문을 열었다)
*Egon und der Wind öffneten die Tür.
(*에곤과 바람이 문을 열었다)

선별된 범례적인 문장을 벗어나면 바로 구별의 문제점이 드러나며, 이런 문제점들은 Fillmore에 의해 제안된 기준을 통해 그 수가 더 늘어나면 늘어났지, 더 이상 분명하게 규정될 수 없다. Helbig는 격에 관한 문헌에서 8가지 기준을 취합하고, 그 기준에 따라 일련의 문장이 행위자격을 포함하는지 점검해 본다(Helbig 1977:73ff.). 그는 그 기준들이 분명한 결정을 제공하지 못한다는 결론에 도달하는데, 그 기준들이 모두 행위자격이 존재함을 지시해 주지 못하기 때문이다. 그래서 그는 다음의 기준을 제안한다.

1. 해당 논항이 '+belebt' 또는 '-belebt'인가?
2. 해당 논항이 문장의 주어 또는 목적어 자리로 옮겨질 수 있는가?
3. 해당 논항이 주어 자리에 오지 않는 경우에, 이 논항과 어떤 전치사가 결합하는가? (*von, durch* 또는 *mit*)
4. 문장에서 추가로 '도구격'이 부가될 수 있는가?
5. 문장에서 어떤 의문문으로 연산될 수 있는가? (Was macht er?, Was geschah ihm?)
6. 해당 문장에서 동사 형태가 명령형으로 사용될 수 있는가?
7. 문장에서 행위자의 의도적 행위가 존재하는가? (즉 *A benutzt B, um C zu machen* (C를 만들기 위해 A가 B를 이용한다)으로 변형이 가능한가?)
8. 연접 변형이 가능한지 여부(알려진 대로 동일한 의미적 위상을 취하는 그런 성분들만 *und*로 병렬될 수 있다)

Helbig는 이 기준들을 다음과 같은 결과를 나타내는 문제의 경우에 적용한다.

(1) Die Mutter zerschlug das Fenster. – 행위자격
(엄마가 유리창을 깼다)

(2) Der Hammer zerschlug das Fenster. – 도구격
(망치로 창을 부수었다)

(3) Der Wind löschte die Kerze. – 행위자격

(바람이 초가 꺼졌다)

(4) Der Schuh knarrte. – 행위자격

(신발이 (찌걱) 소리를 낸다)

(5) Die Kartoffeln kochten. – 피행위자격

(감자가 조리되었다)

(6) Der Junge fiel in den Graben. – 경험자격

(아이가 구덩이로 떨어졌다)

(7) Die Schachtel enthält drei Äpfel. – 장소격

(상자에 사과가 세 개 들어있다)

(8) Der Lehrer kannte den Sachverhalt. – 지각체격

(선생님께서 사태 파악을 하셨다)

문장 (3)과 (4)에서 주어에 대해 격 역할 '행위자'를 배당하는 경우에 그 구상은 원형적 관찰방법에 속한다(6.4.7 비교).

그러나 흔히 기준을 세워보려는 노력이 없이, 아니면 임시방편적인 관점에 입각하여 다른 변별과 다른 정의들과 다른 격들이 제안되었다. 전체적으로 "혼란스럽고, 통일되어 있지 못한 정말 혼란한 모습"이다(Helbig 1977:57).

'행위자격', '대상격', '도구격'과 같은 의미역이 있음은 직관적으로 아주 자명해 보인다. 그러나 우리가 직관을 뛰어넘어 격을 보다 더 정밀하게 정의하고 변별하려는 경우에 나타나는 어려움은 역설적으로 그와 같은 자명함과 대립되어 있다. 그러나 격 개념을 개정하는 데 기여한 중요한 일련의 제안도 있었다. 격 이론의 지속적 발전을 위해서는 개별적으로 어떤 제안이 있었는지, 즉 각 저자가 어떤 격을 그리고 몇 개의 격을 제안하는지는 그리 중요하지 않다. 보다 더 중요한 것은 그 정의에 바탕이 되는 관점이라 하겠다.

6.4.1 명제와 양상부의 변별

Fillmore가 시도한 명제(Proposition)와 양상부(Modalitätskomponent) 변별은 결합가 이론에서 보족어와 첨가어 변별에 해당한다. 이것은 부류화의 개진을 설명하는 가운데 입증된다. Cook(1978)은 결합가 이론에서 보족어와 첨가어 변별에 이용된 논거들을 이용하여 명제격과 양상격을 구분한다. 그는 명제격을 동사의 의미 결합가에 의해 요구되는 격으로 정의한다(1978:299). 그는 자신의 "격 문법 행렬 모형"(Case Grammar Matrix Model)에서 다섯 명제격을 제시한다: 행위자격, 경험자격, 수혜자격(Benefaktive), 대상격 그리고 장소격. 그러나 양상격은 의미 결합가에 의해 요구되지 않는 격이다. 양상격은 다음과 같은 격을 포함한다: 시간격, 도구격, 양태(방법)격, 원인격, 목적격, 결과격, 외형적 장소격, 외형적 수혜자격. Dik(1978)도 이와 유사하게 처리한다. 격틀(Dik에서는 서술어틀 Prädikatsrahmen, predicate frames)이 핵심서술(Kernprädikation, nuclear predication)이다(1978:14). 핵심서술은 핵심상황(사건의 핵심 상태)을 사상한다. 핵심서술은 핵심상황의 여러 다른 속성을 특성화하는 위성(Satellit)들을 통해 확대될 수 있다(1978:17; 1983 비교).

6.4.2 명사의 본유적 의미자질과 의미역의 변별

특정 문맥을 벗어나 (본유적 의미자질로서) 명사 자체에 귀속된 자질(예를 들면 '±belebt')과 동사(결합가 보유어)에 종속되어야 비로소 명사에 귀속되는 자질(의미격)이 구분되어야 한다. 예를 들면 *Maus*(쥐)는 의미자질 '+belebt'를 취한다고 할 수 있다. 그러나 그 단어가 문맥을 벗어나 이를테면 의미역 '행위자' 또는 '피행위자'를 갖는다고 가정하는 것은 아무런 의미가 없다.

Fillmore가 격 역할과 의미자질을 만족할만하게 구분하지 못한 것은 계속해서 비판을 받았다. 이것은 격 역할이 동사와 무관하게 설정된 것의 반영이라 할 수 있다. 이것은 의미역 '행위자격', '여격'과 의미자질 '+belebt' 그리고 의미역 '도구격'와 의미자질 '−belebt' 간의 관계와 관련이 있다. 그가 여기서 필연적인 관계를 가정하는 것이 비판을 받았다. Zoeppritz(1971:71)는 비생명체의 '행위자격'을 추정할 수 있는 경우를 예로 들었다.

The boots creak.	(Die Boote knarren)
The leaves rustle.	(Die Blätter rascheln)
Water flows.	(Wasser fließt)
The sun schines.	(Die Sonne scheint)

Helbig(1977:73)도 다음의 문장들을 지적한다.

Der Blitz schlägt in das Haus ein.
(그 집에 번개가 쳤다)
Der Wind löscht die Kerze.
(바람에 촛불이 꺼진다)
Der Schuh knarrt.
(신발에서 (삐거덕) 소리가 난다)
Er schickt den Brief mit einem Boten. (생명체 도구격)
(그는 우체부를 통해 편지를 보낸다)

그가 제시한 기준들이 통일적인 모습을 보이지 않음에도 불구하고, 그 기준들에 의거해(6.4 비교) '행위자격' 또는 '도구격' 등의 분류가 가능하다고 본다. 예를 들면 기준 4는 '행위자격'에 반대한다.

*Der Wind löscht die Kerze mit einem Luftzug.
(*바람이 기류로써 촛불을 끈다)

자질 '±belebt'을 결합시켜야 하기 때문에, Fillmore는 자연 현상을 기술하는 주어 자리에 있는 명사를 '도구격'으로 분류해야 했다. 다른 한편 '도구격'은 본래 그것을 사용하는 생명체 행위자격을 전제함에도 불구하고 자연 현상일 경우에는 그렇지 않다.

*Er öffnet die Tür mit dem Wind. (*그는 바람으로 문을 연다)

Huddleston(1970)은 직관에 모순되는 도구격 정의를 지양하기 위해 한 새로운 격을 도입하여 이를 역격(Force, Kraft)이라 했다.

자질 '±belebt'의 제약으로 인해 Fillmore는 *murder(umbringen), terrorize (terrorisieren)* 같은 동사에 대해 격틀을 [__ A+D]로 정하고, *destroy (zerstören)* 같은 동사의 경우에 격틀을 [__ A+O]로 정할 수 없었다. 따라서 분명한 의미적 유사성이 반영될 수 없었다. 이에 따라 그는 문장 *the man died* – *Der Mann starb*에서는 그 격을 '여격'으로 규정하고, *The snow melted* – *Der Schnee schmolz*에서는 그 격을 '대상격'으로 규정하지 않을 수 없었다.

Fillmore(1977:9)는 이것을 후에 스스로 '이상한 나쁜 논리'라 표현했다. 의미자질과 의미역 간의 만족할 만하지 못한 변별의 또 다른 예는 다음 문장에서 *Chicago*를 장소로 규정하는 것이다(1968:35ff.; Nilsen 1972:35).

Chicago is windy. (Chicago ist windig)

시카고가 지명이라는 것이 Fillmore가 그렇게 한 이유임이 분명하다. 그러나 시카고는 그의 정의에 따라 대상격으로, 즉 술어에 기술된 상태에 의해 영향 받는 격(본체)으로도 규정될 수 있다. 시카고에서 본유의 의미자질 '장소 Ort'를 통해 의미격 '장소격 Lokativ'이 예측됨에도 불구하고, 시카고의 의미역이 '장소격'으로 규정되지 않는다. 의미자질 '장소'와 의미역 '장소격' 변별의 필연성은 이를테면 다음 문장에서 더욱 분명해 진다(Potts 1978:412 비교).

Die Römer zerstörten Jerusalem im Jahre 70 post Chr.
(로마군이 기원후 70년에 예루살렘을 파괴하였다)

마찬가지로 예를 들면 본유적 의미자질 '도구'와 의미역 '도구'도 변별되어야 한다. *Messer*는 의심할 바 없이 '도구'라 할 수 있는 의미자질을 갖는다. 그러나 그 단어는(그리고 사상된 대상은) 의미역 '도구'로 규정되지 않는다. 비교:

Ich kaufe das Messer.	(나는 칼을 산다)
Ich schärfe das Messer.	(나는 칼을 간다)

Fillmore(1968:34)는 주석에서 행위자격이 전형적으로 생명체라고 한다. 그는 그가 원래 '행위자격'으로 분류하고 싶은 *Roboter* 또는 *Nation*을 주어로 취하는 문장을 지적한다. 자질 '-belebt'를 취한 명사는 분명히 의미역 '행위자'에 비해 덜 전형적인 것처럼 보인다. 여기 내려진 결정은 우리가 정의의 문제를 분류의 세분화를 통해, 예를 들면 '역격'과 같은 새로운 의미역의 도입을 통해 해결을 모색할지 또는 덜 전형적인 경우를 포함하는 의미역에 대한 다른 종류의 정의를 추구할지에 달려있다. 원형의미론(Prototypensemantik)이 이에 대한 이론적 기반을 제공한다(6.4.7 비교).

6.4.3 격 위계

특정한 유사성을 기반으로 격을 그룹화하고, 특정 상위 개념 아래 격을 통합하려는 노력을 해왔다. 그리하여 Grimes(1975)는 다음의 그룹을 구별지었다(Winograd 1983:320 비교).

방향 역할: 대상격, 원천격, 목표격, 범위격, 도구격
과정 역할: 피행위자격, 재료격, 결과격, 지시자격
행위자 역할: 행위자격, 도구격, 역격
수혜자 역할: 수혜자격

Foley/van Valin, Jr.(1984)는 "거시역할"로서 '행위자격'과 '경험자격'을 구분한다.

6.4.4 격 자질

격을 정밀하게 정의하는 한 방법은 자질의 조사와 비교이다. (각각 언어적으로 정의된) 그런 자질들이 Fillmore의 격 정의에 암시적으로 포함되어 있다. 본유의 자질로서 '+belebt'를 제외하고 행위자격에 대한 그의 정의는 역할 자질 '야기자 Urheber'와 '책임있는 verantwortlich'을 포함한다. 예를 들면 Nilsen(1972)은 명사(및 동사)의 본유적 의미자질을 명백히 배제시킨 그러한 격 자질의 규정을 시도했다(1972:26). 그는 세 쌍의 대립하는 역할 자질을 구분한다. 여기서 특이한 점은 그가 그 정의들을 오직 다가의 결합가 보유어에, 즉 격이 상호 통합적인 대립관계에 있는 그런 경우에만 적용한다는 것이다. 그 대립 쌍은 다음과 같다.

Controller – Controlled (Kontrollierend – Kontrolliert)

Cause − Effect (Ursache − Folge)
Source − Goal (Ursprung − Ziel)

Nilsen(1972:45)은 통제를 사건에 관한 행위자격의 의식적 통제와 의도적 통제로 이해한다. 격 역할과 격 역할 자질의 대응은 다음과 같다(Nilsen 1972:37).

격	자질					
	통제자	피통제자	원인	효과	원천	목표
행위자격	+		+		+	
도구격		+	+	+	+	+
원인격			+		+	
피행위자격				+		
원천격					+	
목표격						+

대립 쌍은 포함관계에 있다. '원천'-'목표'는 하위집합으로 '원인'-'효과'를 포함한다. '원인'-'효과'는 하위집합으로서 '통제자'-'피통제자'를 포함한다. 따라서 두 격이 '행위자격'과 '도구격'처럼 서로 '통제자'-'피통제자'의 관계에 있으면, 이로부터 이들이 각각 자질 '원인'과 '원천'('행위자격'의 경우에) 그리고 '효과'와 '목표'('도구격'의 경우에)를 취하는 반면, '원인'-'효과'는 단지 자질 '원천'-'목표'를 함의할 뿐이다. 더욱이 '도구격' 대 '행위자격'은 '원인' 대 '효과'의 관계에 있다. 그러므로 '도구격'은 Nilsen의 격 체계에서 자질 '원인'을 취하는데, 이 자질은 자질 '원천'을 함의한다. 자질 '효과'와 '목표'를 취하는 '피행위자'는 Nilsen의 경우에 대상의 역할이나 또는 행위에 의해 지향되는 인물의 역할이다. 여기서는 다른 저자에 있어서, 예를 들면 Fillmore에 있어서 변별되는 격

들이 통합되어 있다. 그 구별은 Nilsen의 경우에 이차적으로 보족어나 동사의 본유적 의미자질에서 비롯된다. 그래서 여격(또는 경험자격)은 Nilsen에 의하면 자질 'belebt'에 기초하여 대상격과 구별되고, 대상격은 동사의 본유적 자질에 기초하여 작위격과 구분된다.

6.4.5 의미역의 동사 의미에 종속

격 이론에 대한 여러 많은 연구에서 의미역이 동사를 통해 결정되어 있다는 결합가 이론의 입장이 관철되었다. 여기서 비롯되는 결과는 동사, 동사부류 또는 사태 유형의 의미자질을 고려하여 의미역이 정의된다는 사실이다. 동사부류와 사태 유형은 특정 관점에서 보면 등가이다. 어떤 동사부류는 특정 자질에 기초하여 형성된다. 그리고 특정 상황 유형이 이 그룹에 해당한다. '동작(Tätigkeit)'이 한 동사부류의 자질이면, 즉 동작(예를 들면 과정과 달리)의 한 상황 유형이 이 동사들에 해당한다.

Chafe(1970, 독일어 1976)는 동사의 중심적 위치를 가정한다는 점에서 결합가 이론의 기본 입장에서 출발한다. 예를 들면 "좀 흥미로운 주장은 동사의 독특한 특성이 문장의 나머지 성분들에 대해 어떻게 보일지; 특히 동사가 어떤 명사를 동반할지, 명사들이 동사에 대해 어떤 관계에 있을지 그리고 명사들이 의미적으로 어떻게 세분화되어 있는지 결정한다는 것이다. 예를 들면 *Die Männer lachten*(남자들이 웃었다)에서 동사가 동작(Tätigkeit)으로 분류되어 있다고 가정할 수 있다. 동사는 한 명사를 수반하는데, 명사는 동사에 대해 '행위자격' 관계에 있고, 생명체로서 특히 사람으로서 세분된다. 그래서 나는 여기서 동사가 명사의 존재와 특성에 대해 언급하고 있지, 그 역이 아니라는 입장을 대변한다." 한 주석에는 또한 이렇게 씌어있다: "본질적으로 대립된 입장이 Chomsky 1965와 Fillmore 1968에 나타나 있다."

Chafe는 네 동사 그룹을 구분한다.

(1) 자질 '상태'를 취하는 동사/형용사
(2) 자질 '과정'을 취하는 동사
(3) 자질 '동작'을 취하는 동사
(4) 자질 '동작' 및 '과정'을 취하는 동사

'동작(Tätigkiet)'과 '과정(Vorgang)'은 (보다 복합적인) 자질 '행위(Handlung)'로 통합된다. 행위는 어떤 행위자에 의해 유발된, 즉 행위자의 동작을 통해 실현될 수 있는 과정으로 간주할 수 있다. 자질 '상태(Zustand)'를 취하는 동사는 그 상태에 있음을 보이는 보족어를 요구한다. Chafe는 이 역할을 '피행위자격(Patient)'이라 한다.

과정은 상태변화(Zustandsänderung)로도 이해할 수 있다. 과정은 상태변화의 과정을 표현하는 보족어를 요구한다. Chafe는 상태와 과정 사이의 관련성으로 인해 이 역할도 역시 '피행위자격'이라 한다.

자질 '동작'을 취하는 동사들은 동작 수행자를 표현하는 보족어를 요구한다. Chafe는 이 역할을 '행위자격'이라 한다.

여기에 추가하여 자질 '과정'을 취하는 동사들은 과정에 기반이 되는 보족어를, 즉 '피행위자격'을 요구한다.

Chafe는 Fillmore에 의거하여 몇 가지 격을 추가로 도입하는데, 이 격들도 동사의 의미에 종속시켜 정의하려 한다. 예를 들면 그는 의미역 '지각체격'(경험자격)을 취하는 지각동사를 특별한 그룹으로서 강조한다 (1976:147ff.). 예를 들면:

Tom saw a snake. (Tom sah eine Schlange)
Tom heard an owl. (Tom hörte eine Eule)
Tom felt the needle. (Tom fühlte die Nadel)

Tom learned the answer. (Tom erfuhr die Antwort)

Tom remembered the answer. (Tom erinnerte sich Antwort)

한편 Chafe는 이 동사들을 올바르게도 과정동사로서 표상한다. '지각(Wahrnehumg)'은 '과정'의 하위 그룹이며, '경험자격'은 '피행위자격'의 특수 경우로 분류되어야 할 것이다(수혜자격처럼). 그 밖에도 의식적인 의도(Intention)가 가미되어 있는지에 따라 이런 동사들이 동작동사 내지, 행위동사로도 볼 수 있음이 고려되어야 하겠다. 그런 경우에는 경험자격이 피행위자격의 특수 경우가 아니라, 행위자격의 특수 경우가 될 것이다.

Cook은 Chafe에 기반을 둔다. 그는 동사의 의미자질에 종속된 다섯 명제격을 정의하며(6.4.1 비교), 세 가지 동사 유형을, 즉 상태동사, 과정동사 그리고 동작동사를 제안한다. 각 유형은 기본동사, 경험동사, 수혜동사 및 위치동사를 포함한다(1978:301).

동사 유형	기본동사	경험동사	수혜동사	위치동사
1. 상태	Os	E, Os	B, Os	Os, L
	be tall	like	have	be in
2. 과정	O	E, O	B, O	O, L
	die	enjoy	acquire	move
3. 동작	A, O	A, E, O	A, B, O	A, O, L
	kill	say	give	put

(A=행위자격, O=대상격, B=수혜자격, E=경험자격, L=위치격, s=상태격)

Pleines(1976)는 "사태 유형"(Typologie von Sachverhalten)에 따라 의미역을 정의한다. 그는 상태와 과정(Prozess)을 변별하는데, 여기서 그는 과정을 사건(Ereignis)과 행위(Handlung)로 재차 나눈다. Chafe가 '피행위자격'으로, Cook이 '대상격'이라 하는 것을 그는 Jackendoff에 따라 '주제격(theme)'이라 한다. '주제적 관계(thematische Relation)'는 상태 기술에 기초한다. 주제적 관계는 (Chafe와 Cook에서와 마찬가지로) 또한 상태변화의 과정에 속한다. '주제격'은 자동의 상태동사와 과정동사에서 주어로 출현하며, 타동사의 경우에는 목적어의 문장성분 기능으로서 출현한다. Pleines는 능동 타동사의 경우에 주어의 역할을 격 관계로서 정의하는데, 그는 자질 'belebt'를 무시하고 일반화하여 예를 들면 (주어 자리에 있는) '행위자격'과 '도구격'의 통합이 가능하다고 본다.

이 절에서 지금까지 언급된 여러 격 이론의 연구의 특징은 통사 구조에서 보족어의 위치와 무관하게 격 역할을 동일시한다는 것이다. 특히 자동사인 상태동사와 과정동사의 주어에 타동사의 목적어에 배당되는 것과 동일한, 예를 들면 '피행위자격', '대상격', '주제격'와 같은 의미 역할이 배당되어 있음을 도처에서 볼 수 있다.

Egon kocht *die Suppe*. (에곤이 스프를 끓인다)
피행위자

Die Suppe kocht. (스프가 끓는다)
피행위자

통사적 위치와 무관하게 의미 역할을 규정하는 것은 이미 Fillmore에서 볼 수 있다. 이것은 Fillmore에서 생성-의미적 구상에 기초한 의미역이 동사의 의미와 무관하게 정의됨에 기인한다. 그는 다음 문장들을

Mother is cooking the potatoes. (Mutter kocht Katoffeln)
The potatoes are cooking. (Die Kartoffeln kochen)
Mother is cooking. (Mutter kocht)

동일한 격틀 [__ O (A)]로 소급한다.

[__ potatoes (O) mother (A)]

Fillmore에 의하면 이와 유사하게 다음 문장에서 *Emil*은 여격(경험자격) 역할을 갖는다.

Emil sieht das Bild. [___ O+D]
(에밀이 그림을 본다)
Egon zeigt Emil das Bild. [___ O+D+A]
(에곤이 에밀에게 그림을 보여준다)

그러나 동사 의미에 입각한 의미역 정의는 통사적 위치를 고려해야 함을 뜻하는데, 동사의 자동 용법과 타동 용법이 동사 의미의 차이에 비례하기 때문이다. *Die Mutter kocht*와 *Die Katoffeln kochen*에서 *kochen*의 경우에 상이한 의미가, 즉 동작(Tätigkeit)과 과정(Vorgang)이 문제가 된다((엄마가 식인종에 의해) 조리되지 않는다고 전제하면).

Dik(1978)은 여기서 진일보한다. 그는 우선 사태 유형으로서 동사와 형용사의 몇 가지 기본 의미 그룹을 도입한다. 자질 '±dynamic'과 '±controlled'에 기초하여 그는 네 동사 그룹(사태 유형)을 나눈다.

	+dynamic	−dynamic
+controlled	행위(Action, Tätigkeit)	위치(Position, Haltung)
−controlled	과정(Process, Vorgang)	상태(State, Zustand)

자질 '±dynamic'은 사태 변화가 일어나는지 또는 아닌지와 관계가 있다. 자질 '±controlled'는 사태의 존재가 이와 관련된 격들 가운데 어느 격의

영향 아래 있는지와 관계있다(Nilsen 1972 비교).

Dik은 다음의 예문들을 제시한다.

+dynamic:	John opened the door.	(John öffnete die Tür)
	The tree fell down.	(Der Baum stürzte um)
−dynamic:	The substance ist red.	(Die Substanz ist rot)
	John remained in the hotel.	(John blieb im Hotel)
+controlled:	John opened the door.	(John öffnete die Tür)
	John remained in the hotel.	(John blieb im Hotel)
−controlled:	The substance is red.	(Die Substanz ist rot)
	The tree fell down.	(Der Baum stürzte um)

그는 이런 식으로 Chafe와 Cook보다 더 일관된 의미역 구분에 이르게 된다. 주어의 의미역은 동사 의미에 종속되어 행위 동사의 경우에는 '행위자격'으로서, 위치동사의 경우에는 '위치 보유자격'으로서, 과정동사의 경우에는 '과정 보유자격' 또는 '역격'으로 기재되어 있다. 상태동사의 경우에 Dik은 의미격을 '제로'(∅)'라 하는데, 여기서 특별한 의미역 배당을 위한 논항을 발견하지 못하기 때문이다. 우리는 여기서 Dik의 구별이 개별적으로 모든 경우에 합당한 것으로 인정하지 않지만, 의미역을 동사 의미에 종속시켜 파악한다는 사실을 중요한 것으로 본다. 왜냐하면 Dik이 사태 유형을 토대로 하기 때문에 그 구별이 모든 경우에 언어적으로 정당화될 필요는 없다(6.4.6 비교). 중요한 것은 한편으로 Dik이 네 사태 유형(동사 그룹)에 기초하여 각각의 주어에 대해 상이한 역할을 설정한다는 것이며, 다른 한편으로 상이한 격 역할을 취하는 통사 변이형으로서 뿐 아니라, 의미 변이형으로서 자동 용법의 동사와 타동 용법의 동사를 변별한다는 것이다.

Mary cooked the *potatoes*. (Mary kocht Kartoffeln 행위)
행위자격 목표격
The potatoes are cooking. (Die Katoffeln kochen 과정)
과정 보유자격

이 결정이 정당성이 있는지 타진해 보자. 자동 용법의 주어에 대한 의미역과 타동 용법의 목적어에 대한 의미역을 확인하기 위해 다음 예문을 들 수 있다.

Mary kocht Kartoffeln. (메리가 감자를 조리한다)
Die Kartoffeln kochen. (감자가 조리된다)

1. 두 문장에서 *Kartoffeln*은 과정이 작용하는 격이다.
2. 또한 자동사의 경우에 언어 능력을 가진 청/화자는 이것이 행위자격 또는 역격을 통해 사역적으로 야기된 과정이라는 사실을 안다. 그러면 두 번째 논항은 더 분명하며, 더 많은 정보를 취합하고 있는 구조로서 공통의 심층구조로의 환원을 정당화한다. 이것은 Fillmore의 격틀에서 다음과 같이 표현된다:
[_ O (A)]. 수의적 요소로서 행위자격 표시는 행위자격이 심층구조에 존재하지만, 표층에서 삭제될 수 있음을 시사한다.

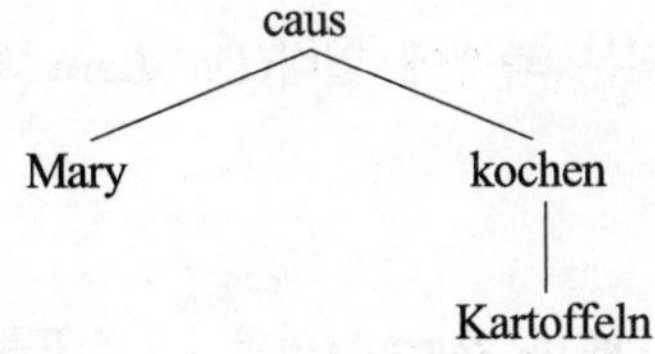

변형 규칙은 표층구조에서 caus에 의해 제1 논항이 주어(주격)로,

제2 논항은 목적어(대격)로 실현될 수 있음을 의미한다. 표층구조에서 제1 논항이 실현되지 않는 경우에는 제2 논항이 주어로 실현된다.

두 관점에 따르면 *kochen* 또는 *trocknen* 같은 동사의 자동 용법과 타동 용법은 통사구조(표층구조)에서의 차이와 결부될 뿐이지, 의미에 있어서의 차이와 결부되어 있지 않다. 그러나 이것이 그렇지 않음은 자명하다. *Kartoffeln*이 두 문장에서 과정이 작용하는 격이라고 (1)처럼 형식화한다면, 여기서 과정(Vorgang)과 동작(Tätigkeit)의 차이를 간과한 것이 될 것이다. 동작이라 하면 행위하는, 그래서 통제하는 행위자격이 작용하는 과정이다(Dik과 Nilsen에서 자질 'controlled' 비교). 과정은 자질 '-controlled'를 갖는다. 과정은 행위자격에 의해 야기되지 않고, 자연발생적으로 진행된다. 여기서 이미 객관적 현실에서 동작의 일부인 것이 언어적으로 과정으로서 기술될 수 있다는 문제점이 나타난다(6.4.6 비교). 그러나 자동 용법의 동사와 타동 용법의 동사가 상이한 사태를 지시함으로써, 단지 의미적(언어내적, 내포적)으로 뿐 아니라, 외연적으로도 서로 구별될 수 있다는 점을 지적할 수 있다. 비교:

Die Suppe kocht. (스프가 끓고 있다)

위 문장에서는 누가 해당 시점에 스프를 끓이는지에 관계없이, 스프가 끓고 있거나, 조리되는 과정에 있다(*Die Lava kocht* 용암이 끓는다. 비교).

Die Mutter kocht die Suppe. (어머니가 스프를 조리한다)

그러나 이 문장에서는 어머니가 스프를 준비하여, 채소를 씻고, 거기에

양념을 뿌려서, 스프를 앉히고, 그것이 끓어 넘치지 않도록 주시한다.

Seine Hosen trocknen langsam wieder.
(그의 바지가 천천히 다시 마른다)

위 문장은 누가 말리는 과정을 시작하는지 관계없이 그 바지는 마르는 과정에 있다.

Die Mutter trocknet seine Hosen. (어머니가 그의 바지를 말린다)

그러나 이 문장에서는 어머니가 그의 바지에 어떤 일을 한다. 아마도 어머니는 바지를 라지에타 위에 올려놓았을 것이다.

Der Koffer öffnet sich. (여행가방이 열린다)

위 문장에서 여행 가방이 행위자의 동작에 의해서가 아니라, 저절로 열린 것인데, 이를테면 그것이 꽉 차서 또는 넘어져서 열린 것이다.

Die Tür öffnet sich. (문이 열린다)

이 문장도 문이 저절로 열렸을 때만 말할 수 있는데, 이 때 예를 들면 문 뒤에 있는 방문객을 바로 보지 못함으로 인해 어떤 의미에서는 다른 사태가 문제가 된다.

Emil stirbt. (에밀이 죽는다)

윗 문장에서 *Emil*은 그 누군가에 의해 죽임을 당한 것이 아니다. 그를 죽이기 위해 그 누군가가 그에게 가한 부상의 결과로 그가 죽는다 할지라도, 비교적 독립적인 사태로서 과정이 지시된다.

또한 Schenkel(1977)은 행위 동사, 과정 동사 그리고 상태 동사에 종속하는 주어의 상이한 의미 역할을 구분한다. 그래서 그는 '행위자격', '과정 보유자격' 그리고 '상태 보유자격'이라 한다. 그러나 이 기술에서 그가 이에 대한 타동적 사동형의 대응체가 존재하는 자동사의 경우에 '과정 보유자격'라 할지, 아니면 '피행위자격'이라 해야할 지 드러나 있지 않다. Helbig(1977:77)는 이것을 피행위자격이라 했다.

따라서 제1 논항(주어)의 의미역을 한편으로 '과정 보유자격' 그리고/또는 '상태 보유자격'으로, 다른 한편 '행위자격'으로의 구분은 오직 동사 의미에 종속시켜야 가능할 것 같다. 그러면 '피행위자격'은 오직 동작동사의 제2 논항으로서 나타난다.

Dik의 경우에 그의 자질 분류로부터 자질 '+controlled'와 '−dynamic'을 취하는 네 번째 그룹의 동사들(=위치 동사들)이 나타난다. 이 동사 그룹은 상태 동사들의 한 의미 변이형으로 볼 수 있는데, 여기서 상태 보유자가 상태를 능동적으로 통제한다(예를 들면 *herbeiführt* 초래하다, *aufrecht erhält* 견지하다, *in der Lage ist abzubrechen* 중단할 수 있다). 또한 해당 동사들에서 자질 조합 '−controlled', '−dynamic'도 가능하다. 비교:

상 태(Zustand)	위 치(Haltung)
'−dynamic', '−controlled'	'−dynamic', '+controlled'
Das Buch liegt auf dem Tisch.	Emil liegt den ganzen Tag auf dem Sofa und liest.
Du bleibst heute zu Hause, du darfst nicht ins Kino gehen.	Gut, ich bleibe zu Hause und passe auf die Schwester auf.
Vater schläft.	Pst, sei ruhig, du weißt, Vater schläft

Sonntag mittags immer ein Stündchen.

한편으로 상태동사, 다른 한편으로 동작동사와 과정동사 사이의 구분은 Lakoff(1966)가 제시한 일련의 기준에 따라 나타난다. Lakoff는 이 분류를 변형 문법의 고찰 방법에 맞게 통사적 분류로 표현했다. 따라서 자질 '±static'은 순수 통사 자질로 간주되지만, 적어도 (상태 동사와 비상태 동사 사이의) 통사적 차이가 의미적 차이의 잔재라는 점을 가설로서 포함한다. 이런 동사분류는 영어에서 오직 자질 '−statisch'를 취하는 동사들만 다음이 가능하다는 점에 기인한다.

- 명령형으로 올 수 있다.
- 진행형으로 나타날 수 있다.
- 의사 분열문으로 변형될 수 있다.
- 동사 *überreden, erinnern an* 등과 결합할 수 있다.
- *enthusiastisch*와 결합할 수 있다.
- *meinetwegen*과 결합할 수 있다.
- *do so*로 대체될 수 있다.

그러나 *bleiben, sitzen, liegen*과 같은 동사가 상태를 표현하지만, 이 동사들이 언급된 언어 구조에 나타날 수 있음을 Lakoff는 확인해 주어야 한다. 여기서 '−dynamic'과 '+controlled'의 자질 조합을 취할 수 있는 상태동사가 문제가 된다.

Rosengren(1978:182ff.)은 Lakoff의 분류에 따라 상태를 좀 다르게, 즉 시간적 진행이 없는, 그래서 시작도 끝도 없는 사건으로 정의함으로써 이런 모순을 제거하고자 했다. 이를 통해 Dik이 자질 조합 '−dynamic', '+controlled'로 적절하게 기술한 것이 간접적으로 포착된다.

6.4.6 격 역할의 외연적 규정 또는 내포적 규정 · 관점의 문제

Fillmore의 의미역(심층격)은 외연적으로 정의되어 있다. 격 형태가 나타내는 것이 무엇인가에 대해 묻고 있지, 그것이 무엇을 의미하는지를 묻고 있지 않다. 전통 언어학에서(Helbig 1973 비교) 격을 외연적으로 정의하는 이유는 격의 의미를 정의하려는 모든 시도가 실패한 것처럼 보였던 상황에 있다. 그리하여 의미가 와야 할 자리에 격들이 열거되었다. Starosta(1978)는 Fillmore의 방법을 다음과 같이 비판적으로 기술하였다: "Fillmore의 격 문법에서 격 역할을 규정함에 있어 전형적인 방법은 (1) 주어진 문장에 해당하는 언어외적 상황을 설정하여, (2) 그 상황에 참여하는 단위들에 주관적으로 격 역할을 부여하고, (3) 그 격 역할이 출발 문장의 모든 의역문에 변하지 않고 유지된다고 가정하는 것이다"(1978: 508). 여기서 문제점은 격 역할의 변별이 언어에 구애받지 않고 이루어진다는 것과 언어 자체에서 형성되는 분류와 분류 원칙이 고려되어 않는다는 것이다.

동의어와 의미적으로 유사한 동사들이 의미적으로 공통된 것을 기술하는 동일한 격틀이나 또는 부분적으로 동일한 격틀로 소급됨으로써 Fillmore는 그 접근법을 통해 이들을 서로 관련지을 수 있는 가능성을 얻는다. 이것은 전체적으로 생성 문법에 기반을 둔 구상이다. Chomsky와 마찬가지로 Fillmore에 있어서도 예를 들면 능동문과 수동문은 동의문이다(의미가 같다). 그에게서 이것은 동일한 격틀을 통해 표현된다.

> John öffnete die Tür.
> Die Tür wurde von John geöffnet.

Fillmore에 의하면 동일한 격틀 [__ A+O]이 두 문장의 기반이 된다는 사실을 통해, 두 문장은 동의문으로 기술될 수 있다. 그 사태가 언어적으로 어떻게 기술되는지에 관계없이 두 문장에서 중요한 것은 현실에 있어서의 동일한 정황이다: 행위자가 어떤 대상에 영향을 끼친다는 것이다. 동시에 여러 상이한 언어적인 (통사적인) 실현형은 아무런 문제가 되지 않는다. 통사의 차이가 의미의 차이와 관계없는 것으로서 간주된다. 그 문장들은 동의문(동의문은 기저의 공통된 것에서의 의미 차이를 포함할 것이다)에서 뿐 아니라, 의미가 동일한 것으로도 나타난다. 여기에는 통사의 차이가 동일한 상황의 여러 상이한 기술방법에 존재하는 의미의 차이에 상응한다는 가능한 추론의 여지가 없다.

또한 결합가 차이가 있는 동사들 사이의 공통점도 Fillmore는 이런 식으로 기술할 것이다. 예를 들면 *sehen*과 *zeigen*의 의미 유사성은 양자가 부분적으로 동일한 한 격틀을 취한다는 사실을 통해 설명될 수 있다.

Egon sieht das Kamel.	[__ O+D]
Emil zeigt Egon das Kamel.	[__ A+O+D]

그러나 동의의 표현을 동일하게 공통된 심층구조상의 한 격틀로 소급할 수 없는 경우가 있다. 이미 Fillmore가 예로 들었다(1968:65).

(1) John smeard paint on the wall.
(John schmierte Farbe auf die Wand)
(2) John smeard the wall with paint.
(John beschmierte die Wand mit Farbe)

이 문장들은 분명 동의문이다. 그러나 이들은 다른 문장들처럼 공통된 격틀로 동일하게 환원할 수 없다. (1)은 격틀 [__ A+O+L]을 취하는 반면, (2)는 격틀 [__ A+O+I]를 취한다. *paint*는 (1)에서 '대상격'이고, (2)

에서 '도구격'이며, *wall*은 (1)에서 '장소격'이고, (2)에서 '대상격'이다. Fillmore는 여기서 이미 그가 후일(1977) 관점화(Perspektivierung)라 한 것을 아무런 설명 없이, 시사한다. 그렇게 간단하고 분명하여 이목을 끈 외연적(존재론적)으로 규정된 격 역할의 개념이, 앞의 예에 제시된 것처럼, 모순 없이 관철되지 못했다. 특정한 경우에 의미역이 엄격하게 외연적 의미에서 기술될 수 없음은 분명한데, 이것은 의미역이 관점을 통해 함께 결정되어, 이로부터 사태가 관찰되기 때문이다. 예를 들면 Pleines는 사태 유형으로서 존재론적 층위를 보다 정확하게 규정하여, Fillmore에서 나타나는 자의성과 모순을 극복하고자 했던 반면, 최근 몇몇 논문들(그 중에서 심리학적 방향의 논문들)은 격을 내포적으로 규정하려는 시도로 대체하려는 경향을 띤다. 지금까지 전통적인 기반에서 아무런 해결책이 주어지지 않은 문제점에 대한 새로운 해결책이 새로운 의미론적 견해, 특히 원형 의미론(Prototypensemantik)을 통해 주어진다.

Starosta는 Fillmore에 있어 표현 단위로서의 격 정의에 반대하여 '어휘격'(lexicase)이라 명명한 자신의 격 이론 구상을 제시한다. 그는 Fillmore(1977)에 의거하여 원래 그의 구상에서 대칭 서술어를 기술하면서 나타나는 문제점을 지적한다.

> The post office is on the right/opposite the Bank.
> (Die Post ist rechts von/gegenüber der Sparkasse)

격 역할을 존재론적으로 규정한 Fillmore에 의하면 여기서 두 장소가 있다고 해야 할 것이다. 그러나 이것은 한 명제 안에 격이 꼭 한 번만 나타날 수 있다는 원칙(1문 1격의 원칙 1/sent Prinzip)의 위반을 의미할 것이다. Starosta는 대칭 술어의 두 보족어에 상이한 격 역할이 부여되며, 따라서 통사 위치가 교체될 경우에, 의미역도 변한다는 자신의 주장을 뒷받침하기 위해 Fillmore의 기준을 끌어온다.

The post office is on the right of *the bank.*
피행위자 장소격
The bank is on the left of *the post office.*
피행위자 장소격

객관적으로, 즉 관찰 관점과 관계없이 존재론적으로 두 보족어를 각각 기술된 상태 안에 있는 단위로 볼 수 있을 것이다. 우체국이 은행에 대해 잠재적인 지향점이 되기도 하고, 은행이 우체국에 대해 잠재적인 지향점이 되기도 한다. 두 문장을 구별해 주는 것이 바로 관점이며, 이 관점 아래 동일한 사태가 관찰된다. (의사소통 상황에 따라) 우체국의 위치가 기술되어야 하거나, 또는 은행의 위치가 기술되어야 한다. 따라서 관점은 통사구조에 대해 중요한 역할을 하게 된다. 관점은 통사구조에서 기능적(의미적)으로 표현된다. 언어가 현실을 사상하는 방식을 포기한 원래 Fillmore의 구상은 여기서 관철될 수 없다.

또한 Fillmore 자신도 이런 의미에서 1968의 개념을 비판하였다(1977). 그는 1968 구상에서 문장(격)이 언어 외적인 상황(장면)에 기초해 기술되는 구상의 편협성을 비판한다. 그는 배경 장면(기저가 되는 현실의 상황) 외에 관점이 고려되어야 하며, 관점에서 그 상황을 관찰할 것을 요구한다(1977:18). 그는 이것을 구매 상황에서 예시한다(3.2 비교). 구매 상황은 여러 동사를 통해 기술될 수 있다: 예를 들면 *kaufen*(사다), *verkaufen*(팔다), *ausgeben*(건네다), *bezahlen*(지불하다), *kosten*(값이 나가나) 등. 이 동사들이 동일한 사실(동일한 상황, 동일한 장면)을 연출한다는 점에서 유사하다. 그러나 이 동사들은 언어외적 상황의 구성부분들이 다르게 관점화될 수 있다는 점에서 변별된다. 예를 들면:

buy (kaufen): 구매자, 상품
sell (verkaufen): 판매자, 상품
spend (ausgeben): 구매자, 돈
cost (kosten): 상품, 돈

각 동사가 사태를 각기 다른 관점에서 기술하지만, 잠재적인 참여 성분들과 더불어 전체 장면(구매의 전체 상황)을 연출하기도 하는데, 전체 장면은 다른 문장 요소(수의적인 첨가어와 협의의 수의적 보족어)를 부가함으로써 격틀(명제)을 넘어서서 표현되기도 한다(1977:17). 예를 들면 청자/화자는 *kaufen*에서 관점화되는 구매자와 상품 외에 또한 판매자, 돈, 시간 규정어와 장소 규정어가 구매 상황에 속함을 안다. 예를 들면 어떤 상황에 문제가 되는 참여자만 있어야 하는 것은 아니다. 구매 장면은 구매자와 판매자 두 사람을 전제한다. 그러나 그 가운데 한 참여자만(다음 문장은 제외하고 *Das Buch kostet 25, -M,*) 문장에서 '행위자'로서, 예를 들면 *kaufen*의 경우에 구매자가, *verkaufen*의 경우에는 판매자가 관점화된다. Fillmore는 사실상 이런 식으로 의미역이 내포적으로 정의되어 있다는 것을 증명하며, 이를 통해 그는 심층격 개념에 대해 의문을 제기한다(또한 Abraham 1980 비교).

또한 6.4.5에서 다룬 '피행위자격'과 '과정 보유자격'/'상태 보유자격' 변별의 문제도 관점화와 어느 정도 관련이 있다. 동작(Tätigkiet)은 행위자에 의해 통제되어 있는 과정으로 간주할 수 있다. 적어도 부분적으로 좀 더 포괄적인 과정으로서의 동작에서 동작을 통해 유발되었거나, 비교적 독자적으로 계속 진행하는 과정이 분리되어 나올 수 있다. 예를 들면:

Mutter trocknet die Wäsche.

어머니가 햇볕이 비추는 빨래 줄에 빨래를 널고, 그리하여 빨래가 마른다(여기서 마르는 과정은 어머니의 또 다른 추가 행위 없이도 진행된다).

현실에서는 통일된 복합적 상황이 문제가 된다. 그러나 복합적인 상황이 언어의 도움으로 — 그리고 여기에 이미 내포적 동인이 들어 있다 — 나뉠 수 있다. 각기 취해진 관점에 따라 동일한 상황이 더 복합하게 또는 제약되어 동작으로서 또는 과정으로서 상이하게 지시된다. 어떤 과정이 오직 동작의 구성부분으로 가능할지라도, 어떤 것은 행위자와의 관련되어 기술되기도 하고, 그렇지 않기도 한다. 예를 들면 *Die Suppe kocht* (스프가 끓는다). 그러나 *Die Lava kocht*(용암이 끓는다)는 이와 다른데, 여기서는 자연의 진행과정이 기술된다. 또한

Musik ertönt.	(음악이 연주된다)
Ein Radio spielte.	(라디오 소리가 들렸다)

여기서는 동작에 종속된 과정이 문제가 된다. 그러나 오직 과정만 관점화된다. 의사소통상 여기서 중요한 것 또한 과정뿐이다. 동작의 구성성분인 과정은 의미역과 관련하여 이중으로, 즉 외연적(denotativ)으로 또한 내포적(signifikativ)으로 정의될 수 있다.

Die Suppe kocht.

과정 보유자격 (Proc)	=내포적
피행위자격	=외연적

기저의 복합적인 상황과 결부된 역할 배당은 외연적이며, 관점화된 과정(동작의 일부로서)과 관련한 역할 배당은 내포적이다. 보족어를 피행위자격(대상격, 주제격)으로 분석하는 격 이론의 분석은 외연적 격 개념에서 출발한다. 격 정의가 개념적으로 명확하지 못하다고 흔히 비판받는 부분적인 원인은 의미역을 외연적 관점과 내포적 관점에서 이중으로 정

의할 수 있는 가능성이 반영되지 않은데 기인한다.

이를테면 언어적 사실에 합당한 올바른 역할 배당이 내포적이어야 한다는 의미에서 볼 때, 격 역할의 내포적 규정과 외연적 규정은 단지 기술의 문제만은 아니다. 여기에는 또한 언어 지식과 사태 지식(세상 지식, 백과사전적 지식) 간의 관계라는 복잡한 문제도 언급되어야 한다(4.4 비교). 그러나 소위 상황 지식이 언어와 무관한지, 아니면 언어적으로 축적된 것인지 여부와 관계없이 외연적 규정 가능성은 청/화자의 능력으로서, 따라서 그들의 언어능력의 구성부문으로서 기재될 수 있다. 언어능력이 있는 청/화자는 *Die Suppe kocht*가 보통 동작의 구성부분인 과정을 기술한다는 사실을 알고 있다. 생성 문법에서처럼 이 문장이 복합 명제 *jemand kocht die Suppe*(누군가 스프를 끓인다)로 환원된다고 보면, 외연적 규정 가능성이 언어적으로 직접 매개된 것으로 간주된다. 격을 오직 외연적으로 정의하려는 격 모형에 대한 반론은 외연(지시)으로의 축소이자, 내포가 고려되지 않는다는 것이다. Fillmore(1977:16ff.)가 언어 이해를 배경 장면(외연적 규정)에 기초해, 사태의 관점 분석(내포적 규정)으로 이해한다면, 그의 논거는 어쨌든 격 역할을 이중(외연적 및 내포적)으로 규정하는 것이다.

인지 심리학의 관점에서 Aebli(1980)와 Wettler(1980)는 동일한 방향을 지향하는 제안을 했다. Aebli는 행위자격과 관련하여 동기 역할(motivationale Rolle)과 상황 역할(Sachrolle)을 구분한다. 동기적 관점에서 역할 자질 '행위자격'를 취하는 보족어는 행위의 주창자 또는 야기자이다. 상황적 관점에서 상이한 역할이 가능하다. 예를 들면 다음 문장에서 *Napoleon*은 한편으로 주창자(동기 역할)이고, 다른 한편으로 수신자 또는 새로운 소유자(상황 역할)이다(Aebli 1980:110).

Napoleon nimmt die Kaiserkrone aus den Händen des Papstes.
(나폴레옹은 황제의 왕관을 교황의 손에서 빼앗는다)

Aebli는 세 동기 역할을 제안한다: 행위자, 공동 행위자 그리고 대상. 이와 달리 상황 역할의 수는 그 제한이 없다.

Wettler(1980:298)는 소유이양(Besitzwechsel) 동사들에서 행위자, 대상, 수여자(Geber)와 수신자(Nehmer)를 구분한다. 그는 다음의 그룹들을 정한다.

1. 행위자가 수여자와도 또한 수신자와도 동일하지 않다:
   zusprechen(부여하다), *zuteilen*(분배/수여하다), *übereignen*(양도하다/맡기다), *überschreiben*(명의변경/양도하다)
2. 행위자가 수여자와 동일하다:
   geben(주다), *abtreten*(양도하다), *schenken*(선물하다), *vermachen* (유증하다), *unterstützen*(원조/부조/지지하다)
3. 행위자가 수신자와 동일하다:
   nehmen(넘겨받다), *stehlen*(훔치다)

이 구별에서 내포적 구별(동기 역할, 행위자)과 외연적 구별(상황 역할, 수여자/수신자) 간의 차이를 인식하는 것은 그리 어렵지 않다.

6.4.7 격 역할의 원형적 규정

격 이론의 개념적인 불명료성이 격 이론의 근본적인 취약점으로 계속해서 제기되었다(Finke 1974, Helbig 1977, Abraham 1980). 그 정의를 보다 세밀화하기 위한 구상들이 6.4.2-6.4.6에서 설명되었다. 언급된 취약점들은 순전히 직관적인 개념 규정에서 출발하는 단계를 극복하기 위한 것과 어느 정도 관계가 있다. 그러나 격을 더 명확하게 정의하려는 모든 시도가 한계에 달한 것처럼 보인다. 추측컨대 이것은 의미역이 언어에서 잘 정의된 의미 단위가 아니라는 사실과 어느 정도 관계가 있는 것 같다. 더 명확한 정의에 기초하여 의미역을 더 명확하게 변별하려는 것은 언어를 있는 그대로 보다 더 명확하게 하려는 시도로 평가할 수 있는데, 예를 들면 경계가 없는 곳에 경계를 지우는 것과 같은 것이다. 이로써 우리는 현대 의미론의 주요 통찰 및 주요 주제를 다루게 된다: 언어 의미의 모호성, 불확실성, 언어 의미를 예외가 아닌, 규칙성(Regelfall)으로서 보는 단순한 확신. 그러나 의미의 모호성이 정확한 학문적 기술과 거리가 멀다는 입장을 취하는 것은 비과학적일 것이다. 의심스러운 것은 기술의 명확성 그 자체가 아니라, 전통적으로 내려오는 의미의 정의와 격의 정의에 기반이 되는 고전적 정의방법의 양식이다. 고전적 정의방법의 정밀화는 (단지 격의 경우에서 뿐 아니라) 언어를 지나쳐 버린다. 왜냐하면 고전적 정의방법이 오직 이상적인 경우만 포착하려 하기 때문이다. 확정적이고 분명한 경계를 그을 수 있는 현상 또는 실제적인 전환점을 이상화하여 마치 현상들 간의 분명한 경계가 있는 양 기술한다.

전통적 정의방법은 정의되는 부류(집합)의 범례가 이미 존재하고 있다는 (이상화된) 표상에서 출발한다. 그래서 공통의 불변적 속성을 추구하며, 이를 토대로 부류 형성이 이루어진다. 예를 들면, 무엇이 "새", "악기", "나무", "가구", "의자" 등 부류의 모든 범례에 공통된 불변적 기저 자질인가? 이러한 의미의 정의 관점에는 불변적 의미자질이 중요하며, 이것이 단어 의미를 구성한다고 생각한다(이 관찰 방법에 대해 비판적인 Meinhard 1984 비교). 우리는 감각적(sensorisch) 자질과 이성적(rational) 자질 사이의 복합적인 관계 및 전체를 잘 관찰할 수 있는 사상(Abbildung)과 자질해체(Merkmalzerlegung) 사이의 복합적인 관계를 무시하고(이를 위해 Welke 1983 비교), 오직 다음의 관점에만 집중하려고 한다: 고전적 정의방법은 사후약방문(post festum) 식의 방법이다. 이 방법은 문제시 되는 경우가 이미 개관되었다고 전제한다. 일상생활에서 인식의 획득과 언어의 성립의 발생(Genese)에 있어서 의미의 구성은 계통발생적(phylogenetisch) 측면에서도 또한 개체발생적(ontogenetisch) 측면에서도 다르게 일어난다. 아주 두드러지고 특징적이며 중요한 현상(또는 그에 상응하는 대상)을 기반이나, 범례나, **원형**(Prototyp)으로 삼고, 다른 현상(또는 상응하는 대상)은 원형에 대해 유사하다는 관점 하에 동일 부류에 속한다. 이런 이유에서, 예를 들면 참새가 펭귄 또는 타조보다 더 전형적인 새이며, 의자가 피아노나 TV보다 더 전형적인 가구의 표본이라 하는 것은 의미가 있다. 이런 관점에서 파악되는 부류화는 원형에 대해 다소간 상당한 유사성을 토대로 그 부류를 전형적으로 대표하는 표본을 중심으로 하는 부류화이다. 유사성을 판단하는 관점은 바뀔 수 있다. 그것은 Wittgenstein(1971, 초판 1953)과 그에 앞서 Wygotski(1964, 초판 1934)가 이것을 가족들 간의 닮은꼴에 비유한 상황이다. Wittgenstein은 이것을 가족 유사성(Familienähnlichkeit)이라 한다. 예들 들면 한 아들이 아버지와 눈이 닮았고, 다른 아들은 입부분이 닮았다. 그러나 두 아들이 서로 닮을 필요는 없다. 정원 의자를 가구로 표시할 수 있는데, 그것이 거실 의자와 유사한 기능을 하기 때문이다. 또한 피아노를 가구라 할 수 있는데, 이것은 방안의 장식품에 속할 수 있기 때문이다. 유사성의 정도란, 전통적 정의방법이 그러하듯, 그 부류(개별 단어의 의미)를 분명하게 변별할 수 있는 정도를 뜻하는 것이 아니라, 그 경계의 불명확성, 불확정성 및 모호성을 뜻한다. 흔히 학문, 기술, 행정의 적절한 도움을 받아야 비로소 전통적 정의방법에 기초한 의미가 더 정밀해지고 따라서 모호성이 제거된다. 예를 들면 동물학은 고래와 돌고래가 물고기와 여러 자질을 공유하지만, 물고기가 아니라는 점을 가르쳐준다.

우리는 Wittgenstein에 의해 대비된 가족 유사성과 그 관계의 이질성이 어느 정도인지는 접어두려 한다. Wittgenstein의 생각은 예를 들면 단어 **놀이**(Spiel)에 불변 자질이 없다는 것이다. 그리고 그러한 자질을 찾는다 할지라도, 필자의 생각에는 그 단어 의미의 이해를 위해서 원형적 구성이 전통적 정의방법에 의한 전통적 의미 기술보다 더 중요하다. 그렇다면 문제가 되는 것은 어떤 것이 놀이의 (공통된) 불변 자질인가라는 추상적이며, 어떤 외적인 것이 아니라, 예를 들면 카드놀이, 탁구, 숨바꼭질, 공놀이, 인형놀이 등이 구체적으로 왜 그리고 전제된 원형의 어떤 자질에 기초하여 놀이라고 할 수 있는지일 것이다.

Bates/Mac Whinney(1982:210f.)은 원형적 구상의 특징으로서 다음과 같은 사실을 든다.

1. 원형은 한 부류(한 범주)를 대표하며, 그 범주의 중심 경향을 나타낸다. 원형은 동일한 범주에 속한 다른 표본과 가능한 자질의 최대공약수를 보유한 표본이다. 서열상 원형은 동일 범주의 다른 표본과는 최소의 차이를 보이고, 다른 범주의 표본과는 최대의 차이를 보인다.
2. 가족 유사성. 한 부류에 소속여부는 원형과의 공통된 자질에 기초하여 결정된다.
3. 전형성. 원형은 그 범주의 "최상의" 예이다. 전형성은 원형과 자질일치의 정도를 통해 정의된다.
4. 부류귀속의 이질성. 두 표본이 한 범주에 속하는 것이 가능할 수 있는데, 이는 이들이 서로 공통된 자질을 취하고 있지 않다고 할지라도, 원형과는 공통된 자질을 취하기 때문이다.
5. 모호성. 한 범주의 중심이 쉽게 정의될 수 있을지라도, 주변적인 표본의 파악이 어려울 수 있다. 즉 범주들은 정의하기 어려운 경계를 가진다.
6. 비중. 자질들은 그의 중요도에 따라 평가될 수 있다. 비중이 높아지면 고전적 정의로의 접근이나, 고전적 정의로 전환된다(원형 구조에

서 기준 속성 구조로의 전환).

원형 의미론은 최근 언어학의 의미론에서 가장 생산적인 새로운 구상 가운데 하나이다. 이것은 의미 현상들에 대한 변증법적인 견해를 수반한다. 원형 의미론은 Rosch의 심리학적 원형 이론 (Rosch/Mervis 1975)에 의해 결정적인 자극을 받았다. 그 밖에도 언어학(Lakoff 1973), 논리학 및 철학(Wittgenstein 1971)에 의해 자극을 받았다. 처음에는 원형 이론이 언어학에서 단어 의미의 기술에 적용되었다. 그러나 원형 이론을 문법 범주의 기술로 확대하려는 시도도 또한 존재한다.

우리는 격 기능에 대한 원형적 고찰에서 난관에 처한 대안들을 극복할 수 있는 가능성을 본다. 이것은 특정 격에 대해 통일된 기본 의미를 찾는데 있거나, 특정 격 의미를 존재론적(외연적)으로 규정한 수많은 의미 변이형으로 해체해 보는 것이다. 이에 반해 우리는 격 형태, 예를 들면 주격의 기능들(의미들)이 어떤 자질들에 기초하여 상호 유사한지 구체적으로 알아보려는 시도를 생산적인 새로운 구상으로 간주한다. 여기서 우리는 다음의 결과에 이르게 된다: 유사성은 공통된 자질에 기초하여 존재할 뿐만 아니라, 또한 기존의 전형적인 자질에서 비롯하는 자질들의 함의에 기초하여 존재한다.

Oosten(1977)은 격 역할을 원형적으로 고찰하려는 시도를 했다. 그녀는 다음의 예문을 제시한다.

This wine drinks like it was water.
(Der Wein trinkt sich wie Wasser)
This trailer pulls easily.
(Dieser Anhänger zieht sich leicht)
A good tent puts up in about two minutes.
(Ein gutes Zelt baut sich in etwa 2 Minuten auf)

그녀는 이 문장들에서 의미적으로(외연적으로 6.4.6 비교) 피행위자인 보족어가 주어로 실현되는 반면, 행위자 역할이 표현되어 있지 않다는 데에서 출발한다. 그녀는 이것을 비정상적인 주어-동사 관계로 본다. 그녀는 이것을 Fillmore의 격 이론 틀에서와 같이 단순하게 기록하지 않고, 주어의 원형적 의미에서 출현하는 변이형에 대한 의미적 근거를 모색한다. 그녀는 먼저 '행위자'의 원형적 의미를 격 자질을 이용하여 더 정확하게 정의한다. 주어의 원형적인 의미(이에 따라 원형적 행위자)는 다음과 같은 종류의 단순 문장에 존재한다.

Mary hit the ball.	(Mary schlug den Ball)
Sam bought a new suit.	(Sam kaufte einen neuen Anzug)
Delia washed the dishes.	(Delia wusch das Geschirr ab)

원형적 행위자격은 다음의 자질을 갖는다: '의지적(willentlich)', '의도적(intentional)', '행위에 책임이 있는(verantwortlich für die Handlung)', '목적어에 변화를 야기하는(eine Änderung im Objekt hervorbringend)'. 비교: "각각의 경우에 주어는 의지를 가진 행위자격인데, 그의 의도적 작위성을 통해 술어의 행위가 일어난다. 그리하여 행위자격은 목적어에 일어나는 어떤 변화를 야기하는 동사의 행위에 대해 책임을 지며, 목적어에 어떤 변화를, 즉 목적어의 내재적 성격에, 아니면 어떤 우연한 상태에 있어서 어떤 변화를 야기한다"(Oosten 1977:459).

이미 정상적인 능동문에서 조차 정상적인 경우에서 파생한 변이형이 있을 수 있다.

John broke the glass. (John zerbrach das Glas)

예를 들면 위 문장에서 사건이 의도적인지는 열려있다. 내적 상태가 표현된 동사들에서 사건은 비의도적이다.

I feel sick. – Ich fühle mich krank.
F.M. loves C.K. – F.M. liebt C.K.

(따라서 Fillmore에서는 다른 의미역: 여격 또는 경험자격) 이것이 의미하는 바는 여기에 전형적인 행위자격의 자질들이 빠져 있다(가변적이 된다). 그러나 모든 자질이 그런 것은 아니다. 원형과의 유사성이 여전히 있으며, 행위자로서의 내포적 해석 가능성도 아직 남아있다. Fillmore의 행위자격과 여격/경험자격 변별에는 이런 유사성이 간과되어 있다. 이런 식으로 앞의 출발문장들이 해석될 수 있다. 정상적인 경우에 대한 일탈이 다음의 사실을 통해 정당화될 수 있다. 즉 (외연적) 피행위자격이나 또는 피행위자격 속성들 가운데 하나가 사건에 책임이 있음(verantwortlich)을 그 문장들은 (내포적으로) 표현한다. 비교: "피행위자-주어 구문은 행위의 피행위자가 어느 정도까지 행위자로서 행위를 하고 있다고 말하고 싶을 때 사용된다"(Oosten 1977:461). 피행위자가 행위자에 비해 사건에 대해 더 책임이 있으면, 외연적인 피행위자가 주어(내포적 행위자)가 된다고 표현할 수도 있다(Lakoff 1977:248). 예를 들면 손쉬운 운전에 대해 자동차의 속성 자체가

This car drives easily. (Das Auto fährt (sich) leicht)

운전자의 능력에 우선한다. 또한 van Oosten은 자질 'verantwortlich'과 관련하여 다음 문장들에서 주어를 선택한다. 또한 같은 의미에서 Lakoff (1977) 참조:

John opened the door with a key.

(John öffnete die Tür mit einem Schlüssel)
This key will open the door.
(Dieser Schlüssel wird die Tür öffnen)
The door opened.
(Die Tür öffnete sich)
The door will open with this key.
(Die Tür wird sich mit diesem Schlüssel öffnen)

Schlesinger(1981)도 언어습득의 관점에서 이와 유사하게 주장한다. 그는 다음의 가정에서 출발한다: 아이들은 언어를 습득할 때 의미 관계(해석)를 통해 간접적으로 문법 규칙을 형성한다. 예를 들면 아이들이 형태상 유사한 통사 구문(문장)에 접하게 된다.

John eats apples. (John isst Äpfel 행위자격)
John sees apples. (John sieht Äpfel 경험자격)

격 역할에 관한 Fillmore의 외연적 정의에 따르면, 여기에 여러 다른 의미역이 있어야 할 것이다. 반면 Schlesinger는 아이들이 의미상 변칙적인 문장을 원형적인 기본문장에 의미적으로 동화시킨다고 한다(의미동화 가설). 이것은 언어외적 상황과의 실제적인 유사성에 근거해 일어난다. *sehen(see)*이 의도적으로 시선을 주고 주의를 집중한다고 해석할 경우에, *sehen* 또한 일종의 행위로 볼 수 있는데, 이것이 *betrachten(look)*에서는 불변적으로 표현된다. Schlesinger는 또한 도구격을 행위자격에 동화시키는 것과 같이 언어학에서 격에 관한 문헌들에 논의되는 변별 문제들을 동화에 대한 예로 든다.

van Oosten과 Lakoff에 의해 행위자 자질에서 확정되는 것과 같은 그런 유사성이 어떤 역할을 한다는 사실을, Schlesinger는 외연적인 도구격

이 임의로 주어(따라서 내포적 주어)로서 실현되지 않는다는 점을 통해 입증된 것으로 간주한다.

*The new brush was painting a still-life.
(*Der neue Pinsel malte ein Stilleben)

Schlesinger(1981:227)는 붓이 숙고와 창조성을 전제하는 그런 과제를 떠맡을 수 없다고 생각한다. 자질 'verantwortlich'는 여기서 아무런 의미가 없다(물론 이런 종류의 문학적인 과정 기술은 별 무리없이 상상할 수 있는 것처럼 보인다).

의미역의 원형적 해석은 또한 언어습득에 대한 Hardy와 Braine의 관찰을 통해서도 뒷받침 된다(Hardy/Braine 1981, Braine/Hardy 1982). 그들은(1981) 다음의 가정에서 출발한다: (1) 예를 들면 '말이 농부를 찬다 ein Pferd tritt einen Farmer'는 사건이 있다. 이 사건은 우선 형상적이다. 즉 모든 구성성분들이 동시에 표현되어 있다. 통사규칙은 공시적 형상을 해체시켜야 하는데, 특히 여기서 의미역들이 특성화되어야 한다: 말이 농부를 차는가, 농부가 말을 차는가? (2) 의미역은 아이들 언어의 기본범주이다. 아이들의 표현은 어른들이 쓰는 문장들의 단순한 모방이 아니라, 아이들이 이미 습득한 상황 역할을 독자적으로 재현하는 것이다. 예를 들면 두 살짜리 아이가 사용하는 역할들은 어른들의 경우보다도 더 긴밀하며 구체적이다. 또한 동일한 원리가 어른들에게도 적용된다.

격 개념과 관련하여 Hardy/Braine는 다음의 일반적인 두 질문을 던진다.

1. 우리는 언어학자들이 했던 대로 의미역들을 변별할 수 있다. 예를 들면 행위자격과 경험자격 또는 피행위자격와 작위격(Factitive)을 구분할 수 있다. 그러나 원칙적으로 모든 동사에서 이 역할들이 변

별된다. *John hit the ball*과 *John kicked the ball*에서 행위자격은 다른 일을 한다. 이런 변별이 어디서 끝나야 하는가? 통사규칙이 이런 특별한 역할에 대응하는지, 아니면 더 많은 역할을 통해 파악되어야 하는 것일까?

2. 의례히 언어학에서는 동일한 역할이 여러 다른 통사 범주에 대응한다(6.4.5 비교). 예를 들면
다음 문장에서 *door*는 '피행위자격'이다:

The door is open.
Mary sees the door.

또는 다음 문장에서 *Mary*는 '경험자격'이다:

Mary sees the picture.
John showed the picture to Mary.

Braine와 Hardy는 다음과 같이 묻는다: 위의 각 문장 쌍에 동일한 의미역이 실제로 포함되어 있는가? 그렇다면 통사규칙이 동일한 의미구조를 여러 다른 통사구조(문장)로 변형시켰는가? 그들의 연구에 의하면 의미 단위들(역할들)의 체계가 적어도 언어학자들이 가정하는 것과 다른 원리에 따라 작용하고 있다고 그들은 확신한다. 4세, 5세 아이들을 대상으로 그 실험이 수행되었다. 아이들의 언어가 충분히 발달되어 있어서, 성인 언어의 많은(전부는 아니지만) 의미 단위들을 보유하고 있다. 반면 아이들의 판단이 아직 문법 수업의 영향을 받지는 않았다.

Hardy와 Braine는 다음의 결과에 이른다: 일종의 행위자격로서 자질 '±belebt'를 갖는 넓게 정의된 행위자격 개념이 아이들의 언어에서 중요한 의미역이다. 나아가 아이들은 '사용자격'과 '도구격'을 일종의 행위자

격으로 간주한다. 그러나 행위자격과 도구격, 두 역할이 한 문장에 있으면, 그 둘을 분명하게 구별할 수 있다. 더 나아가 그 실험은 아이들이 행위자격이 아닌 모든 대상에 대해서는 '행위의 대상'이라는 역할을 가지고 있음을 보인다.

'행위자격'에 대한 넓은 정의에도 불구하고, 모든 주어에 이 의미역이 배당되지 않는다. Braine과 Hardy는 이러한 맥락에서 어떤 역할이 서술적 형용사의 주어에 해당하는지 묻는다. 그들은 Fillmore와 Chafe에 반하여 다음과 같이 가정한다. 이들은 예를 들면 다음 문장에서 주어가

The grass is green.

의미역 '행위자'도 '피행위자'도 갖지 않고, 이들과는 다른 의미역을 갖는다는 가설을 설정한다. 그들은 이 역할을 '속성의 주어'(subject of attribution)라 한다.

이 실험을 통해 아이들은 Fillmore와 Chafe가 가정하는 바처럼(6.4.5 비교), 서술적 형용사와 자동사의 주어와 타동사의 목적어에 부여되는 의미 역할(대상격, 피행위자격)을 사용하는 것이 아님이 제시되었다. 아이들은 '속성의 주어'라는 범주를 가지며, 이 범주는 1가 형용사와 동사의 주어를 포괄한다. 동사가 하나 이상의 보족어를 가지는 경우에만 그 역할을 변별하게 된다.

그 저자들은 다음의 결론을 이끌어낸다: 4-5세의 아이들은 광범위하게 일반화된 역할 개념을 가지고 연산을 한다. 아이들의 격 체계는 단순하고 우아하다. 동사의 특수한 의미에서 나타나는 (예를 들면 피동 목적어와 결과 목적어 간의) 잉여적인 세부사항들은 기피된다. 의미역과 통사적 특성화 사이에 1:1 대응도 없다. 그러나 대응 가능성은 원래 가정한 것보다 더 제한적인 것 같다. 예들 들면 중요한 두 역할이 주어에 배당된다: '속성의 주어'와 행위자. 그리하여 다음의 격 체계가 나타난다.

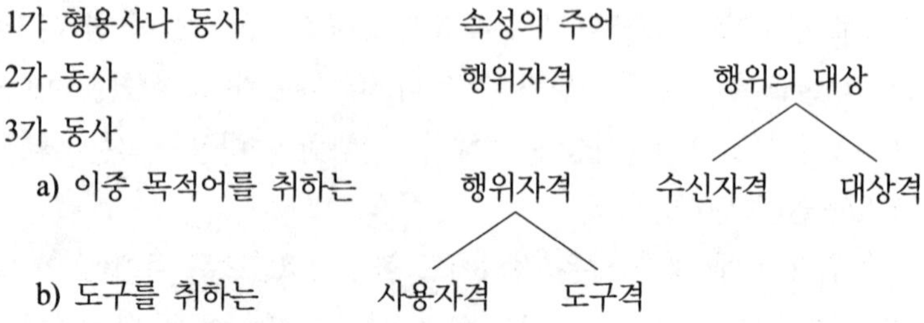

아이들이 따로 배워야 하는 예외들도 이 원리에 속한다. Hardy와 Braine는 수동태 또는 *receive(empfangen)* 같은 동사에서 주어의 역할을 예외로 간주하는데, 여기서 대응하는 의미역은 따로 학습되어야 하다.

그 저자들은 이 격 체계가 어른들의 격 체계와 매우 유사하다고 추정한다. 4-5세의 아이들이 아직 잘 구사하지 못하는 수동태와 같은 예외들도 여기에 속할 것인데, 어른들의 경우에도 그럴 것이다. 또한 주어, 목적어, 전치사 그룹 등의 통사 범주들도 후일 여기에 속하는데, 이 통사 범주들을 Braine과 Hardy는 보족어들의 서열을 표시하는 것으로 해석한다(7.2 비교). 어른들은 예들 들면 *Joe received John* 또는 무의미한 동사들과 같은 소위 예외의 경우에도 계속해서 주어를 행위자격으로서 해석하려는 경향을 띈다고 확신하며 끝을 맺는다.

전체적으로 볼 때 Braine과 Hardy의 연구는 격 역할의 기능적 해석과 원형적 해석을 입증하는 것으로 간주할 수 있다. 격 이론을 보다 개선시키기 위한 두 가지 동인이 나타난다.

1. 3가 동사에서 '사용자격'과 '도구격' 또는 '대상격'과 '수신자격'와 같은 구별이 나타나지만, 2가 동사에서는 이 변별이 중립화되어 있다.
2. '속성의 주어'와 같은 의미역을 '과정 보유자' 또는 '상태 보유자' 역할과 동일시 할 수 있다. 그러나 한 해석에 두 기본 유형의 문장이 존재하는 경우도 생각해 볼 수 있다: (1) 상황을 기술하는 문장. 이

들은 동작 문장, 과정 문장, 상태 문장들이다. (2) 명제 문장. 이들은 의미역 '속성의 주어'를 갖는 문장들이다. 두 유형 간의 모호한 교차지가 있다. 문맥에 따라서 자동사의 주어를 상태 보유자격 또는 과정 보유자격로서, 아니면 '속성의 주어'로 해석할 수 있다.

또한 Helbig(1977)에도 사실상 원형적 구상이 나타난다. 그는 예문들을 해석함에 있어서 예를 들면 "행위자격의 '고전적인' 경우가 (*Die Mutter zerschlug das Fenster*)"(1977:74)라는 확신에서 출발한다. 그는 검증장치에 기초하여(6.4 비교) 고전적(즉, 원형적)인 경우로부터 변이형들을 확정한다. 그런 다음 변이의 정도에 따라 그는 (비교적 임의적이긴 하지만) 행위자격인지, 아닌지를 설정한다. 그는 끝맺음을 하는 요약에서 van Oosten과 Lakoff의 격 자질과 매우 유사한 격 자질을 제시한다. 비교: "이 검증들은 다음의 가정을 위한 동기를 제공하다: 행위자격은 우선 자질 'in action'과 'einen Effeckt hervorbringend'로 표시된다. 그 밖에도 행위자격의 특별한 그룹은 자질 '+belebt'와 '+intentional'로 특성화되어 있다"(1977:81).

원형적이라 함은 바로 원형적인 동작 문장(동작 문장 유형)의 원형적인 행위자격은 네 자질을 모두 가진다는 것이다. 자질의 순차적 변항이 됨은 원형에서 멀어짐을 뜻한다.

덜 전형적인 유형의 행위자격은 이에 상응하여 더 적은 수의 자질을 원형과 공유한다. 그리하여 Helbig는 다음과 같은 계층을 설정할 수 있었을 것이다: ('int' = intentional; 'bel' = belebt; 'eff' = einen Effekt hervorbringend, 이것을 여기서 인식할 수 있는 결과라는 의미에서 우리는 동작 표시로 해석하는데, 동작 표시는 행동을 하는 행위자격의 외부에 실현된다. 예를 들면 *Emil schwimmt*와 달리 *Emil backt Kuchen*. 'act' = Aktion).

'+int' '+bel' '+eff' '+act':	Die Mutter backt Kuchen.
'−int' '+bel' '+eff' '+act':	Die Mutter hat (unabsichtlich) die Scheibe zerschlagen.
'−int' '−bel' '+eff' '+act':	Der Wind öffnet die Tür.
	Dieser Schlüssel öffnet jede Tür.
'+int' '−bel' '−eff' '+act':	Emil schwimmt gern.

van Oosten, Lakoff, Schlesinger, Branie/Hardy 그리고 Helbig의 관찰에 기초하여 잠정적으로 행위자격으로서 주어의 의미 기능에 대한 원형적 정의를 제안한다.

Emil baut ein Haus.

위 문장에서 우리가 원형적인 행위문장으로서 간주하려는 주어(행위자격)는 다음과 같은 자질을 갖는다.

(1) '+proc': 행위자격은 과정을 인과적으로 유발시킨다.
(2) '+hum': 행위자격은 자질 'menschlich'와 약간 덜 전형적인 자질 '+bel'을 갖는다.
(3) '+int': 과정은 행위자격을 통해 의도적으로 야기될 수 있다.
(4) '+eff': 행위자격은 대상격을 산출하거나 변화시키는 작용을 한다.

이 자질들 가운데 의미역 행위자를 위한 의무적 자질은 없다. 즉 고전적 정의의 의미에서 불변 자질은 없다. 원형과 관련하여 덜 전형적인 행위자격은 다음과 같다.

1. '-int' → '+contr' (의도적이지 않지만, 자발적 행위)

Emil hat den Löwen unabsichtlich getötet.
(에밀이 사자를 의도치 않게 죽였다)
Emil hat Paul angestoßen.
(에밀이 파울과 부딪혔다)
Emil hat das Flugzeug gesehen.
(에밀이 비행기를 보았다)

과정이 행위자격에 의해 의도적으로 유발되면, 이로부터 행위자격은 자발적 행위를 전개하는 결과를 초래한다(Nilsen 또는 Dik의 의미에서 행위자격이 사건을 통제한다). 따라서 원형의 변이형은 다음과 같은 경우에 이미 주어져 있다. 그 사건이 고의적인 결정에 기초하여 더 이상 의도적으로 진행되지 않고, 완전히 다른 것을 지향하는 그 어떤 자발적인 행위에 기초하여 진행된다. 예를 들면 *Emil*이 자기 가방을 들어올리려 할 때, *Paul*과 의도치 않게 부딪혔다. 여기서 '+int'과 '-int' 간의 경계가 유동적인(모호한, 무딘) 것이 특징이다. 불확정성이 언어로 형상화할 때 뿐 아니라, 현실에서도 또한 이에 상응할 수 있지만, 꼭 상응할 필요는 없다. 예를 들면 의식적으로 공세적인 태도를 취한 *Emil*이 마침내 *Paul*과 의도적으로 부딪혔는지 또는 아닌지를 정확히 말하기 어렵다.

2. '-int', '-bel' → '+contr'

Die Lawine begrub die Wanderer unter sich.
(눈사태로 등반객들이 묻혔다)
Der Wind öffnete die Tür. (바람에 문이 열렸다)

의도성의 자질에서 비롯되는 자발적 행동의 자질은 무생물과 현상들이 일종의 행위자격으로 파악될 수 있음을 보장한다.

3. '-int', '-contr', '-bel' → '+respons'

Sein Auto fährt schnell.
Dieser Spezialschlüssel öffnete jede Tür.

사건에 대한 특별한 책임도 일반적으로 고유의 활동(Eigenaktivität)에서 비롯한다(그 사건이 이렇게 진행되지, 다르게 진행되지 않는다는 명시적인 배정). 이 파생된 자질이 존재하면, 계속해서 행위자격이라 할 수 있다. 또한 자질 '+eff'이 없을 수도 있다. 그러나 자질 '+int', '+contr' 또는 '+respons'가 포함되어 있는 경우에는 행위자격이라 할 수 있다.

4. '-eff', '+bel', '+int'

Emil schwimmt gern.	(에밀이 수영하길 좋아한다)
Emil läuft.	(에밀이 달린다)
Emil hat die Figur berührt.	(에밀이 손가락을 만졌다)
Emil hat das Flugzeug beobachtet.	(에밀이 비행기를 유심히 보았다)

여기서 고유의 활동은 오직 행위자격의 고유의 움직임에서 표현된다. 이것은 대상에 대한 영향력에서 표현되지 않는다. 그래서 과정동사와의 애매한 교차부분이 존재한다. 예를 들면 *Er trieb den Fluss hinab* (그는 강을 따라 내려갔다).

5. '-eff', '-bel', '-int' → '+contr'

Geschütze donnern.	(대포소리가 울린다)
Schüsse peitschen.	(총소리가 들린다)
Die Fahne knattert.	(깃발이 휘날리는 소리를 낸다)
Die Stufe knarrt.	(계단이 삐거덕 소리를 낸다)

자질 '+bel'이 부정되더라도 자질 '+contr'이 존재하는 경우에는, 덜 전형적인 행위자격이라 할지라도, 여기에 원형적 행위자격과의 유사성이 존재한다고 할 수 있다. Helbig도 *Der Schuh knarrt*에서 명사보족어를 행위자격으로 정의한다(1977:76).

6. '-eff', '-bel', '-contr' → '+respons'

Synthetikwäsche trocknet leicht.	(합성 세탁물은 쉬 마른다)
Blei schmilzt schnell.	(납은 빨리 녹는다)
Der Wasserhahn tropft.	(수도꼭지가 샌다)

자질 '+respons'에 기초하여 여기서도 행위자격이라 할 수 있다. 남은 자질 '+proc'은 부정될 수도 있다. 다른 원형적 행위자 자질 또는 파생된 행위자 자질이 존재하면 또한 행위자격이라고 할 수 있다.

7. '-proc', '+int'

Pst! Du weißt, Vater schläft heute länger.
(쉿! 너 아빠가 오늘 오래 주무시는지 알잖아)
Emil liegt den ganzen Tag im Bett.

(에밀은 하루 종일 침대로 누어있다)

여기서는 상태가 문제가 된다. 그러나 상태가 의도적으로 결과를 초래하거나, 또는 유지되고 있어서 계속 행위자격이라 할 수 있다. 물론 상태 문장/상태 보유자격과의 애매한 교차부분이 있다.

8. '-proc', '-int' → '+respons'

Das Mittelmeer trennt Europa von Afrika.
(지중해가 유럽과 아프리카를 나눈다)

여기서도 또한 주어를 일종의 행위자격으로 볼 수 있다. 그 이유는 파생된 자질 '+respons'에 있다.

우리는 독일어 화자의 직관적인 판단에 수긍이 가는 분석을 함으로써 다음을 시도했다: "본래의 행위자격"이 표시되어 있지 않더라도, 1격에는 흔히 "일종의 행위자격"이 문제가 된다. 원형적인 동화(Angleichung)의 의사소통적 또는 인지적 의미에 대해 우리는 다음 장에서 문제를 제기할 것이다. 마지막으로 주어 자리에 있는 1격 명사의 기능을 기술하려고 했던 것이 아님을 언급해 둔다. 동사 의미에 종속하는 1격 명사는 행위자격으로서 원형적이며 의미적인 기능 이외에 상태 보유자격과 과정 보유자격 기능을 가질 수 있다. 더 나아가 서술적 형용사와 서술적 명사의 경우에 주격 명사의 기능은 앞의 기능들과는 다르다. 이것은 예를 들면 Hardy/Braine(1981)과 Braine/Hardy(1982)에서 의미역 "속성의 주어"인데, 그들은 이 의미역을 심리학적 실험에 기초하여 Fillmore의 행위자격, 피행위자격, 대상격과 같은 격 역할과 구별한다.

6.5 요 약

Fillmore(1968)는 일련의 격 역할을 정의했다. 그는 이후의 저서들에서 격 목록을 조정하고 세밀화했다. 의미역을 정의하고 변별함에 있어 수많은 문제점과 모순이 나타난다. 그래서 격 이론의 개정 및 모순들을 극복하려는 일련의 제안이 있었다. 명사(보족어) 본유의 의미자질과 의미역 사이의 변별을 Fillmore가 했던 것보다 더 상세히 다루었다(6.4.2). 의미역이 부류화되어, 상위 역할과 하위 역할에 따라 구별되었다(6.4.3). 역할자질에 따른 분석은 이에 해당한다(6.4.4). 특히 의미역이 동사 의미에 종속되어 있다는 점이 중요하다(6.4.5).

Fillmore 격 이론(1977까지의 격 이론)의 결점은 격 역할이 외연적으로 정의되었다는 데에 있다. 외연적 정의가 분명하게 불허되는 경우가 있는데, 그런 경우에 격 역할이 외연적으로 뿐 아니라, 내포 의미적으로도 정의될 수 있음이 제시된다. 의미역은 특정 동사가 사태를 기술하는 관점에 종속하고 있다. 외연적 역할 기술과 내포적 역할 기술의 보다 상세한 변별과 내포적 규정의 선호는 격 이론이 계속 발전할 가능성을 열어준다. 격 역할의 원형적 특성화는 그것의 내포적 (언어에 종속된) 정의와 밀접한 관계가 있다(6.4.7). 내포적으로 정의된 격 역할은 정교하게 정의되어 있지 않고, 단지 대략적으로 그리고 원형과 관련해서 정의된다. 따라서 외연적 측면에서 볼 때 본래 행위자격이 아니라 할지라도, 예를 들면 "일종의" 행위자격이라 하는 것은 그 나름의 의의가 있을 것이다.

7. 기능적 결합가 개념과 격 개념

7.1 기능적 문제제기 대 생성 의미론적 문제제기

의미에 대한 전통 언어학의 접근 방법은 형식에서 출발한다. 정의에 따르면 여기서 의미란 언어 형식의 기능이다. 특정 단어나 또는 문법 형식이 주어지면, 그것의 의미에 대해 묻게 된다. 일반화해서 말하면, 의사소통이나 사고를 하는 경우에는 문법 형식의 기능에 대해 묻게 된다. 전통적인 문법 이론과 격 이론의 문제제기는 이런 의미에서 기능적이다.

Fillmore의 격 이론에 자리 잡고 있는 생성 의미적 구상은 전통적 접근 방법과 뚜렷한 대립을 보인다. 여기서 관찰의 출발점은 언어 형식이 아니라, 의미이다. 의미(심층격)가 주어져 있다면, 이것에 대응하는 언어 형식에 대해 묻게 된다. 부분적으로 Fillmore는 전통적 접근 방법의 한계를 지적함으로써 자신의 구상을 구축한다.

전통적인 기능적 구상에 흔히 다음과 같은 제약이 따르기는 하지만, 그것이 꼭 전통적 구상에 속하는 것은 아니다.

1. 기호 층위에 속하지만, 음성 층위에 속하지 않는 모든 형식은 의미

를 가져야 한다.

그러나 오직 매개한다는 뜻에서 의미(의사소통 및 사고와 관련된 기능)를 갖는 형식도 있다. 예를 들면 독일어에서 부정형의 zu, 또는 명사의 성. 이것들은 사상기능(Abbildfunktion)을 갖지 않고, 단지 매개하는 연산기능을 갖는다.

2. 어휘 단위의 의미처럼 문법 형식의 의미는 일차적으로 사상기능으로서 간주된다.

어휘 의미와 문법 의미 사이의 차이는 일차적으로 문법 의미가 연산 기능을 갖는데 있다. 문법 의미는 연산 지시로서 어휘 단위 및 어휘 단위들 사이의 결합에 기초하여 의미 연산을 수행한다(4.4. 비교).

3. 언어 형식은, 예를 들면 격은 오직 고립된(isoliert) 단위로 간주되며, 따라서 오직 각 언어 형식의 의미에 대해서만 묻게 된다.

이와 같은 원자론적 접근 방법은 의심할 바 없이 여러 전통적 격 연구의 특징이다. 기능적 문제제기를 통해 접근했던 것, 즉 격 형태, 전치사 그리고 어순 등이 의미역 표시(청자로 하여금 특정 의미 단위(단어, 구)에 의미역을 배당하라는 연산 지시)를 위해 앞으로 보게 될 문법적 수단과 관련이 있음은 주의를 끌지 못했다.

4. 고립된 것으로 여겨지는 격의 기능에 대해 물으면, 격이 출현하는 통사 분포가 고려되지 않는다. 그리하여 상보적(komplementär) 분포에 따라 격의 기능이 중화된다는 점이 고려되지 못한다. 예를 들면 2가 동사에서 일반적으로 여격과 대격의 그 기능에 있어 차이가 중화되어 있다. 비교: Er fragt mich – Er antwortet mir, Er unterstützt mich – Er hilft mir.

다음의 조건은 필연적으로 기능적 구상과 결부되어 있다(Helbig 1973:

164f. 비교): 기능(의미)은 비교적 통일적이다. 이 말은 형식과 의미 사이에 상대적 1:1 대응(동형)이 존재한다는 뜻이다(4.3 비교).

기능적 구상의 논거는 의사소통에서 유래한 원리를 수용한다. 의사소통이 보장되려면, 언어 형식의 다의성이 제한되어야 한다. 불가피한 의사소통의 원리로부터 소위 통일격(Einheitkasus), 다시 말해서 개별 격의 통일적이자, 일반적인 의미를 찾으려는 다소 직관적인 전통적인 기능적 접근법이 발전해 왔다.

그러나 각각의 격에 주어지는 전체 의미를 정의하는 동시에, 격의 적용 방법을 포괄하려는 수많은 시도는 전통 격 연구에서 매우 불만족스러운 결과를 보였다. 이 정의는 필연적이긴 하지만 너무 추상적이고 일반적이어서, 내용이 없고 언급할 만한 가치도 없게 되었다. 이러한 시도들이 수포로 돌아감에 따라 전통적인 기능적 구상도 또한 완전히 수포로 돌아간 것처럼 보였다. 그러나 원형 의미론은 기능적인 문제 제기에 한—성공적인—가능성을 열어준다. 원형 의미론에 기초하여 통일격의 정의를 위한 여러 다른 노력(예를 들면 Jakobson 1966, Admoni 1977)이 새롭게 부상한다. 원형 의미론의 입장에서 볼 때 전통적이자, 기능적인 격 이론 구상들이 실패한 원인은 고전적 정의방법이 그 구상들의 기저에 자리한다는 점에서 설명할 수 있다(6.4.7). 따라서 단지 고전적 정의 개념이 실패한 것이지, 기능적 개념이 실패한 것은 아니다.

격 의미에 대한 정의가 어려움으로 인해 이미 전통적 격 연구에서 격 의미 대신에 격이 실제 표상하는 것을 열거하는 결과를 초래했다. 그러나 이것은 궁극적으로 언어학 본연의 과제에서 벗어난 것이다. 언어학의 관점에서 그러한 열거가 불만족스러운 이유는 그렇게 열거하는 것은 언어학적으로 볼 때 임의적이기 때문이다. 거기에는 개별 외연의 구분에 대한 언어학적 기준이 없다. 예를 들면 Helbig(1973)는 대격에 대해 35개, 여격에 대해 25개, 주격에 대해 17개의 표현 가능성을 열거한다. 이 숫자는 언어 외적인 기준에 따라 임의로 증가하거나 감소할 수 있다. 그러나 이 숫자가 일종의 언어 기능이라 가정한다면, 독일어 습득을 위해 화자가 35개 대격 의미, 25개 여격 의미, 17개의 주격 의미의 학습을 전제한다는 결과를 고려해야 할 것이다.

언어학에서 기의(Bezeichnetes)와 기표(Bezeichnendes)와의 관계가 의미를 통해 매개된 것으로서 보는 것은 우연이 아니다(Schippan 1975, Welke 1984 비교). 언어 기호는 현실의 대상과 현상을 일반화하며 추상화하는 방법을 통해 사상함으로써, 수많은 대상과 현상을 종합하여 표상할 수 있다. 이러한 관점에서 볼 때, Helbig의 존재론적(본질적으로 외연적) 기능이 격의 의미적 기능(의미)을 잉여적인 것으로 만들지는 않는다. 그러나 그것의 존재론적 기능은 언어학적으로 극복할 수 없는 연구 상황으로 볼 때, 응급조치에 지나지 않는다. Fillmore의 격 이론 구상도 역시 외연-존재론적이다(Helbig 1973:228, 6.4.6 비교). 이를 통해 그는 전통적인 외연적 구상의 결점을 공유하고 있다. 격 역할 상호 간의 변별은 언어학적으로 볼 때 임의적이다. Helbig는 다음과 같이 기술함으로써 Fillmore의 격 이론을 올바르게 정리한다(1973:228): "Fillmore의 여러 시도가 목표하는 바는 격의 상이한 존재론적 기능을 개관하는 동시에—우선 영어의 몇몇 예문에서—격을 통사적 표층 현상과 결부시키는 것이다."

Fillmore는 전통적인 격 이론을 비판함으로써 자신의 상론을 시작한다(6.1 비교). 그는 (전통적 정의방법에 기초하여) 문장성분과 격 형식을 일관되게 의미적으로 해석하는 것이 불가능함을 주장한다. Fillmore가 보인 바대로 문장성분과 격 형식에 대해 여러 (외연적인) 격 기능이 대응하는 것 같다. 그는 생성 문법의 변형 개념에 따라 새 구상을 시도한다. 이것은 통사구조의 생성을 두 단계로 시도하는 것이 필연적임을 그 내용으로 한다. 우선 기저에서 통사적 심층구조가 생성된다. 그 후 심층구조에서 표층구조로의 변이형이 유도된다. 변형은 생성 과정을 단순화하고, 표층구조가 기저의 심층구조에 대한 변형이라는 점을 통해 통사구조의 동의성을 설명한다. 따라서 Fillmore는 동의적 문장이나, 의미적으로 유사한 문장(동사)이 동일한 격틀 또는 부분적으로 같은 격틀에 기초하고 있음을 제시하고자 한다. 그는 기저의 통사 범주(심층구조의 범주)가 문장성분이 아닌 ―특히 주어에 주목하여―, 존재론적이자 외연적으로 규정된 심층격(Tiefenkasus)임을 입증하고자 한다. 여기에 생성 의미적 구상이 암묵적으로 부가된다. 변형을 통해 의미 기능(격 의미)으로서의 심층격에 통사적인 표층 실현형이 배당된다. 생성 의미론의 방법론은 형식과 의미가 한 눈에 들어오며, 규칙화된 대응이라는 의미에서 양자 사이에 원칙적으로 동형(Isomorphie)이 존재한다는 기능적 구상의 원리적 가정과 대립하고 있지 않다. 변형 개념은 심지어 기능적 구상의 규칙조차도 전제한다. 따라서 의미를 형식의 기능으로 보거나, 형식을 의미의 기능으로 보거나 간에 같은 결과가 나올 것이며, 양자의 대응에서 형식에서 출발하든, 의미에서 출발하든 원칙적으로 같은 결과가 나올 것이다. 그러나 기능적 구상과의 모순은 한편으로 Fillmore가 심층격이 언어(표층구조)에서 얻어져야 함을 충분히 고려하고 있지 않음에 기인한다. (변형을 통한) 심층격과 표층 실현형 사이에 규칙적인 대응이 존재한다는 Fillmore의 가정은 다른 한편 그의 주장에 나타난 문장성분과 격 형태의 의미적 해석 가능성에 대한 회의(Skepsis)와도 또한 모순이 된다. 이것은 통일성이 없는 해석 가능성에서 비롯된 문장성분과 격 형태의 표층적 위상을 증명하기 위해서, 대응(Zuordnung)의 이질성을 입증함에 주안점을 두는데서 분명해진다.

기능적 구상과 생성 의미적 구상은 두 가지 측면에서 의미와 형식 사이의 관계를 관찰하는 관점인데, 이 관점이 상이한 추론을 끌어낸다: (1) 기능적 구상은 형식에서 출발하고, 생성 의미적 구상은 의미를 언어외적으로 주어진 보편적 인지 단위(의식 내용)로 파악하는 경향을 띠면서 의미에서 출발한다. (2) 기능적 구상은 언어 형식(문장 구조, 문법 수단)이 의사소통에서 사고 내용을 매개하는지 또는 사고를 함에 있어 사고 내용을 어떻게 구조화하는지에 문제를 제기한다. 이에 반해 생성 의미론에서는 가정된, 모형을 수정하여 항상 확대되는 형식과 의미 사이의 대응의 복합성 및 간접성이 중심에 온다. 그리하여 형식과 의미 사이의 1:1 대응이 존재하지 않는다는 (특히 Helig에서 항상 반복되는) 입장이 강조된다. 반면 기능적 구상에서는 복합적이자 필연적인, 동형의 이상에 접근하는 형식과 의미 사이의 다의적 대응을 입증하려는데 중점을 둔다. 극단적으로 말하자면, 기능적 구상은 언어 형식이 사고와 의사소통에 대한 수단이라는 확신에서 출발하고, 이에 반해 생성 의미적 구상은 언어 형식이 언어 이전의 확실하고 명료한 인지 구조를 희미하게 하고, 불명료하게 한다는 견해를 가지고 있다.

7.2 결합가와 보족어의 순서

외연적 격 기능에 기반을 두면, 의미역 사이의 세세한 구별이 어디서 사라지게 되는지 알 수 없다. 엄밀히 말하자면, 본래 모든 동사가 다른 역할을 전제한다는 결론에 도달한다. 왜냐하면 관련된 단위가 각기 다른 일을 하고, 그 단위에서 다른 일이 일어나기 때문이다. 제공자는 짓는 사람, 빻는 사람, 톱질하는 사람, 구멍 뚫는 사람과는 다른 일을 한다. 공을 놓고 보면, 공을 차거나, 잡거나, 꿰메거나, 바람을 넣는 등 다른 일이 일어난다. Meinhard(1975), Seyfert(1976)에 의거하여 *geben*에서 주격은 제공자를, 여격은 수신자를, 대격은 제공되는 것을 배타적으로 표시한다고 할 수 있다. 그러면 격 기능은 의미역의 수평적 구별 기능으로 남게 될 것이다. 모든 동사가 고유의 격 기능을 갖는다는 가정은 의당 화자로 하여금 모든 동사에서 격 기능의 일회성에 기초하여 격 형식과 격 기능 사이의 대응을 따로 습득해야 한다고 전제하게 할 것이다. 이와 같은 결론은 또한 그 어떤 일반화가 있어야 함을 보여준다.

격 역할의 내포적이고 원형적인 해석 자체도 역시 의사소통과 인지에 대한 격 기능의 관계에 대해 명쾌한 답변을 주지 못한다. 다시 한번 행위자 역할을 예로 들어보자. *Das Auto fährt schnell*에서 주격이 자동차를 "일종의 행위자"로 표시하는 기능을 갖는다는 것이 청자에게 의사소통상 어떤 연관성이 있을까? 고전적 정의방법에 따라 최소 공배수를 찾는다면, 모든 행위자에 설정할 수 있는 자질 '일차적 책임'이다. 그러나 한 격이 앞에 언급된 의미에서 사건에 대해 '일차적 책임'이 있다고 표시하는 것은 의사소통과는 거의 또는 전혀 관계가 없음이 분명하며, 적어도 직접적이지 않을 것이다. 우리는 딜레마에 빠진다: 역할의 변별이 의사소통상 절대 필수불가결하다. (모욕한다는 말을 하면, 제일 중요한 것은 누가 누구를 모욕하는지의 전달이다.) 일반화가, 즉 Helbig가 제시한 15가지의 존재론적 역할에 따른 일반화보다 더 강력한 일반화가 이루어지지 못한다면, 한 동사의 가능한 의미역에 대한 학습은 이에 수반되는 학습상의 낭비로 인해 수수께끼로 남는다. 다른 한편 고전적 정의방법을 통해 얻을 수 있는 일반화는 모자라거나 또는 특별하여 언어에서 이런 종류의 일반화에 대한 학습이 어떤 의사소통상의 의미를 가질지 의심스럽다.

또한—우리가 행위자의 예에서 전혀 고려하지 않았던 것인데—행위자에 관한 넓은 (원형적) 해석(정의)이 주격이 취할 수 있는 의미역을 다 커버하지 못한다는 사실이 여기에 추가된다(예를 들면 명사적 술어에서: *Emil ist fleißig, Emil ist Torwart*,. 6.4.7 비교).

Fillmore에서 출발하여 지금까지 언급된 격 이론은 외연적으로 정의된 의미역(행위자, 피행위자)에 기초하여 (기능적으로 절대 필수 불가결한) 격의 변별을 시도한다. 또한 의미역에 대한 내포적 해석도 또한 원형적 해석도 존재론적 출발점과의 관계를 상실하지 않는다. 더 나아가 행위자의 원형적 유형에서 최대로 멀리 떨어진 변이형조차 "일종의 행위자"로 남는다. 그러나 결합가 이론과 격 이론에서 지금까지 고려되지 않았던, 의미역을 정의하는 보다 추상적이며 간편한 다른 가능성이 있다. 우리는 이 가능성을 술어의 논항에 주어지는 논리적 순서(logische Reihenfolge), 선형성(Linearität), 위계(Hierarchie Danes 1976, 1976a), 관점화(Perspektivierung 6.4.6 비교), 입장표명(Standpunktmarkierung Vieweger 1977), 부각(Auszeichnung Frege 1879, Welke 1979) 등과 같은 용어로 표현할 수 있다. 우리가 생각하는 바를 우선 간단한 예에서 분명히 하고자 한다: 두 사물을, 예를 들면 두 사물의 크기를 비교하려고 하면, "A가 B보다 크다"(A>B)고 하거나, "B가 A보다 작다"(B<A)고 해야 한다. 우리는 A를 논리적인 순서(시간적 순서가 아닌)에서 첫 번째 위치에 있는 기본적인(부각된) 것으로서 선택해 B를 A에 비교해 관련짓거나, 또는 역으로 B에서 출발하여 A를 B에 관련짓는다. 부각 또는 관점화가 진정한 인지적 보편성, 즉 인지활동의 보편적 조건인 것처럼 보인다. 현실 자체에는 오직 유일한 불가분의 관계만이 존재한다 하더라도, 무엇보다 큰 동시에 무엇보다 작은(grösser als und kleiner als) 관계, 즉 양자를 동시에 포괄하는 관계에 대한 소위 제3의 중립적 표현 방법은 존재하지 않는다. 관계란 언제나 오직 상이한 시각(관점)에서 관찰될 수 있는데, A에서 B로 또는 B에서 A로, 아니면 관찰자(화자)가 취하는 입장 A로부터 또는 입장 B로부터 관찰될 수 있다. 이것은 현실의 사상이 관찰자의 입장과 무관하지 않는다는 중요한 증거인 것 같다.

이러한 인지적 보편성이 하늘에서 뚝 떨어지는 것이 아니다. 필자 생각에는 물리적 활동에서 가정할 수 있는 기본적인 예에서 이것을 분명히 할 수 있다. 두 사물을, 예를 들면 두 돌을 서로 관련지으면, 기본적인 경우는 분명 A를 B로 보내던지, 또는 B를 A로 보내던지 한다. 예를 들면 돌 A가 돌 B 위에 놓이거나, 역으로 돌 B가 돌 A 위에 놓인다. 두 돌이 동시에 손에 닿을 거리에 있고, 아주 가벼워서 각기 왼손과 오른손으로 동시에 그것을 들어올려 함께 모으는 것은 이를테면 만 개의 돌로 벽을 쌓거나, 또는 노루가 창에 찔려 죽는 것과 비교되는 극단적인 예외 상황이다. 시간적인 순서는 사고 안에서 비로소 그 효력이 상실된다. 그러나 시간적 순서는 추상적인 논리적 순서로, 즉 입장에 따른 평가의 위계로 남아 있다.

이 기본적인 사실은 논리학의 다항 술어에, 즉 최근 논리학(Bochénski 1965)의 가장 중요한 발견에 고려되는데, 즉 술어의 논항이 일정한 순서에 따라 배열된다는 것이다. 우리는 이것을 제1 논항, 제2 논항, 제3 논항 .... 등으로 부르며, 일정한 순서에 따라 그리고 알파벳 순서에 따라 "R(a,b,c)" 또는 "aR(b,c)"로 쓴다.

관계란 순서쌍(3쌍, 4쌍 등)이며, 이와 달리 2집합, 3집합, 4집합 등은 성분들 사이의 관계가 고려되지 않는다. 관계의 표현(2항 관계)은 대립된 순서에 따라 서로 구별되며, 이것은 논리학에서 환위적(konvers)이라 한다. 이들은 등가로서 동일한 진리값을 가진다. 따라서 이들은 외연적으로 동일하다. 그러나 이들이 논리학에서 내포적으로는 동일하지 않다. 환위 표현(동일한 진리값을 가지며, 외연적으로 동일하지만)은 논리학에서 상이한 표현이다. 우리는 이것을 논리학에서 부각의 인지적 보편성에 대한 (직관적인) 반영으로 간주할 수 있다. 전통문법(문장성분론)과 결합가 이론에도 보족어의 추상-논리적 순서를 함축적으로 또는 무의식적으로 고려한 몇 가지 예가 있다. 그 예는 전통 문장성분론에서 주어와 목적어의 정의에 나타나 있다. 주어를 문장의 대상으로 특성화하고, 목적어를 동사(술어)와 관련하여 더 멀리 떨어진 단위로 특성화하는 것은 다른 문장성분들, 즉 동사의 다른 모든 보족어에 대한 주어의 분명한 부각을 반영한다. 또한 수동태를 행위자 중심적이 아닌 사건으로 특징짓는 것(Heidolph/Flämig/Motsch 1981:542)은 주어의 부각을 전제한다. 추상-논리적 순서의 관점은 대격 목적어와 여격 목적어에 대해 "직접 목적어"와 "간접 목적어"로 표현하는 데에서도 분명해지는데, 이것도 또한 분명 위계를 나타내는 것이다.

무의식적(비의도적)인 논항의 서열은 결합가 기술에도 반영되어 있다. Erben(1960, 1장 비교)은 그 근거를 밝히고 있지 않지만, 그의 구조기술에서 보족어에 지표 1...4를 붙인다. 그의 구조기술에서 V의 좌측에 E_1으로 표시된 보족어는 예문에 주어에 해당한다. 이런 "모순"은 Erben에 대한 Helig의 비판 가운데 하나가 되었다: Erben은 주어를 다른 보충 규정어들과 더불어 한 보충 규정어로 나열함으로써 이론적으로 주어의 특수 지위를 포기했다. 또한 그는 E_1, E_2 등에서 숫자가 오직 거기 나타나는 보충 규정어의 기수를 나타내지, 서열이나 어순과 관계가 없음을 특별히 강조한다. 이론적 견해에 반하여 Erben에서 E_1은 실질적으로 항상 주어이다. 그 숫자는 어떤 위계를 표현한다. 왜냐하면 기본모형을 설정할 때 동사 좌측에 있는 E_1이 언제나 주어를 의미하며, 다른 곳에서 Erben은 E_1을 '행위자'로 정의하기 때문이다(행위자는 전통-통사적인 용어일 뿐 아니라, 상황과 관련된 용어를 구조적으로 형성된 모형에 끌어온다)(Helig/Schenkel 1982:16). 그러나 Helbig/Schenkel(1982) 자신들도 또한 그들의 표기에서 추상-논리적 순서를 고려한다. 보족어들이 각기 문장성분 정의의 순서에 입각해 표기된 것은 우연이 아니다: 주격(주어), 목적격(직접 목적어), 여격(간접 목적어). 예를 들면:

I. beantworten $_{2+(1)=3}$

II. beantworten $_{Sn,\ Sa,\ (Sd)}$

여기서 정상적인 어순에 반하여 왜 대격이 여격 앞에 와야 하는 것일까? 가능한 이유는 전통적인 (추상-논리적 이유에서) 순서 직접 목적어-간접 목적어가 반영되어 있지 않다는 것이다. 자신들의 모순을 보이지 않으려고, Helbig/Schenkel(1982:13)은 Tesnière를 인용하여 첫 번째, 두 번째 보족어라 한다. Bondzio(1982:13)는 예를 들면 "지금까지의 관찰에 의하면 능동태가 '자연스러운' 의미-논리적 역할배당에 해당하는 그런 역할배당과 동일한 것 같다"고 인정함으로써 또한 추상-논리적 순서를 고려한다.

Helbig(1973:117ff, 1966 비교)는 Sn, Sa, Sd를 동사에 대한 보족어의 결합 강도에 따른 순서로 해석한다. 그럼으로써 그는 전래의 보족어 서열을 규명하고자 하며, 이것은 의미적이지 않고, '순수 구조적'이다. 다음을 비교해 보라: "이런 구조적 서열화로써 개별 목적어 사이의 의미적 차이에 관해 아무 것도 언급된 것이 없다. 의미적 차이는 어쨌든 모호하여 정의를 내리기 위한 수단으로 쓸 수 없다"(1973:119). 그러나 기능적 관점에서 구조적 서열(이에 대해 Helbig가 순서를 매긴 지표들이 있는데)을 우연이 아닌, 다소간 결합 강도의 형식적 현상으로 끌어가는 의미적 근거로 본다.

보족어의 추상-논리적 순서가 필연적으로 포함되어야 한다는 지적은 관계 문법과 보편 문법과 같은 최근의 문법 방향에도 나타난다. 이들 방향에서 특징적인 것은 보편성을 연역적(생성 문법처럼)이 아니라, 언어 비교를 통해 귀납적으로 찾으려 한다는 것이다. 여기서 바로 전통적인 문법 관계(문장성분)로 회귀된다. 이러한 기반 위에서 보편적인 구조적 규칙성이 형식화된다. 예를 들면 Perlmutter/Postal(1977)은 수동화에 대한 초개별 언어적 특징은 '주어'와 '직접 목적어' 개념으로의 회귀를 필수적으로 만드는 것이라 주장한다. 문장성분 개념은 접근성 위계(Accessibility Hierarchy Keenan/Comrie 1977), 기능 승계 원리(Functional Succesion Principle Perlmutter/Postal 1977), 전진 연속 원리(Advancement

Continuity Principle Johnson 1974) 등과 같은 보편적 규칙 형성의 초석이 된다(Keenan 1975 비교). 이것은 언어 비교에서 주어 및 목적어와 같은 개념의 보다 상세한 정의를 얻으려는 연구를 촉발시켰다(Li 1975, Plank 1984 비교). 예를 들면 Keenan(1975)은 범위가 확대된 언어 비교에서 출발하여 소위 의미적 기본 문장(semantically basic sentences)에 기초하여 주어에 대한 기준(자질)을 제시한다. 그는 기본 문장에서 주어의 30가지 자질을 얻는다. 그 자질들을 훑어보면, 두 주요 자질을 중심으로 특정 서열이 나타난다: '행위자'와 '화제(Topic)'.

여러 자질들이 자질 '화제'와 관련되거나, 거기서 파생될 수 있다. '화제'는 당연히 추상적 순서를 지시하는 자질이다(기본격으로서의 주어, 주제, 제1 논항). 행위자는 의미격의 범위에 속해있다. 따라서 주격의 격 기능을 규정할 때 두 가지 가능성이 있다: 의미격과 관련한 규정 그리고 추상-논리적 순서와 관련한 규정.

Keenans의 연구는 범주 주어의 원형적 성격을 지적한다. 그는 모든 언어에서 모든 주어를 특징짓는 필요충분 자질이 존재하지 않음을 확인한다. 주어는 일정 수의 주어 자질을 갖는 보족어이다. 따라서 어떤 주어는 한 언어 내에서 뿐 아니라, 다른 언어들과의 비교에 있어서도 다른 주어보다 더 전형적인 주어가 될 수 있다. Keenan에서 출발하여 자질 '화제'와 '행위자'를 함께 묶으려는 보편화된 경향이 있다고 할 수 있는데, 여기서 고려되어야 할 점은 임의의 언어에서 주어가 자질 '화제'와 더불어 나타나지만, 술어의 의미에 의해 자질 '행위자'가 배제된 수많은 문장이 존재한다는 것이다.

추상-논리적 보족어의 순서가 결합가 이론과 격 이론에서 거의 주목받지 못한 원인은 생성적 구상의 영향에서 찾을 수 있다. 생성 문법과 생성 의미론의 기본 원리는 동의의 통사 구문이 통사적 심층구조나 의미적 심층구조의 통사적 변형으로 설명된다는 것이다. 예를 들면 능동문과 수동문이 동일한 심층구조로 소급된다. 동일 심층구조가 능동 구조에 대해서나 또는 수동 구조에 대해서도 상당한 유사성을 보인다. 그러나 일반적으로 심층구조는 두 표층구조에 비해 더 추상적인 동시에 두 표층구조에 대해 중립적이다. 관점화(Perspektivierung) 문제가 가시화되면, 생성 의미적 구상에 접근하여 관점화를 우선 부각되어있지 않은 심층구조에 설정된 이차적 과정으로 간주한다(예를 들면 Danes 1976/1976a, Viehweger 1977, 비판에 대해서는 Welke 1979 비교).

Fillmore는 격틀을 가지고 부각되어 있지 않은 심층구조를 기반으로 삼는다(1971:44; 1972:24). 논항의 추상-논리적 순서를 통해 구별되는 동사와 동사 형태(수동과 능동)는 동일한 격틀로 소급되며, 격은 위계와 무관하게 서로 동일시된다(Welke 1978 비교). 그래서 다음 문장은 Fillmore에 따라 격틀 [_ O +D]로 환원될 것이다.

Mein Freund besitzt eine kluge Frau. (내 친구에게는 현명한 아내가 있다)

O와 D 사이에는 서열이 없다. 격틀이 부각되어 있지도 않다. Fillmore (1971,1972 비교)는 표층 범주 '주어'로의 대응을 우선 부각되지 있지 않은 심층구조에서 추가로 작용하는 부각(화제화) 과정으로 간주한다. 임의의 보족어가 화제화될 수 있다(주어로 부각될 수 있다)는 사실을 용인하면, 외연적으로 상이한 사태의 사상과 의미역의 교체가 그 결과가 될 것이다:

Mein Freund besitzt *eine kluge Frau.*

D O

Eine kluge Frau besitzt *meinen Freund.*

D O

결과적으로 Fillmore는 어떤 동사에 어떤 격 역할이 주어(테마)가 될 수 있는지 한정하여 규정해야 하는데, 예를 들면 *besitzen*에는 '여격'(경험자격)이, *gehören*에는 '대상격'. 그러나 각 동사에 대해 원래 특정 격 역할이 주어가 될 수 있다고 한다면, 부각은 이차적이 아니라, 각 동사의 의미에 직접 귀속되어야 할 것이다. *geben*의 경우에는 주어(화제)로서 A가, *besitzen*의 경우에는 D가, *gehören*의 경우에는 O가 부각되어 있다. 이 지식은 언어 능력에 속하며, 내재된 동사 의미의 구성부이다. 격 역할을 추상-논리적 순서와 관계없이 특성화하려는 시도는 외연적인 격 개념으로 이끌어가는 것이고, 따라서 6.4.6에서 상술한 모순에 이르게 된다. 이런 결과는 Fillmore로 하여금 관점화 개념을 결부시키게 하였다. Fillmore와 그를 따른 Starosta가 관점화 개념을 가지고 지향했던 바는 다름 아닌 추상-논리적 순서다.

분명 추상-논리적 순서를 간과했던 Fillmore와 달리 Welke/Meinhard (1974)는 새로운 구상에서 추상-논리적 순서를 중심에 두고, 의미격을 무시할 수 있다는 주장을 이와 결부시켰다. Meinhard는 이에 대해 상세한 근거를 제시했다(1975:43ff., 또한 Seyfert 1976; Welke/Meinhard 1980 비교). 그는 의미역 '행위자', '피행위자' 등이 언어학자가 가정한 추상적인 단위이지, 청/화자가 직접 가정하는 추상적인 단위가 아니라는 견해를 표방한다. 그는 격 형태를 빈자리를 채우기 위한 연산 기호로 해석한다. 격 형태는 어떤 언어 단위가 결합가 구조에서 제1 논항인지, 제2 논항인지, 제3 논항인지를 지시한다. 동시에 보족어들은 각기 동사의 구체적인 의미를 통해 그것의 의미 역할로서 정의된다. 따라서 예를 들면 *geben*은 제1 보족어를 누군가에게 무엇을 주는 사람으로서, 제2 보족어를 주어지는 것으로서 그리고 제3 보족어를 주어지는 것을 받는 사람으로서 규정한다. 제1 논항의 의미역에 대해 '행위자'로 일반화하는 것은 언어학자의 일반화일 뿐이다. 여기서 화/청자의 지식 체계에서의 일반화로서 언어학적인 일반화가 문제가 되지 않는다는 사실을 Meinhard는 격 역할 변별의 언어외적인 (외연적인) 특성을 가지고 주장한다.

그러나 우리가 지금까지 기술했던 것으로 볼 때 이와 같이 격 역할을 부정하고, 오직 추상-논리적 순서 관계에 기반을 둔 구상은 너무 단순하다는 생각이 든다. 보족어들의 추상-논리적 순서에 놓인 자리들의 의미적 유사성에 대한 경향은 설명될 수 없다. 예를 들면 제1 논항은 행위자의 경향을 띤다. 행위자와 제1 논항 사이에는 (개별 언어를 뛰어넘어서) 간과할 수 없는 유사성이 있다.

역할의 변별을 위해 두 관점(의미격과 추상-논리적 순서)을 모두 끌어올 수 있음에 주목하면, 두 관점을 서로 결부시킬 수 있는 두 가지 가능성이 있다. 의미격을 역할 변별의 기본 원리로서 삼고, 이차적으로 추상-논리적 순서를 부가하거나, 아니면 추상-논리적 순서를 더 기본적인 것으로 삼고, 특성에 따라 의미격을 이차적으로 부가할 수 있다. 첫 번째 가능성은 우리의 구상에 따라 배제된다. 소위 관점이 없는 중립적인 기본 구조는 존재하지 않는다. 이에 반해 두 번째 가능성은 격 형태의 기능적 해석을 변별적으로 규명하기에 적합하다. 즉 연산 지시로서 격 형태 및 이에 해당하는 문법 수단의 일차적 기능은 보족어의 추상-논리적 순서를 표시하는데, 즉 언어 단위들을 결합가 보유어의 제1, 제2, 제3 ... 보족어로서 규정하는데 있다. 이론적으로 보면 언어가 이와 같은 표지 기능일 수 있다. '행위자', '피행위자', '수신자' 등을 사태 유형에 나타나는 역할이라 가정해 보자. 언어가 현실을 통해 주어진 의미역에 따른 배열을 포기하는 것은 아주 특이한, 즉 임의로 교체되는 방법으로 추상-논리적 순서인 제1, 제2, 제3 위치가 존재론적 역할 '행위자', '피행위자', '수신자'에 따라 배열되는 것을 의미할 것이다. 그러면 어떤 동사에는 제1 논항이 임의로(특이하게) '행위자'가 되고, 다른 동사의 경우에는 '피행위자'가 되며, 제3의 동사에서는 '수신자'가 될 것이다. 이와 같은 방법이 원칙적으로 분명한 이해를 도모하는데 충분할 것이다. 그러나 실제로 모든 언어에는 분명한 대응의 경향이 있다. 현실에서 사상된 사태로부터 행위자로 파악할 수 있는 단위가 존재한다는 점을 고려하면, 많은 언어에서 예를 들면(Keenan 1975 비교) 주어 위치(제1 논항)에 의미역 '행위자'가 대응하는 경향이 있다(또한 Schachter 1975 비교).

여기에 인간의 행위구조가 반영된다는 사실을 통해 이러한 대응을 설명할 수 있음은 자명하다. 행위자는 어떤 대상에 영향을 미친다. 행위의 인과적 순서 '행위자-목표'는 추상-논리적 순서 안에 놓인다. 발생학적 관점에서 볼 때 추상-논리적 순서는 행위와 관련된 것들의 서열에 입각한 추상화이다. 또한 발생학적 관점에서 제1 논항-행위자와 같은 비교적 고정된 대응은 의사소통과 언어습득을 용이하게 하는 추상-논리적 순서의 의미적 기재로 볼 수 있다. 여기서 일차적인 것은 추상-논리적 순서이다. 의미적 순서 이차적이며, 단지 경향적으로 추상-논리적 순서에 부속되어 있다. 의미역의 배당은 추상-논리적 순서에 표시를 붙인 결과이다.

이러한 이유에서 주격은 해당 보족어를 제1 논항으로 표시하는 기능을 가질 뿐이다. 주격은 그 보족어를 행위자 내지, 자질 '일차적 책임'으로 표시할 수 있는 기능을 갖고 있지 않다. 위에서 확인했던 바처럼 여기에 의사소통상의 의의는 거의 없을 것이다. 의미역을 오직 외연적으로 특성화하려 한다면, 혼란스러우며 통일적이지 못한 양상이 대두될 것이다. 원형적이며 오직 경향에 따른 순서가 직접 기능적으로 설명될 수 없다. 어떤 한 격을 원형적으로 행위자로서 해석할 수 없는 수많은 문장과 문장 유형이 존재한다는 점을 접어둔 채, 그것을 '일종의 행위자'로 표시한다는 것이 의사소통상 어떤 의미를 가질 것인가? 추상-논리적 순서에 대해 의미격을 이차적으로 보는 가정이 한 설명을 제공한다. 넓은 의미에서 그리고 전이된 의미에서 행위자로 파악될 수 있는 것은 모두다 독일어에서 다항적 관계의 제1 논항으로 표시하는 경향이 있다. 의미격의 원형적 성격은 추상적 역할의 학습을 용이하게 함으로써, 의사소통과 언어습득을 용이하게 할 것이다. 이것이 궁극적으로 실제 상황에 대한 유추를 통해, 예를 들면 행위자가 위계에서 첫째 자리에 온다는 사실을 통해 발생되지 않는다. 유추는 격 기능의 외연적 정의를 위한 기반이다. 발생학적 관점에서 볼 때 이 해석은 유추를 통한 언어 구조의 자연적 성장에 대해 설명해 주는 구상이다. 다른 한편 의미역이 모호하고 원형적이라는 사실은 의미역의 이차적이자 보완적 기능에서 설명된다. 행위자, 피행위자와 같은 의미역에 따른 특성화는 의사소통의 목표라기보다 수단이다.

7.3 요 약

보족어의 추상-논리적 순서와 관련하여 의미역을 내포 의미적이며 원형적으로 규정하는 것은 전통적인 기능적 구상으로의 회귀 가능성 및 격 형태의 의미(기능)에 대한 문제를 새롭게 제기하는 가능성을 열어준다. 격 형태(그리고 전치사 및 어순 등과 같은 이에 해당하는 문법적 수단)의 일차적인 기능은 결합가 보유어의 보족어들을 추상-논리적 순서의 관점에서 제1, 제2, 제3, ... 논항으로서 표시하는데 있다. 공시적 입장에서 내용적인 의미역에 의한 배열을 이차적으로 여기에 부가할 수 있다. 의미역이 언어습득과 의사소통을 용이하게 하는 보완적인 기능만 갖기 때문에, 의미역은 모호하고 원형적이다. 추상-논리적 순서와 마찬가지로 의미역도 발생학적으로 문장 구조를 행위 구조로부터 유도함으로써 규명되어 있다.

약어표

A	Agens	행위자격
act	Vorgang	과정
Adj	Adjektiv	형용사
Adv	Adverbialbestimmung	부사규정어
Anim	belebt	유생의
Arg	Argument	논항
bel	belebt	유생의
CAUS	verursachen	사역
contr	controlled, Eigenaktivität	의지
D	Dativ	여격
E	Ergänzung	보족어
eff	einen Effekt hervorbringend	결과적
F	Faktitiv	작위격
Hum	menschlich	사람의
I	Instrument	도구
INCHO	beginnen	기동
int	intendiert	의도된
L	Lokativ	장소격
Loc	lokal	장소의

N	Nomen	명사
NEG	nicht, Negation	부정
NP	Nominalphrase	명사구
O	Objektiv	대상격
P	Prädikat	술어
POSS	besitzen	소유
proc	Prozeβ	과정
pS	Präposition+Substantiv	전치사+명사
R	Relation	관계
Refl	reflexiv	재귀대명사
repons	responsiblillity, spezifischer Anteil	책임
S	Subjekt	주어
Sa	Substantiv im Akkusativ	대격 명사
Sd	Substantiv im Dativ	여격 명사
Sn	Substantiv im Nominativ	주격 명사
stat	statisch	상태의
Subj	Subjekt	주어
TERM	zeitlich terminiert	시간적으로 제한된
VIV	lebend	살아있는
VP	Verbalphrase	동사구

참고문헌

Abraham, W.: Valence, Semantic Case, und Grammatical Relations. Papers prepared for the Working Group "Valence and Semantic Case". 12th International Congress of Linguists University of Vienna, Austria, August 29 to September 3, 1977. Ed. by W. Abraham. Amsterdam 1978

Abraham, W.: Valence and Case: Remarks on their Contribution to the Identification of Grammatical Relations. In: Valence, Semantic Case, and Grammatical Relations. Ed. W. Abraham. Amsterdam 1978

Abraham, W.: Semantische Valenz. In: Studia Neophilogica 52 (1980) 435-444

Abramow, B.A.: Zum Begriff der zentripetalen und zentrifugalen Valenz. In: DaF 4 (1967) 155-168

Abramow, B.A.: Zur Paradigmatik und Syntagmatik der syntaktischen Potenzen. In: Beiträge zur Valenztheorie. Hg. von G. Helbig. Halle(Saale) 1971

Admoni, V.G.: Der Deutsche Sprachbau. Leningrad 1972

Admoni, V.G.: Die Satzmodelle und die logisch-grammatischen Typen des Satzes. In: DaF 11 (1974) 34-42

Admoni, V.G.: Der Status der verallgemeinerten grammatischen Bedeutung im Sprachsystem. In: Potsdamer Forschungen A/20. Postdam (1977) 27-45

Aebli, H.: Denken: das Ordnen des Tuns. Bd.1: Kognitive Aspekte der Handlungstheorie. Stuttgart 1980

Ajdukiewicz, K.: Die syntaktische Konnexität. In: Studia Philosophica, Commentarii Societatis Pholosophicae Polonorum, Vol. I. Lwów 1935

Ajdukiewicz, K.: Diskussionsbeitrag auf dem I. Interantionalen Symposion "Zeichen und System der Sprache". Erfurt 1959 In: Zeichen und System der Sprache. Bd. 1. Berlin 1961

Andresen, H.: Ein methodischer Vorschlag zur Untersuchung von Ergänzungen und Angaben der Valenztheorie. In: deutsche Sprache 1 (1973) 49-63

Arbeitsgruppe Marburg: Aspekte der Valenztheorie. In: deutsche Sprache 1 (1973) 3-48

Ballmer, T./W. Brennstuhl: Lexical Analysis and Language Theory. In: Word, Worlds and Contexts. New Approaches in Word Semantics. Ed. bz H.-J. Eikmezer and H. Rieser. Berlin (West), New York 1981

Bar-Hiller, Y.: Logical Syntax and Semantics. Language 30 (1954) 230-237

Bates, E./B. Mac Whinney: Functionalist approaches to grammar. In: Language acquisition: the state of the art. Ed. by E. Wanner and L.R. Gleitman. Cambridge 1982

Baumgärtner, K.: Spracherklärung mit den Mitteln der Abhägnigkeitsstruktur (Lucien Tesnière: Eléments de Szntaxe Structurale). In: Beiträge zur Sprachkunde und Informationsverarbeitung. H. 5 (1965) 31-53

Berka, K./L. Kreiser: Logik-Texte. Kommentierte Auswahl zur Geschichte der modernen Logik. Berlin 1971

Biere, B. U.: Ergänzungen und Angaben. In: Untersuchungen zur Verbvalenz. Eine Dokumentation über die Arbeit an einem deutschen Valenzlexikon. Hg. von H. Schumacher. Tübingen 1976

Bluhm, H.: Über kommunikative Notwendigkeit und Valenz. In: Valence, Semantic Case and Grammatical Relations. Ed. bz W. Abraham. Amsterdam 1978

Bocheński, I. M.: Über syntaktische kategorien. In: I. M. Bocheński, Logisch-pholosophische Studien. Freiburg, München 1959

Bocheński, I. M.: Grundriß der Logistik. Aus dem Französischen übersetzt, neu bearbeitet und erweitert von A. Menne. Paderborn 1965

Bondzio, W.: Das Wesen der Valenz und ihre Rolle im Rahmen der Satzstruktur. In: WZHUB 18 (1969) 233-240

Bondzio, W.: Valenz, Bedeutung und Satzmodelle. In: Beiträge zur Valenztheorie. Hg. von G. Helbig. Halle(Salle) 1971

Bondzio, W.: Zur Syntax des Possessiv-Pronomens in der deutschen Gegenwartssprache. In: DaF 10 (1973) 84-94

Bondzio, W.: Zu einigen Aufgaben der Bedeutungsforschung aus syntaktischer Sicht. In: ZPSK 27 (1974) 42-51

Bondzio, W.: Abriß der semantischen Valenztheorie als Grundlage der Syntax. T. 1-3. In: ZPSK 29 (1976) 354-363, 30 (1977) 261-273, 31 (1978) 22-33

Bondzio, W/B. Gollmer: Wortbedeutung und syntaktische Realisierungsmodelle -Materialien zur semantischen Valenztheorie. In: WZHUB 25 (1976) 699-706

Boost, K.: Neue Untersuchungen zum Wesen und zur Struktur des deutschen Satzes. Der Satz als Spannungsfeld. Berlin 1955

Bräuer, R.: Die Valenztheorie. Ihre Geschichte, ihr aktuller Stand und ihre Möglicheiten. In: WZHUB 23 (1974) 267-280

Braine, M. D. S./J. A. Hardy: On what case categories there are, why they are, and how they develop: an amalgam of a porori considerations, speculation, and evidence from children. In: Language acquisition: the state of the art. Ed. by E. Wanner and L. R. Gleitman, Cambridge 1982

Braine, M. D. S./R. S. Wells: Case-lie categories in children: the actor and some related categories. In: Cognitive Psycholgy 10 (1978) 100-122

Bresnan, J.: A Realistic Transformational Grammar. In: Linguistic Theory and psychological Reality. Ed. bz M. Halle, J. Bresnan, G. A. Miller, Cambridge (Mass.), London 1978

Bresnan, J.: The Mental Representation of Grammatical Relations. Ed. by J. Bresnan Cambridge (Mass.), Londong 1982

Brinker, K.: Konstituentenstrukturgrammatik und operationale Satzgliedanalyse.

Frankfurt a. M. 1972

Bühler, K.: Sprachtheorie. Jena 1934

Buntemann, R. (Neurath, R.): Untersuchungen zur Semantik nominaler syntaktischer Konstruktionen in der deutschen Gegenwartssprache. Diss. A. Berlin 1978

Buscha, J.: Die Hilfsverben in einer deutschen Grammatik für Ausländer. In: DaF 8 (1971) 257-262

Chafe, W.: Bedeutung und Sprachstruktur. Berlin 1976

Chomsky, N.: Aspects of the Theory of Syntax. Cambridge (Mass.) 1965 Deutsch: Aspekte der Syntax-Theorie. Berlin 1970

Chomsky, N.: Remarks on nominalization. In: Readings in English transformational grammar. Ed. bz R. A. Jacobs and P. S. Rosenbaum. Waltham (Mass.) 1970

Cook, W. A.: A Case Grammar Matrix Model (and its Application to a Hemingway Text). In: Valence, Semantic Case, and Grammatical Relations. Ed. W. Abraham. Amsterdam 1978

Cresswell, M. J.: Logics and Languages. London 1973

Danes, F.: Semantische Struktur des Verbs und das indirekte Passiv im Tschechischen und Deutschen. In: Satzstruktur und Genus verbi: Hg. von R. Lötzsch und R. Ruzicka. Berlin 1976

Danes, F.: Zur semantischen und thematischen Struktur des Kommunikats. In: Probleme der Textgrammatik. Hg. von F. Danes und D. Viehweger. Berlin 1976

Dik, S. C.: Functional Grammar. Amsterdem, New York, Oxford 1978

Dik, S. C.: Advances in Functional Grammar. Ed. by S. C. Dik. Dordrecht 1983

Diver, W.: The System of Agencz of the Latin Noun. In: Word 20 (1964) 178-196

Drach, E.: Grundgedanken der deutschen Satzlehre. Frankfurt a. M. 1937

Ehnert, R.: Liste der Grundvalenz der häufigsten deutschen Verben. Oulu 1974

Emons, R.: Valenzen englischer Prädikatsverben. Tübingen 1974

Engel, U.: Syntax der deutschen Gegenwartssprache. Berlin (West) 1977

Erben, J.: Abriß der deutschen Grammatik. 3., dg. Auflage. Berlin 1960

Eroms, H.-W.: Be-Verb und Präpositionalphrase. Heidelberg 1980

Eroms, H.-W.: Valenz, Kasus und Präpositionen. Heidelberg 1981

Fillmore, C. J.: Tzpes of Lexical Information. In: Studies in Syntax and Semantics. Ed. by F. Kiefer. Dordrecht 1969

Fillmore, C. J.: The case for case. In: Universals in linguistic theorz. E. by E. Bach andR.J. Harms. New York 1968. Zitiert wird nach der deutschen Fassung: Plädozer für Kasus. In: Kasustheorie. Hg. von W. Abraham. Frankfurt a. M. 1971

Fillmore, C. J.: Some probles for case grammar: In: Georgetown University Round Table on languages and linguistics. Ed. by R. J. O'Brien. Washington 1971

Fillmore, C. J.: Subjects, Speakers, and Roles. In: Semantics of Natural Languages. Ed. by D. Davidson and G. Harman. Dordrecht 1972

Fillmore, C. J.: An Alternative to Checklist theories of Meaning. In: Prceedings of the First Annual Meeting of the Berkeley Linguistic Society. Berkeley 1975

Fillmore, C. J.: The case for case responded. In: Kasustheorie. Kassifikationen, semantische Interpretation. Hg. von K. Heger und J. S. Petöfi. Hamburg 1977

Finke, P.: Theoretische Probleme dr Kasusgrammatik. Kronberg 1974

Flämig, W.: Valenztheorie und Schulgrammatik. In: Beiträge zur Valenztheorie. Hg. vn G. Helbig. Halle(Saale) 1971

Fleischer, W.: Skizze der deutschen Grammatik. Unter Mitarbeit von W. Neumann und F. Jüttner verfaßt von W. Flämig, B. Haftka, W. D. Hartung, K. E. Heidoph, D. Lehmann, J. Pheby, Leitung W. Flämig. Berlin 1972

Fleischer, W.: Trendzen der deutschen Wortbildung. In: DaF 9 (1972) 132-140

Fleischer, W./W. Hartung/J. Schildt/P. Suchsland: Kleine Enzyklopädie Deutsche Sprache. Leipzig 1983

Foley, W./R. D. van Valin, Jr.: Functional Syntax and Universal Grammar. Cambridge 1984

Frege, G.: Begriffsschrift. Eine der arithmetischen nachgebildete Formelsprache des reinen Denkens. (Gekürzter Nachdruck). In: Logik-Texte. Kommentierte Auswahl zur Geschichte der modernen Logik. Hg. von K. Berka und L. Kreiser. Berlin 1971 (1. Aufl. 1897)

Frege, G.: Function und Begriff. In: K. Berk und L. Kreiser. Lgik-Texte.Kommentierte Auswahl zur Geschichte der modernen Logik. Hg. von K. Berka und L. Kreiser. Berlin 1971 (1. Aufl. 1891) (=1971a)

Fries, C. C.: The Structure of English. New York 1952

Gerling, M./N. Orthen: Deutsche Zustands- und Bewegungsverben. Tübingen 1979

Glinz, H.: Geschichte und Kritik der Lehre von den Satzgliedern. Bern 1947

Glinz, H.: Die innere Form des Deutschen. Eine neue deutsche Grammatik. Bern 1952

Grebe, P.: Grammatik der deutschen Gegenwartssprache. Hg. von der Dudenredaktion unter Leitung von P. Grebe. Mannheim 1959

Grimes, J.: The Thred of Discourse. the Hague 1975

Grosse, R.: Zum Verhältnis von Form und Inhalt bei der Valenz der deutschen Verben. In: Beiträge zur Valenztheorie. Hg. von G. Helbig Halle(Saale) 1971

Günther, H.: Das System der Verben mit be- in der deutschen Sprache der Gegenwart. Tübingen 1974

Hardy, J. A./M. D. S. Braine: Categories the bridge between meaning and syntax in four-year-olds. In: The child's construction of language. Ed. by W. Deutsch. London 1981

Hartung, W.: Die zusammengesetzten Sätze des Deutschen. Berlin 1964

Heger, K.: Valenz, Diathese und Kasus. In: Zeitschrift für Romanische Philologe 82 (1966) 138-170

Heidolph, K. E.: Syntaktische Funktionen und semantische Rolle I. Untersuchungen zur deutschen Grammatik I. In: LS 35, Berlin 1977, 54-84

Heidolph, K. E.: Modellvorstellungen in den "Grundzügen einer deutschen Grammatik". In: Grammatik im Unterricht. Hg. von K. Nyholm. Abo 1985

Heidolph, K. E./W. Flämig/W. Motsch: Grundzüge einer deutschen Grammatik. Von einem Autorenkollektiv unter der Leitung von K. E. Heidolph, W. Flämig und W. Motsch. Berlin 1981

Helbig, G.: Der Begriff der Valenz als Mittel der strukturellen Sprachbeschreibung und des Framdsprachenunterrichts. In: DaF 2 (1965) 10-35

Helbig, G.: Untersuchungen zur Valenz und Distribution deutscher Verben. In: DaF 3 (1966) H. 3, S. 1-11 u. H. 4, 12-19

Helbig, G.: Valenz, Tiefenstruktur und Semantik. In: Glottodidactica Vol. III/IV (1970) 11-46

Helbig, G.: Beiträge zur Valenztheorie. Hg. von G. Helbig. Halle(Saale) 1971

Helbig, G.: Theoretische und praktische Aspekte eines Valenzmodells. In: Beiträge zur Valenztheorie. Hg. von G. Helbig. Halle(Saale) 1971

Helbig, G.: Die Funktionen der substantivischen Kasus in der deutschen Gegenwartssprache. Halle(Salle) 1973

Helbig, G.: Valenz, Semantik und Satzmodelle. In: DaF 13 (1976) 99-106

Helbig, G.: Zur Valenz verschiedener Workklassen. In: DaF 13 (1976) 131-146 (=1976a)

Helbig, G.: Zur semantischen Charakteristik der Argumente des Prädikats. In: Probleme der Bedeutung und Kombinierbarkeit im Deutschen. Ein Sammelband für den Fremdsprachenunterricht. Gesamtredaktion G. Helbig. Leipzig 1977

Helbig, G.: Zum Status der Valenz und der semantischen Kasus. In: DaF 15

(1979) 65-78

Helbig, G.: Valenz - Satzglider - semantische Kasus - Satzmodelle. Leipzig 1982

Helbig, G.: Valenz und Sprachebenen. In: ZfG 3 (1982) 68-84 (=1982a)

Helbig, G.: Valenz und Lexikographie. In: DaF 20 (1983) 137-143

Helbig, G.: Zu Lexikoneintragungen für Verben unter dem Aspekt der semantischen und syntaktischen Valenz. In: LS 109. Berlin 1983 (=1983a)

Helbig, G.: Zu einigen theoretischen und praktischen Problemen von Lexikoneintragungen für Verben (unter dem Aspekte der Beziehungen zwischen Syntax und Semantik). In: LS 127. Berlin 1985

Helbig, G./J. Buscha: Deutsche Grammatik. Ein Handbuch für den Ausländerunterricht. 8., nb. Aufl. Leipzig 1984

Helbig, G./W. Schenkel: Wörterbuch zur Valenz und Distribution deutscher Verben 6., uv. Aufl. Leipzig 1982 (1. Aufl. 1969)

Helbig, G./M. D. Stepanowa: Wortarten und das Problem der Valenz in der deutschen Gegenwartssprache 2., uv. Aufl. Leipzig 1981

Henzen, W.: Deutsche Wortbildung. 3., dg. u. erg. Aufl. Tübingen 1965

Heringer, H. -J.: Präpositionale Ergänzungsbestimmungen im Deutschen. In: Zeitschrift für deutsche Sprache 23 (1967) 13-34

Heringer, H. -J.: Theorie der deutschen Syntax. München 1970

Heringer, H. -J.: Kasus und Valenz. Eine Messaliance? In: Zeitschrift für germanistische Linguistik 12 (1984) 200-216

Hesse, B.: Valenzgrammatische Untersuchung zu fakultativen Spezialisierungen im Französischen. In: Valence, Semantic Case and Grammatical Relations. Ed. by W. Abraham. Amsterdam 1978

Hoffmann, J.: Das aktive Gedächtnis. Berlin 1982

Hoffmann, J.: Die Welt der Begriffe. Berlin 1986

Holenstein, E.: Von der Hintergehbarkeit der Sprache. Kognitive Unterlagen der Sprache.

Huddleston, R.: Some Remarks on Case Grammar. In: Linguistic Inquiry 1 (1970) 501-510

Irtenjewa, F.: Valenz und Satztiefenstruktur. In: Beiträge zur Valenztheorie. Hg. von G. Helbig Halle(Salle) 1971

Isacenko, A. V.: Kontextbedingte Ellipse und Prnominalisierung. In: Beiträge zur Sprachwissenschaft, Volkeskunde und Literaturforschung, Wolfgang Steinitz zum 60. Geburtstag am 28. Februar 1965 dargebracht. Hg. von A. V. Isacenko, W. Wissmann, H. Strobach. Berlin 1965

Itälä, M.-L.: Verbvalenz - Valenzsemantik. Turku 1986

Itkonen, K.: Einführung in Theorie und Praxis der deutschen Wortbildungsanalyse. Jyväskylä 1983

Jackendoff, R.: Semantic Interpretation in Generative Grammar. Cambridge, London 1972

Jackendoff, R.: Morphological and Semantic Rgularities in the Lexikon. In Language 51 (1975) 639-671

Jackendoff, R.: Grammar as Evidence for Conceptual Structure. In: Linguistic Theory and Psychological Reality. Ed. by M. Halle, J. Bresnan, G. A. Miller. Cambridge (Mass.), London 1978

Jäntti, A.: Zu Distribution und Satzgliedwert der deutschen Modalvrben. In: Neuphilologische Mitteilungen 84 (1983)

Jakobson, R.: Beitrag zur allgemeinen Kasuslehre. In: Readings in Linguistics II. Ed. by E. P. Hamp, F. W. Householder, R. Austerlitz. Chicago, London 1966

Jacobson, R.: Der grammatische Aufbau der Kindersprache. Anhang zu: E. Holenstein, Von der Hintergehbarkeit der Sprache. Frankfurt a. M. 1980

Johnson, D. E.: On the Role of Grammatical Relations in Linguistic Theory. In: Papers from the 10th Regional Meeting of the Chicago Linguistic Society 1974

Junker, K.: Untersuchungen zur Syntax des Adjektivs unter dem besonderen

Aspekt der Valenz Diss. Berlin 1969

Kacnel'son, S. D.: O grammticeskoj kategorii. In Vestnik Leningradsko해 Universiteta, serija istorii, jazyka I literatury. Liningrad 2 (1948)

Keenan, E. L.: Towards a Universal Definition of "Subject". In: Subject and Topic. Ed. by Ch. N. Li. New York, San Francisco, London 1975

Keenan, E. L./B. Comrie: Noun Phrase Accessibility and Universal Grammar. In: Linguistic Inquiry 8 (1977) 63-99

Klappenbach, R./W. Stinitz.: Wörterbuch der deutschen Gegenwartssprache. Hg. von R. Klappenbach und W. Steinitz. Berlin 1964

Klaus, G.: Einführung in die formale Logik. 2. Aufl. Berlin 1959 (1. Aufl. 1958)

Klix, F.: Strukrelle und funktionelle Komponenten des menschlichen Gedächtnisses. In: Psychologische Beiträge zur Analyse kognitiver Prozesse. Hg. von F. Klix. Berlin 1976

Klix, F.: Über Wissensrepräsentation im menschlichen Gedächtnis. In: Gedächtnis, Wissen, Wissensnutzung. Hg. von f. Klix. Berlin 1984

Klix, F./F. Kukla/R. Klein: Über die Unterscheidbarkeit von Klassen semantischer Relationen im menschlichen Gedächtnis. In Psychologische Beigräge zur Analyse kognitiver Prozesse. Hg. von F. Klix. Berlin 1976

Klix, F./E. van der Meer/M. Preuss: Semantische Relationen: Erkenntnisaufwand und psychophysiologische Reaktionstendenzen. In: Gedächnis, Wissen, Wissensnutzung. Hg. von F. Klix. Berlin 1984

Kondakow, N. I.: Wörterbuch der Logik. Leipzig 1978 2., nb. Aufl. 1983

Korhonen, J.: Studien zu Dependenz, Valenz und Satzmodell, t. 1. Theorie und Praxis der Beschreibung der deutschen Gegenwartssprache. Dokumentation, kritische Besprechung, Vorschläge. Bern, Frankfurt a. M. Las Vegas 1977

Krohn, D.: Dativ und Perinenzrelation. Göteborg 1980

Lakoff, G.: Stative Adjectives and Verbs in English. In: The Computaional

Laboratory of Harvard University. Mathematical linguistics and Automatic Translation. Report No NSF-17 (1966) 1-16

Lakoff, G.: Instrumental adverbs and the concept of deep structure. In: Foundations of Language 4 (1968) 4-29

Lakoff, G.: Linguistics and natural logic. Ann Arbor 1970

Lakoff, G.: Hedges. A Study in Meaning Criteria and the Logic of Fuzzy Concepts. In: Jounal of philosophical Logic 2. (1973) 458-508

Lakoff, G.: Linguistic Gestalts. In: Papers from the 13th Regional Meeting of the Chicago Linguistic Society 1977

Lees, R. B.: The grammar of English nominalizations. The Hague 1960

Lewis, D.: General Semantics. In: Semantics of Natural Language. Ed. by D. Davidson and G. Harman. Dordrecht 1972

Li, Ch. N.: Subject and Topic. Ed. by Ch. N. Li. New York, San Francisco, London 1975

Lyons, J.: Einführung in die moderne Linguistik. München 1971

McCawley, J. D.: Concerning the base component of a transformational grammar. In: Foundations of Language 4 (1968) 243-269

Meinhard, H.-J.: Zum Status von Adverbialen innerhalb einer Theorie der Valenz. In: Arbeitsberichte I des Faches Deutsche Sprache. Sektion Germanistik/ Philologien der Humboldt-Universität. Berlin 1970 (masch.)

Meinhard, H.-J.: Untersuchungen zum Passiv im Deutschen unter dem Gesichtspunkt der Konversion. Studien zu einem operativen valenztheoretischen Konzept der Bedeutung. Diss A. Berlin 1975

Meinhard, H.-J.: Kasus, Valenz und Satzbedeutung. In: WZHUB 25 (1976) 711-714

Meinhard, H.-J.: Das semantische Potential des Wortes - Lexikalische Voraussetzungen für Aktualisierungsoperationen. In: LS 99. Berlin (1982) 72-77

Meinhard, H.-J.: Invariante, variante und prototypische Merkmale der Wortbedeutung. In: ZfG 5 (1984) 60-69

Meinhard, H.-J.: Zur Geschichte der Valenztheorie. Diss B.: Berlin (in Vorbereitung)

Metzing, D.: Plädoyer für Kasus wiedereröffnet - für die künstliche Intelligenz. In: Beiträge zum Stand der Kasustheorie. Hg. von J. Pleines. Tübingen 1981

Möslein, K.: Der Nebensatz und sein nominales Äquivalent in der wissenschaftlichßtechnischen Literatur des 19. und 20. Jahrhunderts Diss. Leipzig 1968

Moilanen, M.: Zum Begriff der Notwendigkeit bei der Satzgliedanalyse. In: Grammatik im Unterricht. Hg. von K. Nyholm. Abo 1985

Montague, R.: Universal Grammar. In Formal Philosophy. Selected Papers of R. Montague. Ed. by R. Montague and R. H. Thomason. New Haven 1974

Moskal'skaja, O.: Die Satzglieder aus satzsemantischer and syntagmatischer Sicht. In: Beiträge zu Problemen der Satzglieder. Hg. von G. Helbig. Leipzig 1978

Motsch, W.: Zur Anwendung von Kasusbegriffen in der Spracherwerbstheorie. In: Beiträge zum Stand der Kasustheorie. Hg. von J. Pleines. Tübingen 1981

Neumann, W.: Theoretische Probleme der Sprachwissenschaft. Von einem Autorenkollektiv unter der Leitung von W. Neumann. Berlin 1976

Neurath, R.: Zu einigen Aspekten des Verhältnisses von lexikalischer und grammatischer Bedeutung. In: LS 99. Berlin (1982) 106-112

Neurath, R.: Grammatik als Verfahren. In: Sprache - Bewußtsein - Tätigkeit. Zur Sprachkonzeption Wilhelm von Humboldts. Hg. von K. Welke. Berlin 1986

Nikula, H.: Verbvalenz. Untersuchungen am Beispiel des deutschen Verbs mit einer kontrastiven Analyse Deutsch-Schwedisch. Uppsala 1976

Nikula, H.: Kontextuell und lexikalisch bedingte Ellipse. Abo 1978

Nikula, H.: Pragmatik und Valenz. In: Grammatik im Unterricht. Hg. von K. Nyholm. Abo 1985

Nikula, H.: Valenz und Text. In: DaF 23 (1986) 263-268

Nilsen, D. L. F.: Towards a semantic specifications of deep case. The Hague, Paris 1972

Norman, D. A./D. E. Rumelhart: Explorations in Cognition. San Francisco 1975

Pasch, R.: Zum Status der Valenz. In: Beiträge zur semantischen Analyse. LS 42. Berlin 1977 1-50

Pasch, R./I. Zimmermann: Die Rolle der Semantik in der Generativen Grammatik. In: Richtungen der modernen Semantikforschung. Hg. von W. Motsch und D. Viehweger. Berlin 1983

Permutter, D. M.: Studies in Relational Grammar. Ed. by D. Perlmutter. Chicago, London 1983

Perlmutter, D. M./P. M. Postal: Toward a Universal Characterization of Passivization. In: Proceedings of the 3rd Annual Meeting of the Berkeley Linguistic Society 1977

Pittulainen, M.-L.: Zur Valenz des Adjektivs. In: Aspekte und Probleme semasiologischer Sprachbetrachtung in synchronischer und diachronischer Sicht. LS 107/II. Berlin (1983) 23-35

Pittulainen, M.-L.: Zu den valenzgebundenen Bestimmungen des Adjektivs im Deutschen und im Finnischen. Tampere 1983 (1983a)

Plank, F.: Objects. Towards a Theory of Grammatical Relations. Ed. by F. Plank. London 1984

Plank, F.: Prädikativ und Koprädikativ. In: Zeitschrift für germanistische Linguistik 13 (1985) 154-185

Pleines, J.: Handlung, Kausalität, Intention. Probleme der Beschreibung semantischer Relationen. Tübingen 1976

Pleines, J.: Ist der Universalitätsanspruch der Kasusgrammatik berechtigt? In: Valence, Semantic Case, and Grammatical Relations. Ed. by W. Abraham. Amsterdam 1978

Poldauf, I.: Case in contemporary English. In: Philologia Praensia 1970

Potts, T. C.: Case Grammar as Componential Analysis. In: Valence, Semantic Case, and Grammatical Relations. Ed. by W. Abraham. Amsterdam 1978

Putnam, H.: Mind, Language, and Reality. Philosophical Papers. Vol. 2. Cambridge 1975

Quillian, M. R.: Sematic Memory. In: Semantic Information Processing. Ed. by M. Minsky. Cambridge (Mass.) 1968

Rosch, E.: On the international structure of perceptual and semantic categories. In: Cognitive development and the acquisition of language. Ed. by T. E. Moore. New York 1973

Rosch, E.: Principles of categorization. In: Cognition and categorization. Ed. by E. Rosch and B. Lloyd. Hillsdale, N. J. 1978

Rosch, E./C. B. Mervis: Family resemblances: Studies in the interanl structure of categories. In: Cognitive Psychology 7 (1975) 573-605

Rosengren, I.: Zur Valenz des deutschen Verbs. In: Moderna Sprak 64 (1970) 45-58

Rosengren, I.: Die Beziehung zwischen semantischen Kasusrelationen und syntaktischen Satzgliedfunktionen: der freie Dativ. In: Valence, Semantic Case, and Grammatical Relations. Ed. by W. Abraham. Amsterdam 1978

Rosengren, I.: Status und Funktion der tiefenstrukturellen Kasus. In: Beiträge zu Problemen der Satzglieder. Hg. von G. Helbig. Leipzig 1978 (1978a)

Rosengren, I.: Gibt es den freien Dativ? In: DaF 23 (1986) 247-287

Ruzicka, R.: Three Aspects of Valence. In: Valence, Semantic Case, and Grammatical Relations. Ed. by W. Abraham. Amsterdam 1978

Sandberg, B.: Die neutrale-(e)n- Ableitung der deutschen Gegenwartssprache. Zu dem Aspekt der Lexikalisierung bei den Verbalsubstantiven. Göteborg 1976

Sandberg, B.: Zur Repräsentation, Besetzung und Funktion einiger zentraler Leerstellen bei Substantiven. Göteborg 1979

Sandberg, B.: Zur Valenz der Substantive. In: DaF 19 (1982) 272-279

Schachter, P.: The Subject in Philippine Languages. In: Subject and Topic. Ed. bz Ch. N. Li. New York, San Francisoco, London 1975

Schenkel, W.: Die Valenz im adnominal Raum. In: Beiträge zur Valenztheorie. Hg. von G. Helbig. Halle(Saale) 1971

Schenkel, W.: Zur sematischen Kombierbarekeit deutscher Verben mit Substantiven. In: Probleme der Bedeutung und kombinierbarkeit im Deutschen. Ein Sammelband für den Fremdsprachenunterricht. Gesamtredaktion G. Helbig. Leipzig 1977

Schippan, T.: Die Verbalsubstantive der deutschen Sprache der Gegenwart. Habilschrif. Leipzig 1967

Schlesinger, I. M.: Cognitive Structures and Semantic Deep Structures - the Case of the Instrumental. In: Journal of Linguistics 15 (1979) 307-324

Schlesinger, I. M.: Semantic Assimilation in the Deveopment of Relational Categories. In: The child's construction of language. Ed. by W. Deutsch. London 1981

Schmidt, W.: Grundfragen der deutschen Grammatik. Berlin 1967

Schmidt, W.: Lexikalische und akkuelle Bedeutung. Ein Beitrag zur Theorie der Wortbedeutung. 4., dg. Aufl. Berlin 1967 (1967a)

Schröder, J.: Fortbewegungsverben als Beschreibungsproblem (Simplica - Adverbialzusätze -be-Präfixe) In: DaF 20 (1983) 213-219, 270-276

Schwitalla, L.: Zur sgenannten quantitativen Valenz. In: ZGL 9 (1981) 34-54

Seppänen, L.: Zur Theorie der Verbgrammatik. Tübingen 1976

Seyfert, G.: Eine Wiederbelebung der Kasusgrammatik? In: Beiträge zum Stand der Kasustheorie. Hg. von J. Pleines. Tübingen 1981

Sgall, P.: Aktanten, Satzglieder und Kasus. In: Beiträge zu Problemen der Satzglieder. Hg. von G. Helbig. Leipzig 1978

Simmler, F.: Die Valenz des Verbums 'werfen'. In: Akten des VI. Internationalen Germanisten-Kongresses. Hg. von H. Rupp und H. G. Roloff. Basel 1980

Sommerfeldt, K.-E.: Zur Valenz des Adjektivs. In: DaF 8 (1971) 113-117

Sommerfeldt, K.-E.: Zur Besetzung der Leerstellen von Valenzträgern. In: DaF 10 (1973) 95-101

Sommerfeldt, K.-E.: Zu einer semantisch orientierten Satzmodellierung. In: Beiträge zu einer funktional-semantischen Sprachbetrachtung. Hg. von K.-E. Sommerfeldt und W. Spiewok. Leipzig 1986

Sommerfeldt, K.-E./H. Schreiber: Untersuchungen zur syntaktischen und semantischen Valenz deutscher Adjektive (1). In: DaF 8 (1971) 227-231

Sommerfeldt, K.-E./H. Schreiber: Wörterbuch zur Valenz und Distribution deutscher Adjektive. 3. uv. Aufl., 1983 (1. Aufl. 1974)

Sommerfeldt, K.-E./G. Starke: Grammtische-semantische Felder der deutschen Sprache der Gegenwart. Hg. von K. -E. Sommerfeldt und G. Starke. Leipzig 1984

Sommerfeldt, K.-E./G. Starke/D. Nerius: Einführung in die Grammatik und Orthographie der deutschen Gegenwartssprache. Von einem Autorenkollektive unter der Leitung von K. -E. Sommderfeldt, G. Starke und D. Nerius. 3., uv. Aufl. Leipzig 1985

Starke, G.: Satzmodelle imt prädikativem Adjektiv im Deutschen. In: DaF 10 (1973) 138-147

Starke, G.: Zur Abgrenzung und Subklassifizierung der Adjektive und Adverbien. In: Beiträge zur Klassifizierung der Wortarten. Hg. von G. Helbig. Leipzig 1977

Starke, G.: Lexikalische Bedeutung, Valenzstruktur und Nebensätze. In: ZfG 6

(1985) 64-71

Starosta, ST.: The one per cent solution. In: Valence, Semantic Case, and Grammatical Relations. Ed. by W. Abraham. Amsterdam 1978

Steinitz, R.: Adverbialsyntax. Berlin 1969

Steinitz, R.: Lexikalisches Wissen und die Struktur von Lexikon-Einträgen. In: Untersuchungen zur deutschen Grammatik III. LS 116. Berlin (1984) 1-88

Steinitz, R.: Zur Struktur und Funktionsweise des Lexikons in der Grammatik. In: LS 127. Berlin (1985) 1-41

Stepanowa, M. D.: Die "innere Valenz" des Wortes und das Problem der linguistischen Wahrscheinlichkeit. In: Beiträge zur Valenztheorie. Hg. von Helbig. Halle(Saale) 1971

Tarvainen, K.: Zur Valenztheorie und ihrer praktischen Anwendung im Wörterbuch von Helbig-Schenkel. In: Neuphilologische Mitteilungen 74 (1973) 9-49

Tarvainen, K.: Die Modalverben im deutschen Modus- und Tempussystem. In: Neuphilologische Mitteilungen 77 (1976) 9-24

Tarvainen, K.: Einführung in die Dependenzgrammatik. Tübingen 1981

Tarvainen, K.: Dependenzielle Satzgliedsyntax des Deutschen. Mit sprachgeschichtlichen Erläuterungen. Oulu 1982

Tarvainen, K.: Zur satzgliedinternen formalen Dependenz. In ZfG 5 (1984) 415-427

Tarvainen, K.: Kontrastive Syntax Deutsch-Finnisch. Heidelberg 1985

Tesnière, L.: Esquisse d'une syntaxe structurale. Paris 1953

Tesnière, L.: Eléments de syntaxe structurale. Paris 1959

Van Oosten, J.: Subjects and Agenthood in English. In: Papers from the 13th Regional Meeting of the Chicago Linguistic Society 1977

Vater, H.: On the Possibility of Distinguishing between Complements and Adjuncts. In: Valence, Semantic Case, and Grammatical Relations. Ed. by

W. Abraham. Amsterdam 1978

Viehweger, D.: Probleme der sematischen Analyse. von einem Autorenkollektiv unter der Leitung von D. Viehweger. Berlin 1977

Wegener, H.: Der Dativ im heutigen Deutsch. Tübingen 1985

Welke, K.: Thesen über die semantischen Grundlagen eines syntaktischen Modells. In: Arbeitsberichte I des Faches Deutsche Sprache. Sektion Germanistik/Phololologien der Humboldt-Universität. Berlin 1970 (masch.)

Welke, K.: Sprachliche Tätigkeit und Grammatik - Überlegung zu einem funktionalen und kommunikativen Modell der Grammatik. In: DaF 15 (1978) 93-99

Welke, K.: Auszeichnung als ein pragmatischer Aspekte der Satzstruktur. In: Sprache und Pragmatik. Hg. von I. Rosengren. Lund 1979

Welke, K.: Das Wort als semantische-syntaktische Grundeinheit. in ZPSK 32 (1979) 752-756

Welke, K.: Dialektik und Isolierbarkeit von Ebenen. In: LS 62/II Berlin 1979 (=1979a) 54-66

Welke, K.: Einheit und Widersprüchlichkeit der grammatischen und semantischen Struktur von Sätzen im Deutschen. In: Akten des VI. Internationalen Germanisten-Kongresses. Hg. von H. Rupp und H.-G. Roloff. Basel 1980

Welke, K.: Tiefenstruktur oder Lexikoneintragung? In: WZHUB 31 (1982) 579-583

Welke, K.: Sensorische und rationale semantische Merkmale. In: ZfG 4 (1983) 271-277

Welke, K.: Bedeutung, Sprache und Denken. In: Einführung in die Grundfragen der Sprachwissenschaft. Von einem Autorenkollektiv unter Leitung von W. Bondzio. 2., dg. Aufl. Liepzig 1984

Welke, K.: Fremdsprachunterricht und psychologische Realität der Grammatik. In: Grammatik im Unterricht. Hg. von K. Nyholm. Abo 1985

Welke, K.: Zur pholosophischen und sprachtheoreitischen Begrüpndung der

Einheit von Sprache und Denken bei Wilhelm von Humboldt. In: Sprache - Bewußtsein - Tägigkeit. Zur Sprachkonzeption Wilhelm von Humboldts. Hg. von K. Welke. Berlin 1986

Welke, K./H.-J. Meinhard: Valenzstruktur und Konstituentenstruktur. In: WZHUB 23 (1974) 259-265

Welke, K./H.-J. Meinhard: Prinzipien einer operativen Valenzgrammatik. In: ZfG 1 (1980) 146-156

Wesesel, H.: Logik und Philosophie. Berlin 1976

Wettler, M.: Sprache - Gedächtnis - Versthen. Berlin, New York 1980

Wingograd, T.: Language as a Cognitive Process. Vol. I: Syntax Reading(Mass.) ... 1983

Wittgenstein, L.: Pholosophische Untersuchungen. Frankfurt a. M. 1971

Wotjak, B.: Untersuchungen zu Inhalts- und Ausdruktsstruktur ausgewählter deutscher Verben des Beförderns. In: LS 103 Berlin 1982

Wotjak, B.: Zur Analyse von pardigmatischen semantischen Markostrukturen, dargestellt am Feld der Verben des Beförderns. In: DaF 19 (1982) 34-39 (=1982a)

Wotjak, B. und G.: Zur semantischen Mikrostrukturanalyse ausgewählter deutscher Verben. In: DaF 20 (1983) 144-151

Wotjak, G.: Konstrastive Verbbeschreibung und Valenzanalyse. In: ZPSK 29 (1976) 364-374

Wotjak, G.: Zur Aktantifizierung von Argumenten ausgewählter deutscher Verben. In: ZfG 5 (1984) 401-414

Wotjak, G.: Zur Vertextung von Argumenten ausgewählter deutscher Verben. In: Grammatik im Unterricht. Hg. K. Nyholm. Abo 1985

Wygotski, L. S.: Denken und Sprachen. Berlin 1964

Zifonun, G.: Über die Unverträglichkeit verschiedener Valenzbegriffe und ihre Verwertbarkeit in semantischen Beschreibungen. In: Zeitschrift für Dialektologie und Linguistik 39 (1972) 171-205

Zimmermann, A.: Zur Syntax und Semantik des dativus commodi bei transitiven Verben. In: DaF 22 (1985) 29-39

Zimmermann, A.: Die Rolle des Lexikons in der Grammatik - Überlegungen zu grammatiktheoretischen Entwicklungen anhand des Passivs und er Subjekthebung im Deutschen. In DaF (1984) 8-17, 71-77

Zimmermann, I.: Der syntaktische Parallelismus verbaler und adjektivescher Konstruktion (Zu einigen Grundfragen der X'-Theorie). In: LS 127 Berlin (1985) 159-213

Zoeppritz, M.: On the requriement that agentives be animate. In: Beträge zur Linguistik und Informationsverarbeitung. H. 21 (1971)

찾아보기(국문)

가

찾아보기(독문)

L

M

P